Rolf Krenzer

Ich wünsche dir ein gutes Jahr

Ich wünsche dir ein gutes Jahr

Werkbuch für Religion und Gottesdienst

Mit Texten, Liedern und Spielen
für 5- bis 10jährige

Herausgegeben von

Rolf Krenzer

Lahn-Verlag Limburg

Wir danken den bei den Texten und Liedern genannten Autoren und Verlagen für die uns freundlicherweise erteilten Abdruckgenehmigungen.

Die im Inhaltsverzeichnis mit LP/MC gekennzeichneten Lieder sind auf Langspielplatte und Musicassette unter dem Titel „Ich wünsche dir ein gutes Jahr“ erschienen: Studio Union im Lahn-Verlag, 6250 Limburg, und ABAKUS, 6349 Greifenstein 2.

CIP-Titelaufnahme
der Deutschen Bibliothek
Ich wünsche dir ein gutes Jahr: Werkbuch für Religion und Gottesdienst; mit Texten, Liedern und Spielen für 5- bis 10jährige/ hrsg. von Rolf Krenzer. – Limburg: Lahn-Verlag.
[Hauptbd.]. – 2. Aufl. – 1988
ISBN 3-7840-3060-2
NE: Krenzer, Rolf [Hrsg.]

Mitglied der Verlagsgruppe »engagement«
Lektorat: Ursula Mock
Umschlaggestaltung: Hans Otto, Pallottinerdruck
Umschlagfoto: Werner H. Müller, Stuttgart
Zeichnungen: Dagmar Domina
Satz: Hagedornsatz, Berlin
Notensatz: Dieter Weyand, Limburg
Druck: Pallottinerdruck und Lahn-Verlag GmbH, Limburg.

ISBN 3-7840-3060-2

INHALT

LP/MC = Diese Lieder sind auf der gleichnamigen Schallplatte bzw. Musicassette erschienen.

1. Ich wünsche dir ein gutes Jahr

Ein neues Jahr, ein neues Lebensjahr

2. Hier kommen die Könige

Das Fest der Heiligen Drei Könige

3. Ja, bei uns ist immer etwas los

Fastnacht, Fasching, Karneval

4. So war das, als Jesus leiden mußte

Passionszeit, Fastenzeit

5. Laßt die Glocken hell erklingen

Ostern

6. Singt mit uns vor Freude

Himmelfahrt und Pfingsten

7. Wenn bis zur Nacht die Sonne lacht

Fronleichnam, Sommerfest

8. Wir danken für die Ernte

Erntedankfest

9. Oh seht, wie die Laterne strahlt

Martinstag

10. Ist meine Oma schon bei dir, lieber Gott?

Allerheiligen, Allerseelen, Totensonntag

11. In unserm Dunkel brennt ein Licht

Advent, Nikolaustag

12. Hört, es wurde ein Kind geboren

Weihnachten, Jahresende

Vorwort

Unter dem Titel „Ich wünsche dir ein gutes Jahr" werden in zwölf Abteilungen Geschichten, Lieder, Spiellieder, Rollenspiele angeboten, die in Religionsunterricht und Gottesdienst, in Jugendgruppen und in der Familie, überall dort, wo man sich mit Kindern trifft, erarbeitet werden können. Alle Texte sind mit methodisch-didaktischen Hinweisen versehen. Eine knappe Inhaltsangabe und ein Hinweis zum religionspädagogischen Schwerpunkt vor jedem Text geben schnelle und zuverlässige Information.
Die Texte sind so unterschiedlich und farbig wie die einzelnen Tage eines Jahres selbst. Auch von ihrem Schwierigkeitsgrad her sind sie verschieden. Um die Arbeit mit dem Buch zu erleichtern, wurden die Texte mit * bis *** gekennzeichnet (* = bereits im Kindergarten möglich; *** etwa 3. bis 4. Schuljahr). Aber das kann nur eine grobe Richtschnur sein, so daß die endgültige Auswahl für eine Unterrichtsstunde oder für die Vorbereitung des Kindergottesdienstes sich nach den individuellen Möglichkeiten der angesprochenen Gruppe richten muß.
Die meisten der vorliegenden Texte wurden speziell für diese Sammlung geschrieben, wobei es mir wichtig war, die Feste und Feiertage des Kirchenjahres aus der Sicht ganz unterschiedlicher Autoren vorzustellen. So ist es gelungen, das in den vielfältigen Texten zum Ausdruck zu bringen, was die Situation der Kinder, die heute aufwachsen, ausmacht. Das sind schöne Erlebnisse. Es gibt aber auch die Konfrontation mit Unrecht, Unterdrükkung, Armut, Hunger und Gewalt. Gerade hier stehen authentische Erlebnisse im Mittelpunkt, die jungen Zuhörern ein Identifizieren mit den Kindern in den Texten ermöglichen und notwendige Fragen nach einer besseren, menschenwürdigeren und gottgewollten Zukunft aufkommen lassen. Aber bei dem Fragen allein darf es nicht bleiben. Solche Texte bedürfen der besonderen Hilfe des Erwachsenen, des Religionslehrers, des Pfarrers, des Erziehers und ganz besonders der Eltern.
Als Herausgeber dieser Sammlung möchte ich mich an dieser Stelle ganz herzlich bei all den Autoren bedanken, die durch ihr Engagement und ihre spontane Bereitschaft zur Mitarbeit dieses Buch so vielseitig werden ließen. Ganz herzlich Dankeschön möchte ich auch meinen Freunden sagen, die durch ihre Melodien viele Texte erst zum Klingen gebracht und Vertonungen erarbeitet haben, die leicht in die Praxis umzusetzen sind, weil sie erfahrungsgemäß sofort von den Kindern – und nicht nur von ihnen – aufgenommen und angenommen werden: Hans-Werner Clasen, Ludger Edelkötter, Siegfried Fietz, Klaus Irmer, Peter Janssens, Lele und Detlev Jöcker und Walter Vahrenkamp.

Mein ganz besonderer Dank gilt dem Verlag und meiner Lektorin, Ursula Mock, die durch unendlich viel ins Detail gehende Arbeit das Zustandekommen dieser umfangreichen Sammlung ermöglichte.
Fünfzehn Lieder dieses Buches erscheinen bei Studio Union/Abakus auf Schallplatte und Musicassette.
Ich wünsche Ihnen und allen Kindern, die sich mit diesem Werkbuch beschäftigen, viel Freude beim Lesen und beim Betrachten der Illustrationen von Dagmar Domina, viel Spaß beim Singen und Spielen.
Vor allem aber wünsche ich allen ein GUTES JAHR!

Rolf Krenzer

1.

Ich wünsche dir ein gutes Jahr

Ein neues Jahr, ein neues Lebensjahr

** Ich wünsche dir ein gutes Jahr

Neujahrswunsch; Wunsch zum Geburtstag.

Alle Zeit liegt in Gottes Händen.

Mit diesem Tag beginnt es heute.
Bringt es dir Ärger? Schenkt es Freude?
Läßt es dich weinen oder lachen?
Wird es dich froh und glücklich machen?
Bringt es dir Kummer, Streit und Haß?
Schenkt es dir Freude und viel Spaß?
Bringt es Liebe, Geborgenheit
oder Trauer und Einsamkeit?
Du kannst nichts voraussehn, nichts ändern und wenden.
Jahr und Zeit liegen in Gottes Händen.
Gott,
der ist
und sein wird
und immer war.
Ich wünsche dir ein gutes Jahr!

Rolf Krenzer

An der Wende zu einem neuen Jahr oder einem neuen Lebensjahr, sollte man sich die Zeit nehmen, um über das, was das vergangene Jahr gebracht hat, und das, was man von dem neuen Jahr erwartet, zu sprechen. Neben den vielen Wünschen, die jeder an das neue Jahr hat, soll das Gebet, das Bitten für dieses neue Jahr stehen. So kann der Wunsch für das neue Jahr ebenfalls als Gebet gesprochen werden, wobei jeweils die Anrede (Bringt es *dir* Freude? usw.) in das eigene Gebet eingeschlossen wird (Bringt es *mir* Freude? usw.). Das Gebet schließt dann: Gott, schenke mir (uns) ein gutes Jahr!

Vorschläge:

Jedem in der Familie, in der Gruppe usw. einen kleinen Zettel in ein Kuvert stekken, auf dem ein ganz persönlicher Wunsch für ihn aufgeschrieben ist.
Glückwunschkarten, Spruch- und Gedichtsammlungen von gestern und heute nach Neujahrswünschen durchsehen. Die Wünsche abschreiben, ausschneiden oder kopieren und im Haus heimlich verteilen, so daß man am 1. Januar (oder am Geburtstag) unerwartet Glückwünsche findet.
Zu Beginn des neuen Jahres kann man sich auch an die Dinge und Ereignisse, Erlebnisse und Erfahrungen besonders gut erinnern, wenn ein *Erinnerungskalender*

gemeinsam angefertigt wurde. Er kann auch zum neuen Jahr begonnen werden, weil er besondere Erlebnisse festhält und bewußter macht.
Wir brauchen einen Gymnastikreif oder einen aus Pappe geschnittenen Reif (Durchschnitt ca. 50 cm), 12 Schachteln, die verschieden groß sein können (z.B. Zigarettenschachteln, Käseschachteln, kleine Waschmittelpakete), Buntpapier, Schere und Leim.
Der Reif wird an einer Wand befestigt. Jeder Monat erhält eine Schachtel. Sie kann mit Buntpapier beklebt werden, wobei jede Schachtel eine andere Farbe erhält. Es können auch Ausschnitte aus Kalenderblättern, monatstypische Bilder usw. ausgeschnitten, aufgeklebt oder aufgemalt werden. Dabei wird jede bunte Schachtel mit einem Bild versehen, das dem jeweiligen Monat entspricht. Die Motive können gezeichnet, aus Buntpapier ausgerissen oder aus Versandhauskatalogen usw. ausgeschnitten werden. Danach werden die bunten Schachteln nach Monatsfolge geordnet in Uhrzeigerrichtung auf den Reif geklebt.
Nun werden jeden Monat die Dinge in die betreffende Schachtel gelegt, an die man sich später gern erinnern möchte, z.B. ein Zuckerstück als Erinnerung an einen Cafébesuch, ein Luftballon vom Fasching, ein Stück Ostereierschale, eine Kastanie, ein Foto, eine Fahrkarte, Wachs von der Weihnachtskerze. Gelegentlich kann man dann ein Kästchen öffnen und sich allein oder mit denen, die damals dabei waren, an die besondere Situation erinnern, in der der betreffende Gegenstand in das Kästchen gesteckt wurde.

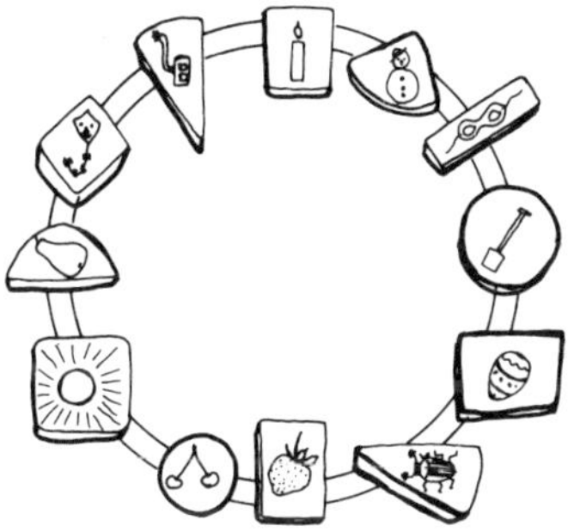

** Rebekka feiert Neujahr

Rebekka erlebt den Silvesterabend und die Begrüßung des neuen Jahres in ihrer Familie. Sie merkt, daß sich eigentlich nur wenig von einer Stunde zur anderen ändert.

Altes Jahr – neues Jahr; Jahreswechsel; Brauchtum in der Familie.
Mt 28,20

Rebekka erinnert sich daran, wie es im letzten Jahr war. Da hat sie doch wahrhaftig geweint, weil ihr großer Bruder behauptet hat, sie dürfe sich in diesem Jahr nicht mehr baden oder duschen. Das war am Silvesterabend gewesen, und Rebekka war erst nach und nach dahintergekommen, daß dies alles erst wieder im neuen Jahr geschehen würde. Aber dieses Jahr läßt sich Rebekka nicht mehr hereinlegen. Da können die anderen versuchen,

was sie wollen. Diesmal wird Rebekka wieder lange aufbleiben dürfen. So lange, bis das neue Jahr begonnen hat. Und Rebekka ist überhaupt nicht müde. Schließlich ist nur einmal im Jahr Silvester.
Zuerst sieht Rebekka ein bißchen beim Fernsehen zu. Das ist schon etwas Besonderes, denn wann darf Rebekka sonst abends einmal Fernsehen gukken? Aber so richtig genießen kann sie es nicht. Schließlich wartet sie ja auf Neujahr.
Später spielt sie mit ihrem Bruder und den Eltern „Mensch ärgere dich nicht" und dann noch Mogeln. Vater hat das Radio angestellt. Der Radiosprecher sagt zwischen den einzelnen Schlagern an, wie lange es noch dauert, bis das alte Jahr zu Ende ist.
Im letzten Jahr war Rebekka kurz vor Neujahr eingeschlafen. Sie ist erst wach geworden, als plötzlich ein lautes Donnern losging. Da war sie so erschrocken, daß ihr Vater sie nicht einmal auf dem Arm zum Fenster tragen konnte. Nein, damals wollte sie das bunte Feuerwerk nicht sehen, was die Leute zur Begrüßung des neuen Jahres veranstalteten. So hat sie eigentlich gar nicht richtig gemerkt, wie das neue Jahr gekommen ist und was sich mit dem neuen Jahr alles verändert hat.
Aber dieses Jahr wird sie ganz genau aufpassen. Sie ist ja so gespannt. „Was wird das neue Jahr mir alles bringen?" fragt sie immer wieder. „Nächstes Jahr wirst du sechs Jahre alt!" lacht die Mutter. „Es wird dir etwas ganz Besonderes bringen. Du wirst nämlich in die Schule kommen!"
Ja, darauf freut sich Rebekka sehr. „Und was noch?" fragt sie aufgeregt.
„Nächstes Jahr ist wieder Weihnachten!" meint ihr Bruder.
Aber davon hält Rebekka im Augenblick nicht viel, denn Weihnachten ist ja gerade erst vorbei. „Was noch?" fragt sie.
„Du wirst wieder ein bißchen wachsen, ein bißchen größer und reifer werden", sagt der Vater.
„Vielleicht wirst du auch deine Zähne verlieren!" ruft ihr Bruder. Aber Rebekka läßt sich heute nicht ärgern. Schließlich weiß sie, daß jeder einmal seine Milchzähne verliert, daß aber dann die richtigen Zähne nachwachsen.
„Und was noch?" fragt sie wieder.
„Na, dir wird es vielleicht ein bißchen leichter fallen, auch einmal beim Spielen zu verlieren!" neckt sie ihr Vater.
Aber dann hören alle wieder dem Radiosprecher zu. „Nur noch eine Stunde bis zum neuen Jahr!" sagt er.
Der Vater holt nun eine Schüssel mit Wasser und ein geheimnisvolles Päckchen. „Wir wollen zusammen Blei gießen!" sagt er.
Rebekkas Bruder weiß schon, wie man das macht. Er stellt die dicke rote Kerze mitten auf den Tisch. Dann packt der Vater kleine Bleiformen aus

dem Kästchen aus, dazu einen festen Löffel. Jeder bekommt eine kleine Figur. Die Mutter hat einen kleinen Becher, der Vater einen Anker, Manfred hat ein kleines Schwein und Rebekka ein winziges Kleeblatt aus Blei, ein vierblättriges Glückskleeblatt.

Jetzt kann einer nach dem anderen seine Figur auf den Löffel legen und über die Kerze halten. So lange, bis das Blei geschmolzen ist. Der Vater beginnt.

Als das Blei ganz flüssig geworden ist, gießt er es mit einem kleinen Schwung ganz schnell in die Wasserschüssel hinein. Es zischt richtig. Als er den Bleiklumpen dann herausholt, ist nichts mehr von dem kleinen Anker übriggeblieben. Dafür hält er jetzt einen dicken Klumpen auf seiner Hand.

„Das sieht aus wie ein Goldklumpen!" lacht er. „Ich werde im nächsten Jahr viel Geld gewinnen!" „Das sieht viel mehr nach einem Bären aus!" meint die Mutter und nimmt ihm den dicken Klumpen aus der Hand. Sie stellt ihn so auf den Tisch, daß er wirklich einem kleinen zottigen Bären ähnlich sieht.

„Und was bedeutet das?" fragen Vater, Rebekka und Manfred fast gleichzeitig.

„Du wirst im nächsten Jahr wieder so einen Bärenhunger haben wie in diesem!" lacht die Mutter. Dann gießt sie selbst das Blei. Als sie die Figur dann aus dem Wasser holt, erkennt Rebekka sofort, daß es ein kleines Herz ist.

„Du wirst uns auch nächstes Jahr noch so liebhaben wie bisher!" sagt der Vater und gibt der Mutter einen Kuß.

Manfred gießt einen Hut. Da meint der Vater, er müsse im nächsten Jahr auf der Hut sein, besonders in der Schule. Manfred aber hofft, daß er durch ein großes Wunder im nächsten Jahr nach Amerika kommen und dort die ganzen Ferien über bei den Cowboys leben kann.

„Das ist ein Cowboyhut!" schreit er laut. „Im nächsten Jahr werde ich Cowboy sein!"

Rebekka ist zunächst ein bißchen ängstlich, aber dann schafft sie es doch ganz allein, ihr Kleeblatt auf dem Löffel über die Kerze zu halten und das flüssige Blei dann in die Wasserschüssel zu kippen.

Wieder zischt es laut.

Als der Vater aber dann das seltsame Gebilde, was sie gegossen hat, aus dem Wasser holt, ist sie sehr enttäuscht. Das Glückskleeblatt war viel, viel schöner.

„Ein Eiszapfen!" meint die Mutter. „Du wirst deine neuen Schlittschuhe endlich ausprobieren können!"

Jetzt ist Rebekka erleichtert. Bisher hat sie die Schlittschuhe, die unter dem Weihnachtsbaum lagen, nur immer wieder betrachten und streicheln können, denn eine richtige Schlittschuhbahn hatte es in diesem Jahr noch nicht

gegeben. „Dann wird es morgen so frieren, daß ich damit fahren kann!" jubelt sie.
Die Mutter dämpft ihre Begeisterung. „Das ist doch nur ein Spiel!" sagt sie. „Das sind Wünsche, die man in die kleinen Figuren, die man aus Blei gegossen hat, hineinsteckt."
„Das wird nicht wirklich so?" fragt Rebekka und sperrt ihren Mund vor Erstaunen weit auf. „Ihr habt doch gesagt, daß Vater im nächsten Jahr viel Geld gewinnen wird und daß Manfred Cowboy wird!"
Rebekka braucht lange, bis sie ihre erste Enttäuschung überwunden hat.
„Manche Leute glauben wirklich an so etwas", sagt ihr Vater. „Sie hoffen und bangen, weil sie meinen, daß sie selbst ihre Zukunft beeinflussen können. Aber glaube mir, das kann niemand. Es ist wirklich nur ein Spiel!"
„Es macht Spaß!" meint Peter. „Und es vertreibt die Zeit!"
„Und ein bißchen spannend ist es auch!" fügt die Mutter hinzu.
Aber dann bleibt keine Zeit mehr, über das Bleigießen zu sprechen. Die Glocken beginnen zu läuten. Feuerwerkskörper fliegen in die Luft und zerplatzen am Himmel. Dabei bilden sie bunte Sterne, die für einen Augenblick hell in vielen Farben erstrahlen und gleich darauf wieder verlöschen.
Mit staunenden Augen steht Rebekka neben ihrem Bruder am Fenster und kann sich nicht sattsehen.
„Da, ein Stern! Da, wieder einer!"
Manfred hätte auch gern ein paar Raketen in den Himmel geschossen. Aber dafür rückt sein Vater kein Geld heraus. Keinen Pfennig! Und sein Taschengeld ist Manfred auch zu schade dafür.
Aber zuschauen kann man!

Als sich dann alle ein gutes neues Jahr gewünscht und sich gedrückt haben, gibt es wirklich mitten in der Nacht noch einmal etwas zu essen. Und mit Sekt darf Rebekka auch anstoßen. Mit einem winzigen Schluck Sekt. Ja, Rebekka fühlt sich richtig groß und erwachsen. Als aber später die Mutter sagt, daß es jetzt Zeit für das Bett ist, da wird Rebekka recht ärgerlich.
„Ich meinte, im neuen Jahr ist alles anders!" jammert sie und zieht einen Flunsch. „Nein, jetzt will ich noch ein bißchen aufbleiben!" Aber da hilft kein Jammern und Bitten. Die Mutter bleibt dabei, daß es Zeit für Rebekka ist.
Als sie dem Vater den Gute-Nacht-Kuß gibt, meint Rebekka: „Was hat sich denn nun geändert?"

„Viel!“ lacht der Vater und nimmt sein kleines Mädchen hoch, um es ins Bett zu tragen. „Wir haben einen neuen Kalender mit einer neuen Jahreszahl! Morgen sind wir alle wieder einen Tag älter!“
„Und was noch?“ fragt Rebekka und kann ihr Gähnen kaum noch unterdrücken.
„Sonst nichts!“ sagt er und drückt Rebekka an sich. “Gott sei Dank, sonst nichts!“
Und dann ist Rebekka doch froh, daß sie in ihrem warmen Bett liegt und spürt, wie schön es ist, immer müder zu werden.
„Pst! Sie schläft schon!“ flüstert die Mutter und schließt leise die Tür von Rebekkas Zimmer.

Dagmar Domina

Der Text setzt verschiedene Akzente: Silvesterbräuche in der Familie mit Kindern – Zukunftsdeutungen und Aberglaube – Was bedeutet Neujahr für den einzelnen?

Anregungen:

Berichten, wie in der eigenen Familie Silvester begangen wird – Gemeinsam Silvester vorbereiten, d.h. Spiele zusammenstellen, Spielvorschläge aufschreiben – Über Horoskope, Silvesterwünsche und sonstige im Aberglauben verwurzelte Dinge kritisch sprechen. Vergleich höchst fragwürdiger Prognosen mit der Zusage „Ich bin bei euch alle Tage bis zum Ende der Welt.“

* Ich freu mich auf den Januar

Die einzelnen Monate des Jahres mit ihren Besonderheiten.

Spiellied, das zum Mitsingen und Mitagieren auffordert.

T: Rolf Krenzer
M: Walter Vahrenkamp

2. Ich freu mich auf den FEBRUAR,
da wolln wir uns verkleiden
und wollen uns aus Pappkarton
die schönsten Masken schneiden.
Wir gehen zu dem Maskenball.
Paßt auf, was jetzt geschieht:
Wir feiern heute Karneval,
und alle machen mit.

3. Im MÄRZ, da kommt die Sonne raus.
Wir können's kaum erwarten.
Wir gehen raus aus unserm Haus
und arbeiten im Garten.
Den Spaten her! Den Rechen her!
Paßt auf, was jetzt geschieht:
Die Gartenarbeit ist nicht schwer,
und alle machen mit.

4. Wenn alles grün wird im APRIL,
dann wolln wir Ostern feiern.
Wir suchen in dem Osternest
nach bunten Ostereiern.
Wir freuen uns schon so darauf.
Paßt auf, was jetzt geschieht:
Wir essen alle Eier auf,
und alle machen mit.

5. Im MAI, da scheint die Sonne hell
und alle Blumen blühen.
Da wolln wir alle, groß und klein,
durch Wald und Wiesen ziehen.
Wir laufen aus dem Haus heraus.
Paßt auf, was jetzt geschieht:
Wir holen die Gitarre raus,
und alle machen mit.

6. Im JUNI ist die Erdbeerzeit.
Wir suchen und entdecken
die schönsten Beeren weit und breit
und lassen sie uns schmecken.
Wir geben Milch und Zucker drauf.
Paßt auf, was jetzt geschieht:
Wir essen alle Beeren auf,
und alle machen mit.

7. Im JULI sind die Ferien da.
Das haben wir so gerne.
Wir steigen in das Auto ein
und fahren in die Ferne.
Wir fahren in die Welt hinaus.
Paßt auf, was jetzt geschieht:
Wir ruhn uns von der Arbeit aus,
und alle machen mit.

8. Wenn im AUGUST die Sonne brennt,
dann gehen wir zum Baden
und lassen auf der Wiese uns
von allen Seiten braten.
Und brennt die Sonne gar zu heiß,
paßt auf, was jetzt geschieht:
Dann lutschen wir ein Himbeereis,
und alle machen mit.

9. SEPTEMBER sind die Äpfel reif.
Ein jeder kann sie pflücken.
Und wenn ein Apfel runter fällt,
braucht man sich nur zu bücken.
Und ist die Ernte eingebracht,
paßt auf, was jetzt geschieht:

Dann wird ein großes Fest gemacht,
und alle feiern mit.

10. OKTOBERwind, OKTOBERwind
läßt unsern Drachen steigen.
Er steigt hoch in den Himmel auf
und will sich allen zeigen.
Der Drachen steigt hinauf im Nu.
Paßt auf, was jetzt geschieht:
Wir winken unserm Drachen zu,
und alle machen mit.

11. NOVEMBER und der Martinstag,
die liegen uns am Herzen.
Wir holen die Laternen her
und zünden an die Kerzen.
Wenn jeder die Laterne hat,
paßt auf, was jetzt geschieht:
Ziehn wir gemeinsam durch die Stadt,
und alle machen mit.

12. Ja, im DEZEMBER schmücken wir
mit Zweigen unsre Räume
und kaufen auf dem Weihnachtsmarkt
die schönsten Weihnachtsbäume.
Es gibt Gebäck mit Zuckerguß.
Paßt auf, was jetzt geschieht:
Wir knacken fröhlich Nuß für Nuß,
und alle machen mit.

Alle Strophen können pantomimisch und im Stegreifspiel gestaltet werden.

*** Jahresbericht

– Ein Spiel –

Gestaltungsmöglichkeiten:

– Lesespiel für zwei Sprecher
Einer liest jeweils die negativen, der andere die positiven Darstellungen der einzelnen Monate

– Lesespiel für eine Gruppe
Die Monate werden aufgeteilt
– Darstellendes Spiel für zwei Spieler
Abwechselnd werden die guten und weniger gefälligen Eigenheiten der einzelnen Monate vorgetragen, wobei typische Dinge gezeigt werden, zum Beispiel Schlitten, Faschingsmaske, Apfel
– Gruppenspiel
Jeder einzelne Monat tritt vor und zeigt die typischen Eigenheiten
– Szenenspiel
Zwei Sprecher stellen die Monate vor. Im Text gegebene Szenen werden im Spiel von der Gruppe aufgenommen und dargestellt: Vögel füttern, Schlitten fahren, Ski fahren, auf Glatteis ausrutschen, Zugvögel, Spaziergang mit dem Schirm im April, Osterhase spielen, Gewitter erleben, gegen Mückenschwärme und Wespenstiche kämpfen, Drachen steigen lassen und so weiter. Alle Vorschläge können leicht pantomimisch dargestellt werden
– Ratespiel
Einzelne Szenen werden pantomimisch dargestellt. Es muß geraten werden, um welchen Monat es sich jeweils handelt.

Zwölf Monate hat ein Jahr.
Leute, erzählt, wie es war.
Das alte Jahr vergeht,
wenn ein neues vor uns steht.

Was im JANUAR war,
ist wohl jedem klar.
Es ist so früh dunkel. Man fährt mit Licht.
So leicht man bei Glatteis die Beine bricht.
Und Frost und Kälte tun oft so weh.
Wir laufen im frischgefallenen Schnee,
holen schnell Ski und Schlitten heraus
und füttern die Vögel draußen vorm Haus.

Und im FEBRUAR,
das ist wirklich wahr,
da schneit es und friert es noch immer.
Kälte und Frost werden schlimmer.
Man läuft nur mit Mantel und dicker Weste,
doch feiert man fröhliche Faschingsfeste
und fährt mit Schlittschuhen über das Eis.
Das macht großen Spaß, wie jeder weiß!

Doch erst im MÄRZ,
das ist kein Scherz,
wechseln sich Regen und Hagel ab.
Versehentlich fällt auch noch Schnee herab.
Man friert, und es ist immer noch kalt.
Doch Vögel und Blumen kommen bald.
Schon sieht man die Anemonen voll Glück.
Die ersten Schwalben kommen zurück.

O weh, der APRIL
macht grad, was er will!
Will man jetzt in die Sonne hinaus,
treibt einen der Regen zurück ins Haus.
Für böse Aprilscherze muß man bezahlen!
Man kann Ostereier farbig bemalen
und draußen im Garten zwischen den Hecken
Osterhas spielen und Eier verstecken.

Auch der schöne MAI
ist so schnell vorbei.
Kaum, daß man die ersten Blumen sieht,
sind sie schon verwelkt und verblüht.
Der Mai ist kurz und vergeht so bald.
Lange Spaziergänge durch den Wald.
Wir schütteln die Bäume, ob Maikäfer dran,
und setzen im Zimmer die Maibowle an.

Im JUNI, man wird sehen,
kann auch sehr viel geschehen!
Jetzt geht's mit Gewittern richtig los.
Man zittert und bangt. Der Schaden ist groß.
Vom Wandern werden die Füße wund.
Erdbeeren, saftig, rot und rund,
werden mit Zucker und Milch geschleckt
und für den Winter eingeweckt.

Im JULI läßt sich wenig tun.
Die Hitze zwingt einen zum Ruhn.
Man stöhnt unter Schwüle, Hitze und Wärme,
bekämpft Wespenstiche und Mückenschwärme.
Es rinnt der Schweiß. Es ist so heiß!

Nach dem Schwimmen ein kaltes Eis!
Ferienzeit. Wir liegen vorm Zelt
und betrachten uns braungebrannt die Welt.

Im AUGUST, bitte sehr,
gibt es Arbeit, hart und schwer.
Wenn sich die schwarzen Kirschen zeigen,
dann heißt es: Auf die Bäume steigen
mit Leitern, die oft klapprig sind.
Wo Kirschen sind, weiß jedes Kind.
Frische Früchte, saftig und weich.
Wir spielen Fußball und baden im Teich.

Im SEPTEMBER kann man nicht ruhn.
Jetzt gibt es immer noch mehr zu tun.
Ernten und Einmachen, Gelee und Saft,
das fordert von einem die letzte Kraft.
Die Äpfel und Birnen müssen herein.
Rot sind die Äpfel, knackig und fein.
Und der Garten ein Paradies.
Abends grillen wir Würstchen am Spieß.

Im OKTOBER wird es schon kalt.
Die Tage sind kürzer. Der Winter kommt bald.
So geht alles vorüber. Die Vögel ziehn.
Der Himmel wird grau. Es wird auch nichts mehr blühn.
Die Blätter fallen. Es regnet aufs Haus.
Bunte Herbstblätter sehn wunderschön aus.
Kartoffelfeuer. Jetzt wird es sich zeigen,
wie hoch die Drachen am Himmel steigen.

Im NOVEMBER sieht's trübe aus.
Es stürmt und regnet. Man hockt im Haus,
grübelt, und nichts ist einem recht,
und selbst der Rumtopf schmeckt einem schlecht.
Die Bäume kahl, man selbst grippekrank ...
Ich hole mir Bücher aus dem Schrank.
Mein Zimmer ist warm. Ich bin nicht allein.
Ich mache Besuche und lade ein.

Im DEZEMBER zuletzt
ist man ganz abgehetzt.
Im Wald, da frieren Hirsch und Reh.
Man rennt nach Geschenken, bleibt stecken im Schnee.
Und fängt erst der Weihnachtsrummel an ...
kommen Nikolaus und Weihnachtsmann.
Wir basteln Geschenke und schmücken
den Raum
und singen unter dem Weihnachtsbaum.

Und wenn das alte Jahr nicht mehr besteht?
Dann warten wir drauf, wie es weitergeht.

Rolf Krenzer

Aus: Rolf Krenzer, Wir spielen Theater, Bd. 1. Edition Kemper. Verlag Ernst Kaufmann, Lahr [2]1983. Rechte beim Autor.

* Der Pechtag

Zuerst sieht es so aus, als würde es wirklich ein schlechter Tag werden, aber dann wird doch noch alles gut.

Pech und Glück an einem Tag;
Bei näherem Hinsehen
erweist sich manches ganz anders,
als man gedacht hatte.
Auch Lukas 15,8–10

„Heute ist mein Pechtag!" sagte die alte Frau, als ihr der Zug vor der Nase wegfuhr. Eigentlich wollte sie heute in die Stadt fahren und sich eine neue Lesebrille kaufen, weil sie ihre alte verloren hatte. Acht Tage lang hatte sie überall gesucht. Da hatte sie es endlich aufgegeben. Die Brille hatte sie liebgewonnen und es tat ihr leid, daß sie nun eine neue kaufen mußte.
Als sie nach Hause kam und die Haustür öffnete, fiel der große Blumentopf mit Gepolter von der Fensterbank im Wohnzimmer herunter.
„Heute ist mein Pechtag!" sagte die alte Frau und zog schnell ihren Mantel aus. Dann kehrte sie die Erde zusammen. Zum Glück war der Topf nicht kaputt. Da konnte sie ihn wieder auf die Fensterbank stellen. Dabei bemerkte sie, daß sie vergessen hatte, das Fenster zu schließen. „Heute ist mein Pechtag!" sagte die alte Frau. „Jeder Einbrecher wäre leicht durch das

offene Fenster in die Wohnung gekommen, wenn ich in der Stadt gewesen wäre!"
Als sie in das Badezimmer ging, spritzte Wasser aus der Waschmaschine. „Heute ist mein Pechtag!" sagte die alte Frau. „Ausgerechnet heute geht die Waschmaschine kaputt. Wenn ich in der Stadt gewesen wäre, wäre das Wasser in die ganze Wohnung gelaufen!" Sie stellte schnell die Waschmaschine ab und lief zum Telefon und bestellte den Kundendienst. Dann räumte sie die schmutzige Wäsche aus der Waschmaschine heraus.
Sie legte alles vorsichtig zurück in den großen Wäscheeimer.
Dabei fiel ihr die blaue Schürze aus der Hand.
„Heute ist mein Pechtag!" sagte die alte Frau und bückte sich, um die Schürze aufzuheben. Als sie die Schürze in den Eimer legen wollte, bemerkte sie, daß noch etwas in der Schürzentasche war.
„Heute ist mein Pechtag!" sagte die alte Frau. „Da hätte ich doch beinahe etwas in der Waschmaschine mitgewaschen, was gar nicht gewaschen werden soll. Wie staunte sie aber, als sie in die Schürzentasche hineingriff. Zuerst wollte sie es gar nicht glauben. Aber dann sah sie es mit eigenen Augen: Da war ihre Lesebrille!
Jetzt klingelte es an der Tür. Als die alte Frau öffnete, brachte ihr der Postbote ein großes Paket von ihrer Tochter. „Eigentlich wollte ich in die Stadt fahren!" sagte die alte Frau zu dem Postboten. „Dann hätten Sie mich nicht angetroffen!" „Da haben Sie ja Glück!" meinte der Postbote. „Sonst hätten Sie sich das schwere Paket selbst auf der Post abholen müssen!"
Dann kam der Kundendienst und reparierte die Waschmaschine.
Am Nachmittag setzte sich die alte Frau ihre Lesebrille auf und sagte: „Heute ist mein Glückstag! Ich habe ein Paket bekommen. Die Waschmaschine ist repariert. Ich konnte das Fenster noch rechtzeitig schließen. Der Blumentopf ist nicht kaputt. Und ich habe meine Lesebrille wieder. Ja, heute ist mein Glückstag!"

Rolf Krenzer

Aus: Rolf Krenzer: Zweiundfünfzig Sonntagsgeschichten,
Reha-Verlag, Bonn-Bad Godesberg 1979, S. 32.

Jeder von uns hat schon solche Glücks- und Pechtage erlebt. Wie sehen Pechtage oder Glückstage später aus, wenn man wieder an sie zurückdenkt? War das, was man an einem solchen Tag erlebt oder getan hat, wirklich im Hinblick auf das, was später passierte, gut oder schlecht? War manches im nachhinein nicht ganz anders als damals, als man es als Pech oder Glück empfand?

Wir berichten oder schreiben auf, wie es war, als wir einmal einen Pechtag oder einen Glückstag hatten. Wir vergleichen, wie wir das, was wir damals erlebten und empfanden, heute sehen. War der Pechtag wirklich ein Pechtag?
Wie kann man selbst etwas ändern? Woran kann es liegen, daß man einen Pechtag erlebt? Was kann man selbst dazu tun, z. B. Dinge nicht so wichtig nehmen, die gar nicht so wichtig sind; gegen die eigene schlechte Laune ankämpfen; die gute Seite in etwas sehen und erkennen.
Von einem Pechtag erzählt auch Jesus in einem Gleichnis:

* Zum Beispiel: Verlorenes Geld

Eine Frau hatte zehn Geldstücke. Die waren aus Silber.
Das war alles, was die Frau besaß.
Eines Tages mußte sie feststellen, daß sie ein Geldstück verloren hatte. Da suchte sie überall danach.
Sie suchte in allen Räumen und in allen Ecken. Sie fegte das ganze Haus aus und leuchtete überall mit ihrer Lampe hin.
Als sie endlich das Geldstück wiederfand, freute sie sich so sehr, daß sie ihre Freundinnen und ihre Nachbarinnen einlud.
Sie rief ihnen zu: „Freut euch mit mir! Ich habe das verlorene Geld wiedergefunden!"
Jesus sagt:
„Genauso freut sich Gott!
Gott, unser Vater, freut sich über den verlorenen Menschen, den er wiedergefunden hat. Gott sucht nach jedem Menschen. Unser Vater sorgt sich um uns." (Lukas 15,8–10)

*** Skifahren

Im Winterurlaub lernt Isolde, mit ihren Skiern zu fahren. Ihre Freundin Marina, die eigentlich recht gut fahren kann, bricht sich den Arm und muß erfahren, wie es ist, den Urlaub im Hotel zu verbringen.

Erfahren des Schnees mit seinen verschiedenen Sportmöglichkeiten; sich mitfreuen, wenn der andere etwas erreicht, mitleiden, wenn der andere Pech hat oder leidet.
Gebet: Psalm 50,15; Dankgebete,
Inhalt: Vieles ist nicht selbstverständlich. (Hierzu auch Text Lukas 17,11–15)

Wir waren wie in jedem Winterurlaub nach Toblach gefahren. Meine Freundin Isolde durfte auch mitfahren. Ich konnte schon einigermaßen gut Ski fahren, Isolde wollte es in einem Skikurs lernen. Schon am 2. Tag ging es los, wir fuhren den ganzen Vormittag Ski. Ich fuhr allein und Isolde lernte es im Kurs. Um 11.00 Uhr war der Kurs zu Ende, und Isolde führte mir ihre Skikünste vor. Früh, bevor der Kurs begann, fuhr Isolde unfreiwillig davon, ich rief: „Setz dich hin, setz dich hin!" Aber bevor ich ausgesprochen hatte, lag sie schon im Schnee. Erst schaute sie ganz verdattert, dann lachte sie und fragte: „Wie soll ich denn bloß alleine wieder aufstehen?" Der Skilehrer Toni fuhr zu ihr und hob sie auf. Ein paar Minuten später rief er: „Alles mir nach, den Berg hinauf!" Dasselbe wiederholte er in italienischer Sprache für die italienischen Schüler. Als ein paar Tage später der Kurs vorbei war, konnte sie fast so gut Skifahren wie ich.* Vormittags fuhren wir immer mit meinem Onkel Armin Ski. Ein paarmal fuhren wir auch durch den Wald hinunter. Am Mittwoch früh konnte mein Onkel nicht gleich mit uns zum Skifahren mitkommen. So fuhren uns meine Eltern zum Lift. „Also machts gut, Onkel Armin kommt ja in einer Stunde!" „Hals und Skibruch!", wünschte uns meine vorwitzige Schwester. „Tschüß!" riefen wir mit den Skiern in der Hand. Wir ließen uns vom Lift den Berg hinaufziehen und rauschten den Berg wieder hinunter. Wir fuhren auch durch den Wald und lachten und redeten dabei, und auf einmal lag ich im Schnee. Isolde stand neben mir und lachte, ich lachte mit, stand wieder auf und wir fuhren weiter. Unten sah ich auf meine Uhr. „In 10 Minuten kommt Onkel Armin", sagte ich, „los, wir fahren noch mal durch den Wald." Wir stellten uns an, und oben steuerten wir den Wald an. „Isolde, jetzt fährst du voraus!" Ich fuhr hinter ihr her. Plötzlich sah ich vor mir eine Baumwurzel. Ich blieb mit dem linken Fuß hängen, und ehe ich mich versehen hatte, lag ich dort. Ein stechender Schmerz schoß durch meinen rechten Arm, und die Tränen schossen mir in die Augen. Isolde hatte gemerkt, daß ich mich unfreiwillig hingelegt hatte. Erst lachte sie, aber als sie sah, daß ich nicht mitlachte, fragte sie: „Ist dir was passiert?" „Ich weiß nicht, mein Arm hat so wehgetan, als ich hingefallen bin." „Probier mal, ob du aufstehen kannst." Ich versuchte es, aber als ich mich auf den Arm stützen wollte, stach mein Arm wieder so sehr. Isolde sagte, als sie sah, daß ich nicht aufstehen konnte: „Probier mal, ob du dir die Skier runtermachen kannst, ich such schnell deinen Onkel." „Ja, o.k., aber beeil dich." Isolde fuhr weg. Ich versuchte, mir die Skier abzuschnallen. Nach einer Weile kam Isolde zurück. Mein Onkel kam mit ihr. Sie schnallten sich die Skier ab und halfen mir beim Aufstehen. Onkel Armin nahm meine Skier, Isolde schnappte sich ihre, dann gingen wir den Berg hinunter. Wir fuhren zu unserem Hotel, nachdem wir alles verstaut hatten. Wir kamen dort an, als meine Eltern uns gerade abholen wollten. Meine Mutter stürzte aus dem Auto, als sie uns winken sah. Wir stiegen aus, und als sie sah, daß ich meinen rechten Arm angewinkelt hielt, fragte sie: „Was ist denn los, was ist passiert?“ Ich erzählte ihr, daß ich gestürzt war und mein rechter Arm ziemlich wehtat. Mutter bedankte sich bei Onkel Armin und ließ sich unsere Skier geben. Sie legte sie in den Kofferraum. Dann setzten wir uns ins Auto und fuhren zu einem Arzt. Er stellte fest, daß mein Arm verstaucht war und ich Prellungen hatte. Er legte meinen Arm in eine Binde und verordnete Umschläge. Wir fuhren wieder ins Hotel zurück und ich konnte nun den Rest der Ferien nicht mehr Ski laufen. Darüber war ich zuerst sehr traurig. Aber dann vertrieben Isolde und ich uns die Zeit mit Spielen und Büchern, und die Ferien wurden noch sehr schön.

Marina Scheinost

Eigentlich sind es zwei Erlebnisse während eines Winterurlaubs, die auch unabhängig voneinander eingesetzt werden können.
Marina empfindet viel für ihre Freundin. Deshalb kann sie sich ehrlich mit ihr freuen, als sie auch das Skifahren erlernt (Text bis *).
Im zweiten Text geht es um das Krankwerden im Urlaub, wie es jemand bewältigen kann, wie ihm die anderen dabei helfen.
Beide Texte zusammen setzen Akzente des Mitfreuens und Mitleidens, die durch die Beschreibung eines Erlebnisses herausgearbeitet werden können. Ähnliche Erlebnisse können Kinder aus ihren eigenen Erfahrungen berichten, wobei Schwerpunkte gesetzt werden können, z. B.: Ich freue mich mit anderen – Andere freuen sich mit mir.
Ich leide mit anderen – Andere leiden mit mir.
Am Ende des Textes ist Marina sehr traurig, weil alles, worauf sie sich speziell in diesem Urlaub gefreut hat, nicht in Erfüllung geht. Das Skifahren muß notwendigerweise durch den Aufenthalt im Zimmer ersetzt werden. Und doch wird der Urlaub noch schön, denn ihre Freundin läßt sie nicht allein. Isolde verzichtet auf das Skifahren, weil sie ihre Freundin gern hat, weil Liebhaben sich eben in solchen Situationen beweist. Und wenn Marina am Ende ihres Berichtes schreibt: „und die Ferien wurden noch sehr schön“, so ist das ein Dank an die Freundin, an alle, die ihr geholfen haben, trotz des Armbruchs sehr schöne Ferien zu verleben.
Als Vertiefung kann über das Danken gesprochen werden. Danken für das, was man oft als selbstverständlich ansieht (z. B. Was Gesundsein bedeutet, merken wir erst, wenn wir krank sind. – Was Freundschaft bedeutet, merken wir erst, wenn wir in Not sind. – Was Sattsein bedeutet, merken wir erst, wenn wir hungrig sind).

** Ein temperamentvolles Pony

Marina lernt mit Mühe, auf einem Pony zu reiten, zumindest, auf seinem Rücken zu bleiben. Sie erfährt, daß man in bestimmten Situationen seine Angst offen bekennen darf, und daß es nicht so schlimm ist, wenn man etwas einmal nicht schafft.

Versuch, etwas Neues zu lernen, eine neue Situation zu meistern; ehrliches Eingestehen, daß es manchmal nicht klappt; Überwindung der eigenen Versagenssituation.
Dank, daß alles gut abgelaufen ist.

Ich durfte in den großen Ferien zu meiner Tante Maria nach Oberthulba fahren. Sie ist Handarbeitslehrerin, und mein Onkel Armin ist Lehrer. Meine Cousine Michaela war damals 3 Jahre alt. An einem Abend, als meine Tante Handarbeiten von ihren Schülerinnen durchsah, fragte sie mich: „Möchtest du mal reiten? Eine meiner Schülerinnen hat ein Pony." „Oh, klasse, aber natürlich!" rief ich. Darauf antwortete meine Tante: „Freue dich aber nicht zu früh, ich muß sie erst einmal fragen, ob du überhaupt reiten darfst." „Ach, sie wird mich schon reiten lassen", antwortete ich.
Am nächsten Morgen rief meine Tante die Schülerin an und fragte, ob sie Zeit hätte, und ich auf ihrem Pony reiten dürfe. Johanna, die Schülerin, sagte ja, und ich freute mich schon auf den Nachmittag. Nach dem Geschirrspülen ging es los. Tante Maria, Michaela und ich. Als wir angekommen waren, klingelten wir an der Haustür, ein Mädchen machte auf. „Frau Lutz, Sie sind's schon!" Es holte das Pony aus dem Stall, es war ein hübscher Apfelschimmel, und es sah sehr temperamentvoll aus. Es half mir in den Sattel. Erst ritt ich eine Weile im Schritt, dann Trab, und dann sogar ein bißchen Galopp. So ritt ich ungefähr eine halbe Stunde. Dann rief Tante Maria: „Jetzt ist es genug! Komm, wir müssen langsam wieder heim." „Warte, ich helfe dir beim Absteigen", sagte Johanna. Ich hatte meinen Fuß gerade aus dem Steigbügel, da bäumte sich das Pony plötzlich auf. Ich war sehr erschrocken, und Johanna und meine Tante standen wie erstarrt da. Ich klammerte mich am Hals und in der Mähne des Ponys fest und versuchte, meinen Fuß wieder in den Steigbügel zu bekommen, doch das Pony versuchte, mich zu beißen. Tante Maria war die erste, die sich faßte. Sie versuchte, die Zügel, die ich verloren hatte, zu packen. Aber es gelang ihr nicht, denn das Pony warf den Kopf hin und her und schnappte nach ihrer Hand. Plötzlich bekam ich den Steigbügel mit meinem Fuß zu fassen. Ich zog an den Zügeln, doch das war gerade falsch. Das Pony bäumte sich wieder auf. Ich rief: „Tante, hilf mir doch, ich fall gleich runter!" Auf einmal bekam meine Tante das Pony an den Zügeln zu fassen und zog es, da es

immer noch auf den Hinterbeinen stand, herunter. Johanna versuchte, das Pony zu beruhigen, das gelang ihr auch, und ich rutschte zitternd herunter. Nach einer Weile fragte Johanna: „Willst du noch mal reiten?“ „Nein, lieber nicht“, antwortete ich. Der Schreck saß mir noch in allen Knochen. „Es ist jetzt wieder ganz ruhig, versuch es halt noch mal.“ „Nein, nein ich trau mich nicht mehr.“ „Na, dann werden wir halt heimfahren“, lachte meine Tante. „Auf Wiedersehen, Johanna, hier hast du noch ein paar Zuckerstücke für dein Pony, wie heißt es denn überhaupt?“ „Sturmwind.“ „Das paßt zu ihm. Also, Tschüß!“

Marina Scheinost

Erfolge lassen sich leichter verkraften als Mißerfolge. Allen Menschen fällt es schwer, Versagenssituationen durchzustehen, offen zu bekennen, daß sie in einer bestimmten Situation unsicher sind und sich fürchten. Die Autorin berichtet über ihr Erlebnis mit ihrem ersten Reitversuch, der für sie nicht gut ausging, weil sie die Situation nicht meisterte, so sachlich, als handelte es sich um ein wirkliches Erfolgserlebnis.
Und letztlich ist es das auch, denn ihr ist es gelungen, ihre Angst offen einzugestehen und es eben nicht noch einmal zu wagen.
Das bedeutet, sich offen zu eigenen Schwächen zu bekennen. Dann fällt es dem anderen leichter, mit einem auszukommen und einem nicht ungewollt wehzutun.
Und Angst hat jeder, der Erwachsene ebenso wie das Kind. Die Jünger im Boot auf dem See Gennesaret hatten Angst und weckten Jesus mit ihrem angstvollen Geschrei. Die Hirten auf dem Feld fürchteten sich, als ihnen plötzlich die Engel gegenüberstanden und von der Geburt Jesu berichteten. Die Geschichten der Bibel sind voll von Menschen, die Angst haben, die ihre Situation nicht meistern, die es nicht schaffen, Erfolg zu haben, und die frustriert sind, versagen und scheitern. Aber dann sind es gerade diese Menschen, die Gott aussucht, um mit ihnen etwas zu tun, zu bewirken.
Nicht blinder Mut, sondern richtiges Einschätzen einer Situation macht den Helden aus. Marina ist ein Held, weil sie ehrlich zu ihrer Angst steht, weil sie ehrlich sagt: „Ich trau mich nicht!“
Kinder können angeregt werden, eigene Erlebnisse und Erfahrungen zu berichten, aufzuschreiben, zu malen oder in einem Rollenspiel oder in einer Pantomime darzustellen.
Hierzu: Sturm sei still – Wir fahren übern See – Meßfeier: Jesus im Sturm auf dem See – Es ist so schwer, ein Held zu sein (alle in: „Ich wünsch' dir einen guten Tag“, Lahn-Verlag, Limburg).

** Mein Tag

Gedicht zum Geburtstag. Ein Kind erlebt, daß es in einem Jahr größer geworden ist. Es hat in diesem Jahr vieles erfahren. Es lädt zum Geburtstag ein. Nur der Geburtstagskuchen ist nicht mitgewachsen. Er ist genauso groß wie beim vorigen Geburtstag.

Ich werde größer; etwas Neues beginnt; Ich erinnere mich daran, was vorher war, was ich im vergangenen Jahr erlebt und erfahren habe, was sich verändert hat. Neujahr, das ist wie Geburtstag.

Hört mal her, ihr lieben Leute!
Hört, ich hab Geburtstag heute!
Ein ganzes Jahr vorbei! Und hier
steht schon das neue vor der Tür.

Ein Jahr größer, ein Jahr breiter,
ein Jahr älter und gescheiter.
Ein neues Jahr steht schon bereit.
Ach, wie schnell vergeht die Zeit!

Ich lade jeden herzlich ein,
an meinem Tag mein Gast zu sein.
Schaut, eine Kerze leuchtet mehr!
Darüber freue ich mich sehr.

Aber eins muß ich beklagen.
Muß doch mal den Bäcker fragen,
warum mein Geburtstagskuchen,
den doch jeder will versuchen,
nicht auch ein Stück gewachsen war.
Vielleicht wächst er ja nächstes Jahr!

Sonja Matthes und Rolf Krenzer

Für das Kind spielt der Geburtstag eine ganz besondere Rolle im Jahresablauf. Er sollte deshalb auch besondere Berücksichtigung im Religionsunterricht und im Kindergottesdienst finden.

Dabei geht es nicht um Geschenke, sondern darum, daß das Kind erlebt, daß es ohne besondere Leistung einmal ganz allein im Mittelpunkt stehen darf, andere ihm gratulieren und ihm vielleicht ein Geburtstagslied singen.
Ein fröhliches Geburtstagslied wird hier angeboten, das auch in ein Spiel umgesetzt werden kann:

* Weil du heut Geburtstag hast

T: Rolf Krenzer
M: Siegfried Fietz

Einer nach dem anderen kommt zu dem Geburtstagskind, drückt ihm die Hände, streicht ihm übers Haar, kitzelt es an der Nase, legt den Arm um es, lacht es an, schenkt ihm ein Bonbon usw. Das, was der einzelne tut, kann von allen in den folgenden Zeilen mitgesungen werden. Die hier gegebenen Verse sind nur als Vorschlag anzusehen.

Ich lach dich an und freu mich
und gratuliere dir.
Wir lachen all und freun uns
und gratulieren dir.

Ich streichle dir die Haare
und gratuliere dir.
Wir streicheln dir die Haare
und gratulieren dir. usw.

Weil du heut Geburtstag hast,
sind wir heut bei dir.
Und weil wir bei dir zu Gast,
gratulieren wir.
Bringen gute Wünsche dar
für das neue Lebensjahr.
Jeder liebt das,
jeder liebt das
heut an diesem Tag.
Jeder gibt was,
jeder gibt was,
weil er dich so mag.

* Neues Leben

Ein Junge erlebt,
daß ein Kälbchen
geboren wird.

Neues Leben; Gott, der Schöpfer von Mensch und Tier; Schöpfungsgeschichte.

Schon lange vor den Ferien hatte mir mein Vater versprochen, daß ich zu meiner Tante auf den Bauernhof fahren dürfe. Mit Spannung erwartete ich die letzten Schultage.

Nun waren sie endlich vorbei. Mit dem Auto fuhren wir an den Bodensee. Wir waren auch bald am Ziel, denn es war nicht sehr weit.
Auf dem Bauernhof gab es viele Tiere: Pferde, Kühe, Schweine und eine große Schar Hühner mit einem Hahn. Es machte mir großen Spaß, bei der Arbeit im Stall zu helfen. Ganz besonders mochte ich die buntgescheckte Kuh „Susi" leiden, denn sie gab immer einen großen Eimer voll Milch, den ich in die Küche tragen durfte. Die braune Kuh „Berta" sah ganz besonders dick und groß aus. Meine Tante erklärte mir, daß „Berta" ein Kalb bekäme. Ich war sehr neugierig, wie so ein kleines Kälbchen wohl aussehen würde, und hoffte, daß es noch in meinen Ferien zur Welt käme.
Am letzten Abend ging ich sehr traurig ins Bett, weil immer noch kein Kälbchen angekommen war. Aber am nächsten Morgen weckte mich meine Tante sehr früh mit dem Ruf: „Ein Kälbchen ist da!" So schnell es ging zog ich meine Kleider an und rannte in den Stall. Da lag es nun, braun und ganz nackt. Mit großen Augen schaute es mich an. Die Mutter „Kuh" leckte es liebevoll ab. Ich freute mich sehr, daß ich das Kälbchen noch sehen konnte. Es war mein schönstes Ferienerlebnis. Als mein Vater mich wieder abholte, hatte ich sehr viel zu erzählen.

Manfred Kling

Von jungen Tieren berichten; darstellen, welche besondere Verantwortung der Mensch für ein neugeborenes Tier übernimmt, welche Sorge und Pflege er ihm angedeihen lassen muß. Der Mensch hat von Gott den Auftrag, Tiere zu hegen, zu beschützen. Mit älteren Kindern kann darüber gesprochen werden, in welcher Weise der Mensch diesen Auftrag ausführt, ob er ihn überhaupt ausführt, oder ob er derjenige ist, der Tiere quält, tötet, z. B. bei Tierversuchen, um Luxusartikel herzustellen, durch Zerstörung der natürlichen Umwelt der Tiere.

Mögliche Medien:

Tierkinder-Lotto: Otto Maier, Ravensburg.
Arbeitshefte: Haustiere – Tiere in Wald und Feld – Im Zoo: Hirschgraben-Verlag, Frankfurt am Main.
Tierbilderbücher, Tiergeschichten.
Spiellied von Noah und den Tieren, Kapitel 10.
Zur Vertiefung: Rudolf Bösinger, Bruder Esel – Tiere, die uns anvertraut, Lahn-Verlag, Limburg.

*** Jonathan und Lutz

Unterschiedliche Lebensbedingungen in einem europäischen Land und in einem Entwicklungsland werden am Beispiel von zwei gerade geborenen Jungen aufgezeigt.

Begegnung mit der Dritten Welt; Verantwortung für andere; Hinweise auf „Misereor", „Brot für die Welt" und andere Hilfsorganisationen. Wahrung der Menschenrechte als Begreifen der Gebote Gottes.

Ich will euch von zwei Kindern erzählen, zwei Kindern, die sich wohl nie in ihrem Leben begegnen werden. Zwei Kinder aber, die etwas gemeinsam haben: Beide wurden am 4. Januar desselben Jahres geboren.
Lutz wurde bei uns in der Bundesrepublik geboren. Seine Elten freuten sich sehr auf ihn. Für Lutz war alles vorbereitet, als er geboren wurde: Ein Kinderzimmer, ein weiches, kuscheliges Kinderbett, schöne Babywäsche, eine Wickelkommode und noch vieles mehr. Als Lutz geboren war, bezahlten seine Eltern eine große Anzeige, die dann in der Zeitung abgedruckt wurde:

> Am 4. Januar ist unser *Lutz* angekommen.
> Er ist gesund und stramm und wiegt fast fünf Pfund.
> In dankbarer Freude
> Marie-Luise und Stefan Stoll

Lutz hat noch keine Geschwister. Deshalb freuen sich alle, daß Lutz jetzt endlich da ist. Mutter und Vater, die Großeltern, die Geschwister seiner Eltern und alle Freunde der Eltern.
Sie kommen, beladen mit Geschenken, um den kleinen Lutz zu begrüßen. Die Eltern bekommen auch viele Glückwunschkarten.
Herzlichen Glückwunsch! steht darauf.
Bei uns in der Bundesrepublik werden wenige Kinder geboren. Es gibt viel mehr alte Leute als junge.
„Es müßten viel mehr Kinder geboren werden!" sagen die Politiker im Fernsehen. Die Bundesrepublik ist eines der Länder, in denen am wenigsten Kinder geboren werden.*

Jonathan wurde in Nairobi geboren. Nairobi ist die Hauptstadt von Kenia. Und Kenia liegt in Afrika. Jonathans Mutter ist eine Schwarze. Sie ist erst

fünfzehn Jahre alt. Und verheiratet ist sie auch nicht. Jonathan wird nie erfahren, wie sein Vater heißt.
Am Rand der Hauptstadt Nairobi wohnen die Leute, die keine Arbeit haben. Und das sind viele. Von 100 Menschen in Kenia haben siebzig keine Arbeit. Die Menschen wohnen in verdreckten und kaputten Wellblechbaracken oder in abgenutzten und baufälligen Räumen, wenn es dazu überhaupt reicht. Viele haben noch nicht einmal eine solche „Wohnung". Zehn, fünfzehn und mehr Menschen leben in einem Raum. Sie schlafen dort, essen dort, lieben sich dort, streiten sich, schlagen sich, trinken, wenn sie etwas zu trinken haben, essen, wenn sie etwas zu essen finden. Diese „Wohnungen", diese Löcher, das sind die Slums von Nairobi.
„Wieder ein Kind mehr!" heißt es, als Jonathan geboren ist. In Kenia sind fünfzig von hundert Menschen unter 12 Jahre alt. „Das sind vielzu viele Kinder!" sagen die Politiker.
„Wie sollen sie leben, wenn wir für die anderen schon keine Arbeit haben?" fragen sie. „Wovon sollen sie leben?"
Den Touristen, die aus Deutschland nach Nairobi kommen, wird gesagt: „Gehen Sie nicht allein durch die Stadt. Gehen Sie immer zu zweit, besser noch zu dritt oder zu viert. Halten Sie Ihre Wertsachen gut verwahrt! Verlassen Sie nicht die Hauptgeschäftsstraßen! Es ist überall sehr gefährlich für Sie. Sie können bestohlen werden, ausgeraubt, niedergeschlagen ...!"
Die Touristen nehmen das nicht immer so ernst. So war Frau Wiedemann ganz allein losgegangen. In einer Straße nahe am Park sprang plötzlich ein Schwarzer auf sie zu, schlug auf sie ein und riß ihr die Handtasche weg. Frau Wiedemann schrie, stürzte zu Boden, wollte sich wehren, doch der Mann war viel stärker.
Obwohl ein Taxifahrer blitzschnell angehalten hatte und Frau Wiedemann zu Hilfe kam, konnte der fremde Mann fliehen.
Der Taxifahrer brachte Frau Wiedemann zum Jacaranda-Hotel zurück. Sie jammerte über die geraubte Tasche. Gott sei Dank hatte sie ihre Wertsachen im Safe des Hotels gelassen. Aber die Bluse war zerrissen, der Rock schmutzig, und es schmerzte ein großer Bluterguß an ihrer rechten Hand.
„Einer aus den Slums war das!" sagte der Taxifahrer. „Es gibt halt zu wenig Arbeit hier und zu viele Arbeitslose. Und eine Unterstützung erhält niemand, der keine Arbeit hat. So kommt dies täglich vor, überall und immer wieder ..."
„Jambo!" sagt er freundlich, als er Frau Wiedemann vor dem Hotel aussteigen ließ. Das heißt soviel wie „Guten Tag", „Alles Gute!" „Viel Glück", einfach „Jambo!"
„Jambo!" lachte auch der junge Mann, der nur eine verdreckte Hose und ein ausgefranstes Hemd trug und sich an einem Strand einen „Hamburger"

kaufte. Seine Schillinge reichten auch noch für ein Bier und für viel mehr. Er hatte heute genügend Geld in der Tasche. In der Handtasche von Frau Wiedemann war so viel, daß er sich allerhand leisten konnte. Die Handtasche lag längst ausgeräumt in einem der großen Müllcontainer, die überall auf den Straßen herumstehen.
„Jambo!“ lachte der junge Mann und ging weiter, dorthin, wo die Slums von Nairobi sind, dort, wo die Schwarzen in vergammelten Baracken und Wohnlöchern hausen. Dort, wo heute der kleine Jonathan geboren wurde.
„Jambo!“
Er ist Jonathans Onkel.

Rolf Krenzer

Die ganz unterschiedlichen Voraussetzungen für ein Kind, das in einem Wohlstandsland oder in einem Entwicklungsland geboren wird, werden durch die Gegenüberstellung dieser beiden am selben Tag geborenen Kinder in ihrem sozialen Umfeld deutlich.
Am Ende des Staates Kenia, der als einziger seine Unabhängigkeit und Selbstverwaltung praktiziert, stehen Hunger und Elend, bedingt durch die vielen Mißernten, ungerechten Besitzverhältnisse sowie Hilfsmaßnahmen ohne Konzeption. Ebenso gewichtig ist der Geburtenüberschuß für diese aussichtslose Situation. Die beiden Texte können Kindern nur emotional bewußt machen, wie sehr sich die Ausgangssituation dieser beiden Kinder unterscheidet.

Fragestellung:

Was hat der kleine Lutz bereits, wenn er auf die Welt kommt – Was hat der kleine Jonathan? Auf zwei Tafeln oder auf zwei großen Blättern kann jeweils gesammelt werden, was Jonathan und was Lutz besitzen.
Auf was könnte Lutz verzichten, um trotzdem noch menschenwürdig leben zu können? – Was müßte Jonathan erhalten?
Wir schreiben auf, auf was *wir* verzichten können, was notwendig und was nur wünschenswert ist. Hierbei geht es darum, die Grundbedürfnisse des Menschen herauszuarbeiten. Daneben gibt es aber auch viele Dinge, die nicht nur wünschenswert, sondern sogar überflüssig sind.

Anregung:

Wir nennen oder schreiben auf, was zu unserer Umwelt gehört, was wir besitzen. Dann legen wir eine Tabelle an und ordnen nach drei Gruppen: notwendig – wünschenswert – überflüssig.
Wenn wir uns darüber bewußt werden, daß ein weiteres Leben auf unserer Erde nur dann möglich ist, wenn die, die mehr haben, denen abgeben, die nichts haben, dann muß deutlich gemacht werden, daß wir nicht nur auf die überflüssigen

Dinge verzichten müssen, sondern daß wirkliche Opfer Dinge beinhalten, die wir als wünschenswert oder notwendig bezeichnet haben.
Es werden für „Misereor" oder „Brot für die Welt" größere Opfer verlangt, wenn es uns wirklich um echte und wirkungsvolle Hilfe und Unterstützung geht, als ein paar je nach der Größe des Geldbeutels noch überflüssige Scheine oder Geldstücke. Es wird hierzu auf das vielfältige Material von „Misereor" verwiesen.
Fotos, die speziell den Hintergrund des angebotenen Textes einprägsam beleuchten und wegen ihrer Eindringlichkeit Kindern zugänglich sind, findet man in dem MERIAN-Heft „Kenia", Heft 3/29. Jahrgang, Hoffmann und Campe Verlag, Hamburg, das weitere wichtige Hintergrundinformationen über die Situation in Kenia bietet (Viel Platz für wilde Tiere? – Schwarz und Weiß in neuen Rollen – Entwicklungshilfe als Weltanschauung usw.). Aus diesem Heft wurde auch der nachfolgende Bericht „Ein Mann geht nach Nairobi" von Michael Engler entnommen, der dort mit vielen Fotos belegt ist, hier aber weitere Informationen zu dem angebotenen Text liefert:

*** Ein Mann geht nach Nairobi

Name: Peter Irungu. Geburtsort: Kahuhia. Familienstand: verheiratet, drei Kinder. Beruf: ohne. Peter Irungu geht nach Nairobi, weil er Arbeit sucht. Er schleppt Steine, mischt Mörtel, schneidet Holz. Aber am liebsten ist er Anstreicher, arbeitet an sechs Tagen in der Woche fast zehn Stunden. Aber nicht immer hat er Arbeit. Ist Peter Irungu glücklich? „Nur wenn ich in Kahuhia bin, bin ich glücklich." Und sein Glück muß er in Nairobi versuchen. Geld verdienen, aber das Geld nicht ausgeben dürfen.Am Stadtrand haust er, in einer Kammer, ohne Wasser und Licht. Aber in diesem Loch sind wenigstens Menschen in seiner Nähe wie in Kahuhia. Peter Irungu hat Wünsche: Er möchte sich eine Uhr kaufen – er tut es nicht. Er möchte ein Fußballspiel sehen – er tut es nicht. Sein allergrößter Wunsch: am Wochenende manchmal nach Kahuhia fahren, Geld heimbringen, seine Frau sehen, seine Kinder, die ganze große Familie, die auf einem kleinen Feld sich mit der langstieligen Hacke abmüht, Mais, Bohnen und Bananen anbaut, ein paar Kaffeesträucher versorgt. Peter Irungu würde lieber in Kahuhia mithelfen. Doch er geht in die Stadt, wo er ein Außenseiter ist in den Häuserschluchten und dem Verkehrsgewühl, wo der Luxus ihn blendet. Er verläßt die Geborgenheit eine Großfamilie, weil er mit Gelegenheitsarbeiten in Nairobi das Geld zusammensparen will, das er für einen Laden in seinem Dorf braucht. Hundert Kilometer liegt Nairobi von Kahuhia entfernt, aber Kahuhia und Nairobi sind zwei Welten.

Michael Engler

* * * Töpferlied

Gott ist der Schöpfer
aller Dinge. Er ist der
Herr über mein Leben.

Schöpfungsgeschichte,
1 Mose 1

1. wer hat uns denn
   aus ton gedreht
   die beine und den bauch
   den hals die arme
   und den kopf
   und unsre augen auch

2. die erde dreht sich
   tag und nacht
   und mit uns geht es rund
   wir sind aus erde
   und aus *mehr*
   und wiegen wieviel pfund

3. wer hat uns denn
   aus ton gedreht
   ein töpfer der was kann
   die da hat er zur
   frau gemacht
   und diesen da zum mann

4. wer hat uns denn
   aus ton gedreht
   den töpfer möcht ich sehn
   wo wohnt er denn
   in welchem land
   ich möchte ihn verstehn

5. die töpferscheibe
dreht sich rund
wer mag sie nur so drehn
die erde dreht sich
tag und nacht
und wir sind im entstehn

6. es macht uns eine
töpferhand
ein klumpen feuchter dreck
der töpfermann
haucht leben ein
und nimmt es wieder weg

7. bedenke mensch
du bist aus staub
die beine und der bauch
der hals die arme
und der kopf
und deine augen auch

Wilhelm Willms

Aus: Armin Juhre (Hrsg.): Singen, um gehört zu werden. Jugenddienstverlag, Wuppertal.

Eine Kindern mögliche Meditation zu diesem Text kann durch Dias oder große Farbfotos angeboten werden, die Kinder in verschiedenen Ländern zeigen, aber auch Kinder und Erwachsene, junge und alte Menschen. Gegenüberstellung von Kindern und Greisen.
Bildmaterial in dem Arbeitsbuch für den Anfang „Kommt alle und seid froh", Hirschgraben-Verlag, Frankfurt am Main; Ursel Scheffler: „Freunde" – „Kinder wie du" – „Abendgebete mit Kindern", alle Lahn-Verlag, Limburg.

2.

Hier kommen die Könige

Das Fest der Heiligen Drei Könige

* Hier kommen die Könige

Die Könige kommen und fragen, wo der Herr der Welt geboren ist. Alle folgen ihnen nach bis zur Krippe im Stall.

Kleines Musikspiel – Sternsingerlied

T: Rolf Krenzer
M: Peter Janssens

Aus: Kommt alle und seid froh, 1982

Wegen seines einfachen Textes und des eingängigen Refrains läßt sich das Lied mit ganz geringen Vorbereitungen für den Dreikönigsumzug oder als Anspiel im Kindergottesdienst verwenden. Die drei Könige stellen sich vor. Dann schließen sich ihnen alle beim großen Umzug an. Einsatzmöglichkeiten auch beim Krippenspiel.

* Kluge Männer folgen dem Stern

Die Weisen folgen dem Stern
und finden das Kind in der
Krippe.

Matthäus 2,1–12

Jesus wurde in Betlehem geboren.
Er ist der König der Welt. Er ist Gottes Sohn.
Hoch über dem Stall leuchtete ein heller Stern.
Er leuchtete so hell, daß ihn die Leute in anderen Ländern sehen konnten.

Dort sahen einige Männer nachts den Stern.
Sie erkannten, daß es ein besonderer Stern war, und sagten: „Es ist ein Königsstern! Wir wollen losziehen und den neugeborenen König suchen!"
Da gingen die Männer los. Sie zogen hinter dem Stern her, und der Stern zeigte ihnen den Weg.
Sie fragten überall: „Ist hier der König der Welt geboren?"
„Hier nicht!" sagten die Leute.
So fragten sie auch in der Hauptstadt Jerusalem.
Sie fragten den König Herodes.
Der König erschrak und fragte sogleich: „Ihr sucht einen König? Ein neuer König soll geboren sein?"
Herodes lag nichts an einem neuen König. Überhaupt nichts. Er wollte selbst König bleiben. Deshalb nahm er sich vor, den neuen König zu töten, sobald es ihm möglich war.
Aber zunächst wußte er nicht einmal, wo er ihn finden konnte.
Vielleicht in Betlehem? Davon stand doch etwas in den alten Büchern, die die Schriftgelehrten seines Landes so gut kannten.
Deshalb sagte König Herodes zu den drei Männern: „Sucht den neuen König. Wenn ihr ihn findet, dann kommt zu mir zurück! Sagt mir dann, wo er zu finden ist, denn ich will auch zu ihm gehen."
Was er aber mit dem jungen König dann tun wollte, das sagte er nicht. So zogen die Männer weiter hinter dem Stern her.
Der Stern führte sie nach Betlehem.
Hell leuchtete er über dem Stall.
„Hier muß es sein!" sagten die Männer.
Sie klopften an und traten ein. Sie fanden Josef und Maria. Und sie fanden das Kind in der Futterkrippe. Da wußten sie, daß dieses Kind der König der Welt ist.
Sie brachten Geschenke in den Stall hinein, wertvolle Geschenke. Sie schenkten alles dem König der Welt.
Dann knieten sie vor dem Kind nieder und beteten es an.
Später reisten die Männer wieder zurück in ihr Land.
Dem König Herodes verrieten sie nicht, daß sie Jesus gefunden hatten.

Neu erzählt von Rolf Krenzer

Die Verbindung mit Weihnachten ist deutlich: Noch einmal steht das Kind in der Krippe im Mittelpunkt. Die drei Weisen machen sich auf, um dem Kind ihren Besuch abzustatten. Sie suchen den neugeborenen König und wandern hinter dem Stern her, der ihnen den Weg zeigt. Die Geschichte wird deutlicher, wenn sie gespielt werden darf. Wir basteln gemeinsam einen großen Goldstern und befestigen ihn an einem Stock. Dann dürfen sich drei Kinder als Könige verkleiden. Wir marschieren im Raum umher und singen Weihnachts- und Neujahrslieder. Besondere Freude macht es, wenn man eine andere Gruppe besuchen darf und dort mit der Hilfe des Erziehers ein Dreikönigslied vortragen kann. Natürlich darf jeder einmal den Stock mit dem Stern tragen.

In der mozarabischen Liturgie wird das Fest der Erscheinung des Herrn „acceptatio = Annahme“ genannt. Dieses Fest wird am 6. Januar gefeiert, weil Jesus Christus in der Figur der Weisen gleichsam die gesamte heidnische Welt angenommen hat. In anderen alten Liturgien trägt dieses Fest den Namen „Lichtfest“. Dieser Tag war der Haupt-Tauftag und wurde mehr gefeiert als die erste Erscheinung Christi am Weihnachtsfest.

In den südlichen Ländern gibt es an diesem Tag auch die Weihnachtsgeschenke. Ursprünglich wurde von allen Christen Weihnachten am 6. Januar gefeiert. Die Christen im nördlichen Teil Europas, z. B. in Deutschland, Frankreich und in den skandinavischen Ländern paßten sich später dem heidnischen Fest der Wintersonnenwende an und feiern seitdem Weihnachten am 25. und 26. Dezember. So fahren beispielsweise im spanischen Gran Canaria am 6. Januar die drei Könige in Jeeps hinter einem großen Stern her, der auf einem Lastwagen befestigt ist. Erwachsene und Kinder haben sich als römische Soldaten verkleidet und ziehen in einem langen Zug hinter den Königen her, viele Musikgruppen sind auch dabei. Es ist ein richtiges Volksfest.

Die Heiligen Drei Könige teilen den Kindern Bonbons und andere Süßigkeiten aus. Zu Hause werden dann in allen Familien die Weihnachtsgeschenke verteilt: Weihnachten am 6. Januar.

Die Heilige Schrift selbst spricht von den Weisen, nicht von Königen. Seit dem 5. Jahrhundert stellt man sich die Weisen als tatsächliche weltliche Könige vor. Seit dem 14. Jahrhundert ist auch die Figur des Mohren bekannt. Hierfür gibt es zwei Erklärungen: Einmal wird angenommen, daß man dadurch verdeutlichen wollte, daß Jesus Christus zu allen Menschen ohne Unterschied der Rasse und Hautfarbe gekommen ist. Zum anderen kann auch ein Hörfehler („Mohrenland“ statt „Morgenland“) der Ausgangspunkt gewesen sein.

Die drei Könige, so wie wir sie heute am Dreikönigstag kennen, tragen die Namen Caspar, Melchior und Balthasar. Noch heute findet man ihre Anfangsbuchstaben (C+M+B = lat.: christus mansionem benedicat = Christus segne dieses Haus) als Schutzzeichen an den Türen von Häusern. In vielen Gegenden Deutschlands ziehen die Kinder als Könige durch die Straßen, singen Dreikönigslieder und sammeln Gaben ein. Selbstverständlich ist ein Kind immer als Mohr verkleidet. Sie tragen Kronen aus Goldpapier und ziehen hinter einem Stern her, der an einem Stock vorangetragen wird. Vielfach gibt es auch noch Laternenumzüge zu diesem Tag. In Hamburg werden die Lieder der Könige mit einem Instrument begleitet, das aus einem Tonkrug, über den eine Schweinsblase gespannt ist, besteht und „Rummelpott“ genannt wird. In der Mitte dieses Kruges steckt ein Holzstab. Ein verkleidetes Kind reibt diesen Stab solange, bis ein rummelnder, dumpfer Ton entsteht.

** Der weite Weg zur Krippe

Die Weisen folgen dem Stern und fragen überall in Betlehem nach dem König der Welt. Zum Schluß finden sie Maria und Josef und das Kind in der Krippe. Da fordern sie alle auf, mit zum Heiland der Welt zu kommen.

Matthäus 2, 1; 9-12.
Dreikönigslied mit Sternsingerlied, auch als Weihnachtsspiel einzusetzen.

Es spielen mit:

Ein Sprecher (oder mehrere), die drei Könige (es können auch mehr sein, Prinzen, Gefolge, Kamele usw.), Maria, Josef, das Kind in der Krippe, Ochse und Esel, Schäfchen ... und viele Leute, die in Betlehem wohnen, z. B. der Koch, der Bäcker, der Goldschmied, der Kaufmann, der Bote, der Wirt.

Spielmöglichkeiten:

Kreisspiel, Spiel im Halbkreis, Spiel auf der Bühne, im Raum, im Gottesdienst, auch als Menschenschattenspiel.

Bühnenbild:

Krippe: umgekippter Tisch, Wolldecke, oder richtige Krippe, Stall angedeutet, Hocker oder Stühle, auf denen Maria und Josef sitzen, im Hintergrund mitten auf der Bühne.
Die einzelnen Berufe werden durch berufstypische Kleidung angedeutet. Die Spieler sitzen im Kreis oder stehen hinter einem Tisch, auf dem ihr jeweiliges Berufswerkzeug liegt, bzw. ihre Erzeugnisse, z. B. Brötchen, Brot beim Bäcker. Es können auch große Bilder gemalt werden, die jeweils von zwei Mitspielern hinter den betreffenden Spielern hochgehalten werden, z. B. ein großes Hotel hinter dem Koch, ein Gasthaus hinter dem Wirt. Auch große Wandbilder können gestaltet werden, die den jeweiligen Schauplatz darstellen und vor die sich dann der betreffende Spieler postiert. Über dem Stall wird ein großer Stern befestigt.

Requisiten und Kostüme:

Die Könige:	Bunte Tücher, Bademäntel, Kronen, Turban usw. Geschenke für das Kind. Vor den Königen kann auch ein Prinz gehen, der einen gebastelten Stern an einem langen Stock trägt.
Josef:	Mantel, Hut, Stock.
Maria:	Normale Kleidung oder Kopftuch, langes Kleid.
Das Kind in der Krippe:	Es liegt unter der Wolldecke, so daß man nur seinen Oberkörper und sein Gesicht sehen kann.

Ochse: Ohren und Hörner aus Pappe an einem Pappe-Stirnreif befestigt. Schwanz.
Esel: Lange Ohren an einem Stirnreif befestigt. Schwanz.
Kamele: Wolldecken übergehängt, bunte Stirnreifen, eventuell Kissen als Höcker.
Schäfchen: Gelbe oder braune Frottee-Handtücher umgehängt.
Koch: Hohe Kochmütze, weiße Schürze, Kochtopf, Kochlöffel.
Bäcker: Bäckermütze, weiße Kleidung, Backwaren usw.
Bote: Umhängetasche für Briefe.
Goldschmied: Arbeitsanzug, Kronen, Armbänder, Ringe usw. aus Goldpapier.
Kaufmann: Normale Kleidung; Waren, die verkauft werden können.
Wirt: Serviertuch über dem Arm usw.

Alle Rollen können von Jungen und Mädchen dargestellt werden, z. B. Köchin, Botin, Wirtin, Verkäuferin.

Noten und Texte:

Zwei Lieder, die schnell von allen mitgesungen werden können und immer wieder eingesetzt werden, können mit allen möglichen Melodie- und Rhythmusinstrumenten begleitet werden. Sie können auch von allen Spielern ohne Begleitung gesungen werden. Die Refrains beider Lieder können von der ganzen Gemeinde bzw. den Zuschauern mitgesungen werden.

Lied 1:

* Und so gehen wir ihm alle hinterher

T: Rolf Krenzer
M: Lele Jöcker

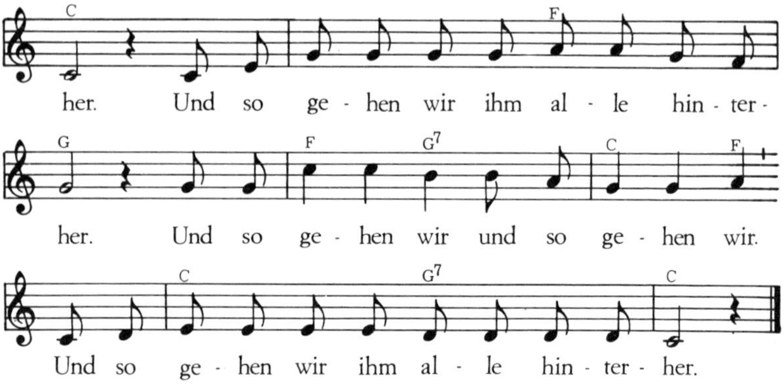

2. Wir fragen alle Leute.
Wir fragen nach dem Herrn.
Dich Christus woll'n wir loben.
So folgen wir dem Stern.

3. So lang ist unsre Reihe.
Wir werden immer mehr.
Dich Christus woll'n wir ehren.
Denn du bist unser Herr.

Lied 2:

* Komm und gib mir deine Hand

T: Rolf Krenzer
M: Detlev Jöcker

2. Freust du dich so sehr,
ruf die andern her!
Gehn wir all zusammen,
dann werden's immer mehr!
Jeder soll es sehn,
daß wir zu ihm gehn,
denn das Kind im Stall,
das ist Christus, unser Herr.

Beide Spiellieder: Erschienen auf MC „Die gute Nachricht weitersingen". Neue Weihnachtslieder für Kinder, MOD Verlag, Am Hagen 5, 4400 Münster.

Beide Lieder können auch unabhängig von diesem Spiel eingesetzt werden.

Spielanregung zu Lied 1:

Die Sternsinger tragen einen Stern aus Pappe oder Stanniolpapier an einem Stock vor sich her. Sie gehen im Kreis herum und fragen bei den ersten beiden Strophen, wo sie den Herrn finden können. Die Kinder zeigen ihnen den Weg und schließen sich ihnen an.

Spielanregung zu Lied 2:

Zuerst geht einer im Kreis zu dem Spiellied herum. Er bleibt vor einem Mitspieler stehen und fragt: „Hast du's schon gehört? Jesus ist geboren!" Darauf sagt der Mitspieler: „Der König der Welt?" Der erste Spieler: „Komm mit! Wir gehen zum Stall!"
Er gibt ihm die Hand, und beide ziehen zu dem Lied im Kreis herum oder durch den Kirchenraum. Ein Spieler nach dem anderen kommt hinzu, so daß am Schluß

eine lange Kette gebildet ist. Alle ziehen zu der Krippe und knien vor dem Kind nieder.

Spieltext

Sprecher:

Als Jesus im Stall geboren ist, erstrahlt hell der Weihnachtsstern. Er strahlt so hell, daß man ihn überall auf der Welt sehen kann. Sogar drei Könige in fernen Ländern haben den Stern gesehen. Und diese Könige sind kluge Männer. Sie wissen um das Geheimnis des Weihnachtssterns: Wenn dieser Stern erstrahlt, ist der König der Welt geboren. So geht jeder der Könige los und zieht hinter dem Stern her, um den König der Welt zu suchen. Und eines Tages treffen sich die drei Könige.

Die Könige treten auf. Sie gehen im Kreis herum und singen:

Weither sind wir gekommen.
Wir suchen unsern Herrn.
Dich Christus wolln wir finden.
So folgen wir dem Stern.
Und so gehen wir ihm alle hinterher.
Und so gehen wir ihm alle hinterher.
Und so gehen wir
und so gehen wir
und so gehen wir ihm alle hinterher.

Kaspar:

Weither bin ich gekommen
und folge diesem Stern.
Ich bin der König Kaspar
und suche unsern Herrn.

Alle:

Und so gehen wir ihm alle hinterher ...

Melchior:

Weither bin ich gekommen
und folge diesem Stern.
Ich bin der König Melchior
und suche unsern Herrn.

Alle:

Und so gehen wir ihm alle hinterher …

Balthasar:

Weither bin ich gekommen
und folge diesem Stern.
Ich bin der König Balthasar
und suche unsern Herrn.

Alle:

Und so gehen wir ihm alle hinterher …

Alle Könige und ihr Gefolge:

Weither sind wir gekommen.
Wir suchen unsern Herrn.
Dich Christus wolln wir finden.
So folgen wir dem Stern.

Alle:

Und so gehen wir ihm alle hinterher …

Sprecher:

So ziehen die drei Könige von Land zu Land. So ziehen sie von Stadt zu Stadt. Überall fragen sie nach dem neugeborenen König der Welt. Aber niemand kann ihnen etwas sagen. Niemand weiß etwas davon. So verlassen sie sich allein auf den Stern und ziehen hinter ihm her. Der Stern zeigt ihnen den Weg.
Sie kommen auch nach Jerusalem. Das ist die Hauptstadt des Landes, in dem der König der Welt wirklich geboren ist. Doch der König, der dort wohnt, weiß nichts davon. Im Schloß jedenfalls ist der König der Welt nicht geboren. Da ziehen sie weiter hinter dem Stern her … bis nach Betlehem.

Alle:

Weither sind wir gekommen.
Wir suchen unsern Herrn.
Dich Christus wolln wir finden.
So folgen wir dem Stern.

Alle:

Und so gehen wir ihm alle hinterher …

Wir fragen alle Leute.
Wir fragen nach dem Herrn.
Dich Christus wolln wir loben.
So folgen wir dem Stern.

Und so gehen wir ihm alle hinterher …

Balthasar (bleibt stehen):

Nun sind wir schon so lang gelaufen.
Ich muß mich mal verschnaufen!

Kaspar:

So hell erstrahlt des Sternes Schein.
Hier scheint ein kleines Dorf zu sein.

Melchior:

Laßt uns hier nach dem König fragen.
Vielleicht kann einer uns was sagen!

Balthasar (bleibt vor dem Bäckerladen stehen):

Ein Bäckerladen! Riecht das lecker!
Kommt mit! Wir fragen jetzt den Bäcker!

Kaspar:

Herr Bäcker, sagt uns, ob ihr wißt,
wo hier der Herr geboren ist.

Bäcker:

Was für ein Herr? Wen sucht ihr hier?

Alle:

Den Herrn der Welt, den suchen wir!

Bäcker:

Da weiß ich nichts! Bin überfragt!
Da hat mir keiner was gesagt.
Und weil mich vieles interessiert,
bin ich auch ziemlich informiert.
Der Koch dort drüben vom Hotel
weiß immer alles extra schnell.
Den solltet ihr vielleicht mal fragen.
Vielleicht kann er euch etwas sagen!

*(Der Bäcker zeigt den Königen den Weg zum Hotel.
Sie singen, während sie weiterziehen)*

Könige:

Wir fragen alle Leute.
Wir fragen nach dem Herrn.
Dich Christus wolln wir loben.
So folgen wir dem Stern.

Alle:

Und so gehen wir ihm alle hinterher …

Melchior:

Hallo, Herr Koch! Hallo, Herr Koch!

Koch:

Was wollt ihr hier so spät denn noch?
Fragt ja nicht hier nach Zimmern nach.
Das Haus ist voll bis unters Dach!

Melchior:

Herr Koch, ach sagt uns, ob ihr wißt,
wo hier der Herr geboren ist.

Koch:

Was für ein Herr? Wen sucht ihr hier?

Alle:

Den Herrn der Welt, den suchen wir!

Koch:

Da weiß ich nichts! Es tut mir leid!
Und ich weiß sonst so gut Bescheid!
Ihr solltet dort den Boten fragen.
Vielleicht kann der euch etwas sagen!

(Der Koch macht die Könige auf den Boten aufmerksam,
der noch weit entfernt ist.
Die Könige singen,
während sie auf den Boten zugehen)

Könige:

Wir fragen alle Leute.
Wir fragen nach dem Herrn.
Dich Christus wolln wir loben.
So folgen wir dem Stern.

Alle:

Und so gehen wir ihm alle hinterher ...

Bote:

Oh seht, da kommen feine Leute!
Sie singen und sind fröhlich heute.
Die will ich aus der Nähe sehn!
Hallo, ihr Leute, bleibt doch stehn.
Ihr seid mir äußerst angenehm!
Was sucht ihr denn in Betlehem?

Alle:

Weither sind wir gekommen.
Wir suchen unsern Herrn.
Dich Christus wolln wir finden.
So folgen wir dem Stern.

Und so gehen wir ihm alle hinterher ...

Bote:

Das Lied gefällt mir. Und der Stern
gefällt mir auch. Den mag ich gern.
Doch sonst habe ich nichts vernommen
und bin bestimmt viel rumgekommen,
bin auf den Beinen schon seit acht,
hab Post und Nachricht überbracht,
hab sogar Päckchen ausgetragen.
Doch leider kann ich euch nichts sagen.
Ihr solltet mal den Kaufmann fragen.
Vielleicht kann der euch etwas sagen!

(Der Bote zeigt den Königen den Weg zum Kaufmann)

Alle:

Wir fragen alle Leute.
Wir fragen nach dem Herrn.
Dich Christus wolln wir loben.
So folgen wir dem Stern.

Und so gehen wir ihm alle hinterher ...

Melchior (bleibt vor dem Kaufhaus stehen):

Herr Kaufmann, sagt uns, ob ihr wißt,
wo hier der Herr geboren ist.

Kaufmann:

Schaut her, Tomaten, saftig rot,
sind heut im Sonderangebot.
Herabgesetzt sind Milch und Reis.
Wie wär's mit einem Himbeereis?
Wie bitte? Kommen Sie ins Haus
und suchen Sie in Ruhe aus!

Balthasar:

Hört zu und laßt mich's noch mal sagen.
Wir kommen her, um euch zu fragen,
ob ihr von einem König wißt,
der hier im Ort geboren ist.

Kaspar:

Wir folgten diesem hellen Stern
und suchen hier jetzt unsern Herrn.

Kaufmann:

Ein König, sagt ihr? Leider, leider!
Da weiß ich nichts! Doch geht jetzt weiter
und bleibt dort vor dem Laden stehn.
Dort werdet ihr den Goldschmied sehn.
Nur Reiche können bei ihm kaufen.
Drum solltet ihr zum Goldschmied laufen
und ihn nach eurem König fragen.
Wenn er was weiß, wird er's euch sagen!

(Der Kaufmann zeigt den Königen den Weg zum Goldschmied)

Alle:

Wir fragen alle Leute.
Wir fragen nach dem Herrn.
Dich Christus wolln wir loben.
So folgen wir dem Stern.

Und so gehen wir ihm alle hinterher ...

Goldschmied:

So edle Herrn! So feine Herrn!
Kommt, tretet ein! Ich zeig euch gern
die schönsten Ketten, Kronen, Ringe ...
aus Gold und Silber alle Dinge.

Melchior:

Sagt, ob ihr von dem König wißt,
der hier im Ort geboren ist.

Goldschmied:

Ein König hier in Betlehem?
Den gibts nur in Jerusalem.
Wenn hier ein König angekommen,
dann hätt' ich es bestimmt vernommen.

Ihr solltet dort im Gasthaus fragen.
Vielleicht kann euch der Wirt was sagen!

(Der Goldschmied zeigt den Königen den Weg zum Gasthaus)

Alle:

Wir fragen alle Leute.
Wir fragen nach dem Herrn.
Dich Christus wolln wir loben.
So folgen wir dem Stern.

Und so gehen wir ihm alle hinterher …

Kaspar:

Hallo, Herr Wirt!

Wirt:

Ich bin schon hier!
So feine Herrn vor meiner Tür!
Herzlich willkommen! Tretet ein!
Ich will euch gern zu Diensten sein!

Melchior:

Herr Wirt, ach sagt uns, ob ihr wißt,
wo hier der Herr geboren ist.

Wirt:

Was für ein Herr? Wen sucht ihr hier?

Alle:

Den Herrn der Welt, den suchen wir.

Wirt:

In meinem Haus? Das kann nicht sein!

Balthasar:

Doch, er muß hier geboren sein!
Bestimmt nicht in Jerusalem.
Der Stern steht über Betlehem!

Kaspar:

Wir folgten diesem hellen Stern
und suchen hier jetzt unsern Herrn!

Wirt:

In meinem Haus? Das kann nicht sein!
Doch halt! Da fällt mir etwas ein:
Ja, eine Frau und auch ein Mann,
die klopften spät am Abend an.
Mein Haus war voll bis unters Dach.
Sie waren arm. Die Frau war schwach.
Sie sollte bald ein Kind bekommen …
Ich hätte sie gern aufgenommen,
doch jedes Zimmer war besetzt.
Sie tat mir leid. Zu guter Letzt
bot ich der Frau und diesem Mann
den alten Stall dort hinten an.
Sie gingen in den Stall hinein.
Dort werden sie wohl auch noch sein.
Die arme Frau, der arme Mann …

Melchior:

Seht dort! Der Stern! Seht ihn euch an!
Dort überm Stall steht jetzt der Stern.
Im Stall, dort finden wir den Herrn!

Balthasar:

Was wartet ihr! Bleibt doch nicht stehn!
Laßt uns zu unserm König gehn!

*(Die Könige machen sich auf den Weg zum Stall.
Sie finden das Kind in der Krippe)*

Alle singen:

So lang ist unsre Reihe.
Wir werden immer mehr.
Dich Christus wolln wir ehren,
denn du bist unser Herr.

Und so gehen wir ihm alle hinterher …

Weither sind wir gekommen.
Wir suchen unsern Herrn.
Dich Christus wolln wir finden.
So folgen wir dem Stern.

Und so gehen wir ihm alle hinterher ...

Maria:

Kommt herein!
Hier findet ihr das Kind!
Hier liegt das Kind in der Krippe.

Josef:

Tretet ein.
Seid herzlich willkommen!

Sprecher:

So finden die Könige den König der Welt.
Er liegt in der Krippe im Stall.
Der Esel ruft: Iah!
Der Ochse brüllt: Muh!
Und die Schäfchen blöken: Mäh!

(Die Tiere machen sich mit ihren Stimmen bemerkbar. – Die Könige knien nieder und beten das Kind an. Sie übergeben auch ihre Geschenke)

Sprecher:

Hier im Stall ist Jesus geboren,
Gottes Sohn,
der König des Himmels und der Welt.

Der Sprecher stimmt das 2. Lied an, in das nach und nach alle einfallen:

Hast du's schon gehört?
Hat man dir's erzählt?
In dem kleinen Stall
ist geboren der Herr der Welt.
Bleib nicht länger stehn.
Willst du mit mir gehn,
in dem kleinen Stall

unsern König anzusehn?
Komm und gib mir deine Hand,
komm und gehe mit!
Schenke was, wenn du was hast,
und sing dem Herrn ein Lied!

(Der Sprecher geht nacheinander zu allen, die mit den Königen gesprochen haben, und berichtet ihnen, daß im Stall der König der Welt zu finden ist)

Sprecher:

Es ist wirklich wahr! Der König der Welt wurde im Stall geboren. Willst du mit mir kommen?

(Während der folgenden Strophe folgen die Leute dem Sprecher. Jeder zeigt ein Geschenk, daß er dem Kind mitbringen will, der Koch eine Terrine mit Suppe, der Kaufmann Milch und Butter, der Bäcker Brötchen oder Plätzchen usw.)

Freust du dich so sehr,
ruf die andern her.
Gehn wir all' zusammen,
dann werden's immer mehr!
Jeder soll es sehn,
daß wir zu ihm gehn,
denn das Kind im Stall,
das ist Christus, unser Herr.
Komm und gib mir deine Hand,
komm und gehe mit!
Schenke was, wenn du was hast,
und sing dem Herrn ein Lied.

(Der Sprecher wendet sich nun an die Gottesdienstbesucher oder die, die bisher nur zugeschaut haben, und fragt, was sie dem Kind in der Krippe mitbringen wollen. Da nennt oder zeigt jeder etwas. Alle kommen mit und bilden eine lange Kette und ziehen dann gemeinsam zur Krippe. Dazu wird das Lied „Hast du's schon gehört?" von allen gesungen.)

Rolf Krenzer

Wie die Eulen einen Boten schickten

Auch die berühmten Eulen von Athen hatten sich trotz der ihnen nachgesagten Klugheit getäuscht. Ganz still wird die Eule, die als Bote geschickt war, als sie Jesus in der Krippe sieht. Legende um die Heiligen Drei Könige, die die bekannte Geschichte aus einem anderen Blickwinkel beleuchtet.

Die Eulen von Athen hielten sich zu allen Zeiten für besonders klug. Sie waren überzeugt, von allen Dingen mehr als andere zu verstehen. Als sie nun hörten, daß ein Stern erschienen sei, der drei Weise zu einem neugeborenen König führen sollte, schlugen sie das Buch auf, in dem sie alles aufgeschrieben hatten, was sie über Sterne wußten. Aber von einem solchen Stern war da nicht die Rede, und eine Eule sprach mit hochmütiger Miene: „Es sieht so aus, als wären im Morgenland die Wissenschaften im Verfall. Geben wir doch den drei Weisen einen Wink, damit sie sich nicht lächerlich machen vor der Welt!"
Eine jüngere Eule mit kräftigen Flügeln drängte sich vor. „Schickt mich zu den drei Weisen!" bat sie. „Ich werde sie davon überzeugen, daß es für sie besser ist umzukehren." Die andern Eulen bedachten ihren Vorschlag. Und weil sie sich selber den Flug über das Meer nicht zutrauten, schickten sie die Jüngere auf den Weg.
Die junge Eule flog rasch. Gegen Abend sah sie den Libanon liegen, und dann überquerte sie das jüdische Land. Der neue Stern glänzte in der Dämmerung. Bei sich dachte die Eule: „Von so ungewöhnlichem Licht ist in unseren Berechnungen nicht die Rede." Sie sträubte die Federbüschel über ihren Augen.
Doch es war der Stern, der ihr die Richtung angab, und so kam sie sicher bis zu den drei Weisen, die es nicht mehr weit bis Betlehem hatten.
Gleich setzte sie sich König Kaspar auf die Schulter, um auf ihn einzureden. Dem Mohren wurde es bald lästig, und er verjagte die Schwätzerin von seinem Ohr. Auch König Melchior konnte mit dem, was die Eule vorbrachte, nicht das mindeste anfangen. Und König Balthasar sagte: „ Wir verstehen sonst immer, was Vögel sagen. Aber ihr Eulen sprecht wohl eine Sprache, die nur für Eulenohren taugt."
Die Eule war gekränkt. Sie erklärte den drei Weisen: „Ihr seid im Irrtum, wenn ihr glaubt, ein Stern sei imstande, euch zu einem neugeborenen König hinzuführen."
Sie sprach noch lange so weiter. Schließlich schnitt ihr Kaspar das Wort ab und rief ihr zu: „Wisch doch erst mal den Rost von deiner Stimme!"

Da war sie endlich still. Doch flog sie weiter mit, weil sie über den Ausgang des Abenteuers den anderen Eulen berichten wollte. Sie folgte den Weisen zum Herodespalast und hörte, wie Herodes zu ihnen sagte: „Wenn ihr das Kind gefunden habt, so laßt es mich wissen, damit auch ich ihm meine Krone bringe."

‚Er macht sich lustig über die Weisen, und sie merken auch das nicht', dachte nun die Eule, und sie zweifelte nicht daran, daß drei Toren aus dem Morgenland unterwegs waren.

Als die Könige weiterziehend Betlehem erreichten, blieb der Stern über einem Stall stehen. Die Eule sah die Weisen in den Stall eintreten und ihre Kronen vor der Krippe niederlegen, dazu Weihrauch, Gold und Myrrhen. Das fand sie unbegreiflich.

Da sah das Kind die Eule an. Dieser Blick traf sie stärker als der Glanz des neuen Sterns. Alles wurde anders für sie, und sie zögerte, nach Athen zurückzukehren, und suchte sich im Dachgebälk des Stalles einen Winkel, in dem sie keiner sah.

Hans Baumann

Aus: Hans Baumann, Ein Stern für alle, dtv-Junior Taschenbuch-Verlag München. Textrechte beim Autor.

Die bekannte Geschichte wird hier aus einem anderen Blickwinkel erzählt. Der Text eignet sich für Gruppen besonders, die den Originaltext bereits gut kennen. Er regt an, sich einmal damit zu befassen, wie die Geschichte beispielsweise von einem der Könige, von dem König Herodes oder von einem erzählt würde, der zwar als Diener mitzog, weil sein Herr es ihm gebot, der aber nicht an den Stern und sein besonderes Geheimnis glaubt.

Der Text bietet sich auch als Vorlage für ein Rollenspiel an:

1. Szene: Die Eulen von Athen wundern sich.

2. Szene: Der Bote trifft mit den Königen zusammen und versucht, sie von seiner Meinung zu überzeugen.

3. Szene: Mit den Königen gelangt auch der Bote zur Krippe.

Der dritte König

Nach anfänglichen Vorurteilen darf Wadisch, der türkische Junge, einen der drei Könige darstellen.

Abbau von Vorurteilen; ein ausländischer Junge bei einem überlieferten Brauch; Verständnis für den anderen; vor Gott sind alle Menschen gleich. Sinn des Geldes, das am Dreikönigstag von den Sternsingern gesammelt wird.

Im Vorraum eines warmen Stalles hatten sich die Dorfbuben versammelt und überlegten ihren Dreikönigszug. Die Singebuben konnten ihr Lied. Sie wollten es froh und frisch singen, wenn auch mit dampfendem Atem. Dennoch waren alle bedrückt. Denn es klappte nicht mit den Heiligen Drei Königen. Für diese waren drei gleich große Jungen vorgesehen, gleich groß, damit sie würdig und königlich ansehnlich auftreten konnten.

Aber nun war gestern der Elsner Jörg vom Fahrrad gestürzt und hatte sich Knie und Schulter verletzt. Konnte denn nicht ein anderer an seine Stelle treten? Unter den Dorfbuben war keiner von seiner Größe, und das war schlimm.

Försters Anne hatte sich angeboten, für Jörg einzuspringen. Aber – das ging nicht an. Ein Mädchen als Dreikönigin? Unmöglich. Doch Anne ließ sich nicht abweisen. „Der Dreikönigszug wird gemacht!“ entschied sie, „so oder so! Ich werde Wadisch fragen, der ist so groß wie Jörg. Einverstanden?“

Nein, einverstanden waren sie ohne weiteres nicht. Wie konnte Wadisch, der Türkenjunge, dessen Vater im Forst als Hilfsarbeiter half, den dritten König darstellen? Am Ende war er nicht einmal getauft! Anne lachte los: „Waren die Heiligen Drei Könige schon getauft, als sie in Betlehem ankamen? Doch wohl kaum“, sagte sie, „ das ist vielleicht alles später geschehen. Wer weiß das? Seht ihr, so kann es auch bei Wadisch sein.“

So haben sie hin und her gestritten. Die Buben fügten sich erst, als sie erfuhren: Der Wadisch war getauft und das ganz feierlich nach der Gottesdienstordnung der Ostkirche. Denn es gibt auch christliche Türken in der Türkei, und unser Heiliger Vater hat sie sogar besucht!

Wadisch wollte gern mitspielen. Er freute sich, daß er einmal nicht abseits stehen mußte. Freilich, das Spiel der Heiligen Drei Könige war ihm fremd und unbekannt.

„Warum ziehen die Heiligen Drei Könige von Haus zu Haus?“ wollte er wissen.

Anne belehrte ihn: „Sie bekamen in Betlehem vom Christkind eine Fülle von Segen. Den sollten sie mitnehmen auf ihrer Heimreise. Diesen Segen sollten sie an alle Menschen austeilen. Wo sie ihn austeilten, da schrieben sie ihre Namen auf die Balken der Türe: C+M+B. Das soll heißen: Caspar und Melchior und Balthasar."
„Und was ist mit dem Segen, Anne?"
In Wirklichkeit bedeuten die drei Buchstaben: „Christus Mansionem Benedicat = Christus segne dieses Haus! Was Segen ist, das kannst du am besten deinen Vater fragen, denn die Ostkirche kennt den Segen. Die Drei Könige kamen auch aus dem Osten."
Alle Vorbereitungen waren getan. Sobald es dämmerte, begannen die Heiligen Drei Könige ihren Zug, und die Sänger sangen ihr Lied. Sie zogen von Haus zu Haus und erfreuten alt und jung mit ihrem Lied. Sie schrieben mit Kreide groß und deutlich die Zeichen der Heiligen Drei Könige auf die Balken der Haustür und setzten die Jahreszahl dazu.
Und ehe sie weiterzogen, durften sie ihr Kästchen hinhalten. Und in jedes dieser Kästchen klimperten einige Münzen.
„Die Heiligen Drei Könige kommen nicht gerade arm nach Hause", meinte Wadisch zu seinen neuen Freunden.
„Weißt du, was mit dem Drei-Königs-Gold geschieht?"
Jetzt waren die Dorfjungen, der ganze Dreikönigszug, hell wach bei der Sache.
„Die Drei Könige sind Boten des Christkinds. Ihr Gold geht um die weite Welt in die Missionsländer. Es hilft den Armen, den Behinderten, den Kranken, den Hungernden. Wir werden es gleich zählen und morgen im Pfarrhaus abgeben für die Mission."

Josef Rath

Aus: „Der Sternsinger", Heft 1/1982, Päpstliches Missionswerk der Kinder in Deutschland, Aachen, S. 81 f.

Dieser Text ist deshalb so besonders wichtig, weil es hier den Kindern, die in einer traditionsreichen dörflichen Umwelt aufgewachsen sind, gelingt, Vorurteile gegenüber Ausländern in einer ihnen möglichen Weise abzubauen. Ist es schon zweifelhaft, ein Mädchen einen der drei Könige spielen zu lassen, so wird dies noch schwieriger, wenn ein Ausländer die Rolle übernehmen soll. Aber es gelingt. Und damit wird ein Stück Freundschaft geschlossen, das weiter gefestigt werden kann. Der Text sagt nichts über das Verhalten der Erwachsenen in diesem Dorf aus, die in diesem Brauch, den sie selbst bereits als Kinder ausübten, plötzlich den Fremden, den Ausländer, den Türken entdecken. Gerade hier ergibt sich der Anstoß zum Gespräch:

– Wie werden sich die Erwachsenen im Dorf verhalten? Werden sie akzeptieren, was geschehen ist, wenn sie dahinterkommen?
– Die Kinder haben völlig richtig gehandelt. Wie können sie den Erwachsenen verständlich machen, daß sie so und nicht anders gehandelt haben. Wer könnte sie dabei unterstützen?
– Ob sie dem Pfarrer, dem sie morgen das Geld übergeben, davon berichten? Was wird der Pfarrer sagen, wenn er Wadisch als König erkennt? Wie wird er den Kindern weiterhelfen? Wie kann die Freundschaft weitergehen?

Neben diesen emotionalen Ansätzen, die eines sachlichen Gesprächs bedürfen, bietet der Text zudem Sachinformationen zu dem Brauch selbst.

** Der vierte und der fünfte König

Die Zwillinge Olaf und Mark sind noch nicht einmal vier Jahre alt. Trotzdem wollen sie mit ihrem großen Bruder am Dreikönigstag mitziehen.

Heilige Drei Könige; Sternsinger; Verständnis für Jüngere.

Die ganze Familie mußte helfen, als Carsten sich für das Dreikönigssingen vorbereitete. Er war ausgesucht worden, einer der drei Sternsinger zu sein, die heute von Tür zu Tür gehen und ihr Lied von den Heiligen Drei Königen singen wollten. Die Mutter hatte einen kostbaren Mantel genäht, auf den sie sogar bunte Perlen gestickt hatte. Zusammen mit dem Vater hatte Carsten die glänzende Krone aus Stanniolpapier gebastelt. Der Vater hatte auch die schwarze Farbe besorgt. Carsten sollte nämlich der Mohrenkönig sein. Das macht ihm ganz besonderen Spaß. Er war schon immer ein wenig schüchtern gewesen. So hoffte er, daß ihn niemand unter der schwarzen Farbe erkennen könnte.

Mit großen Augen und ebenso großer Begeisterung hatten die Zwillinge, Olaf und Mark, alle Vorbereitungen beobachtet. Sie hatten den Mantel und die Krone anprobieren dürfen und hatten nicht eher geruht, bis ihnen Carsten auch noch zwei winzige Kronen bastelte. Dazu hatten sie den knallroten und den himmelblauen Mantel angezogen, die sie zu Weihnachten bekommen hatten. Jetzt stapften sie in ihren dicken Winterstiefeln durch die Wohnung und sangen laut das Sternsingerlied, das sie von Carsten gelernt hatten. Sie konnten das Lied nicht richtig, aber eine Strophe klappte schon so gut und wurde so laut von ihnen geschmettert,

daß jeder wußte, was gemeint war. Olaf und Mark waren noch so klein, daß sie noch nicht einmal den Kindergarten besuchten. Aber sie hatten genau verstanden, was Carsten an diesem Abend vorhatte. Als dann Carsten königlich gekleidet und schwarz geschminkt bereitstand, um mit Dieter und Jost loszuziehen, da begannen die Zwillinge zu bitten und zu jammern, zu winseln und zu weinen, zu betteln und zu schreien. Sie wollten unbedingt mit.
„Ihr könnt doch weiter in der Wohnung die Könige spielen!" sagte der Vater.
„Ihr könnt mit uns aus dem Fenster gucken und die Könige unten auf der Straße betrachten!" meinte die Mutter.
„Ich könnte euch eine Geschichte erzählen!" rief der Vater.
„Wir könnten das Sandmännchen im Fernsehen anstellen!" sagte die Mutter.
Nichts half. Die Zwillinge bettelten und winselten weiter. Das Spielen in der Wohnung, aus dem Fenster schauen, Geschichten und Fernsehen, all das war nichts gegen das, was Carsten durfte. Sie wollten wie Carsten leibhaftige Könige sein. Sie wollten mit Carsten losziehen.*
Carsten war das gar nicht recht. Er versuchte, so schnell wie möglich von diesen jammernden und klebrigen Zwillingen davonzukommen. Wenn doch Dieter oder Jost endlich klingelten. Sie wollten ihn doch abholen. Allein in seiner Verkleidung und mit seinem schwarzen Gesicht wollte er nicht auf die Straße.
„Könntest du sie denn vielleicht mitnehmen?" fragte die Mutter
Carsten schüttelte ganz energisch den Kopf.
„Sie sind ja schon als Könige verkleidet ...", meinte der Vater.
Und schon hingen die Zwillinge an ihm.
„Carsten, bitte, bitte!"
Unwirsch versuchte Carsten, die verklebten und vom Weinen verschmierten beiden Gesichter und die ebenso klebrigen Hände von sich zu lösen. Er mußte vorsichtig sein, denn seine Hände waren ja auch ganz schwarz gefärbt.
„Es geht nicht!" sagte er. „Nein, es geht wirklich nicht!"
„Sie würden sich doch so freuen!" versuchte es die Mutter noch einmal.
„Und die Kronen haben sie ja auch schon auf!" fügte der Vater zögernd hinzu.
Er verstand Carsten und hatte ein bißchen Mitleid mit ihm. Schließlich waren es immer drei Könige gewesen, die an diesem Tag durch die Straßen zogen. Nicht einmal waren noch zwei zusätzliche Könige dabeigewesen.
„Es geht nicht!" sagte der Vater nun bestimmt und erntete erneutes Heulen und Kreischen, Jammern und Betteln.

Als es endlich an der Tür schellte, atmete Carsten erleichtert auf. Aber so einfach kam er nicht davon. Die Zwillinge stürzten sich nämlich sofort auf Jost und Dieter und bestürmten sie.
Zuerst mußten die beiden großen Jungen über die kleinen Könige lachen, die so gar nicht königlich jammerten und schrien. Dann aber meinten sie: „Warum sollen sie denn nicht mitkommen? Angezogen sind sie ja schon!"
Und Jost erinnerte sich, daß in der Bibel nirgends zu lesen war, daß es ausgerechnet drei Könige gewesen waren, die damals hinter dem Stern bis zum Stall und zur Krippe zogen. Es konnte auch einer mehr gewesen sein. Vielleicht sogar zwei.
„Nehmen wir sie doch mit!" sagte er.
Carsten blickte seine Freunde an. Hatten sie wirklich nichts dagegen, daß seine beiden kleinen Brüder mitzogen? Würden sie ihnen nicht den ganzen Spaß verderben?
„Jetzt liegt es an dir!" sagte die Mutter.
„Ja, an dir!" riefen die Zwillinge und blickten ihn mit nassen Augen erwartungsvoll und hoffend an.
„Nun gut!" sagte Carsten. „Aber dann müßt ihr euch auch schwarz anmalen lassen!"
Nichts hatten sich die Zwillinge sehnlicher gewünscht. Das war das einzige gewesen, was ihre Mutter ihnen bisher mit Erfolg verweigert hatte.
Aber jetzt schmierten Jost und Dieter sie gründlich ein, die Nasen und die Backen, die Stirn und das Kinn, sogar Hals und Ohren. Nur die Hände nicht, denn die Zwillinge hatten neue graue Handschuhe zu Weihnachten bekommen. Und die sahen jetzt bereits fast schwarz aus.
So kam es, daß an diesem Tag die drei Heiligen Könige mit ihrem Stern durch die Straßen zogen und ihr Sternsingerlied sangen, wobei sie von

einem vierten und fünften winzigen König begleitet wurden. Ein König trug den Stern, und jeder andere König führte einen kleinen König an der Hand neben sich her.
Reichten die Minikönige den richtigen Königen auch nur bis zum Bauch, so sangen sie doch mit so heller und lauter Stimme das Sternsingerlied mit, daß die Leute sie schon von weitem hörten und weit ihre Türen öffneten. Die Jungen aber, die im nächsten Jahr die Heiligen Drei Könige darstellen wollten, machten sich jetzt schon aus: „Wir nehmen uns auch noch zwei kleine Könige mit! Vielleicht sogar drei!" Denn sie wollten es im nächsten Jahr noch besser machen, als es jetzt schon war.

Dagmar Domina

Vorschlag:

Geschichte bis * lesen und dann diskutieren, wie sich Carsten wohl verhält, wie man sich selbst verhalten würde. Dann Text weiterlesen. Der Text kann auch in ein Rollenspiel umgesetzt werden, wobei von allen zum Schluß ein Sternsingerlied gesungen wird.
Malen und zeichnen: Bunte Sterne – Die Sternsinger mit ihrem Stern.

3.

Ja, bei uns ist immer etwas los

Fastnacht, Fasching, Karneval

* Ja, ja, bei uns ist immer etwas los

Spiellied über die verschiedenen Tätigkeiten, die man in der Woche und im Jahr ausführt, allein und mit anderen.

Gemeinsames Tun mit anderen macht mehr Spaß. Selbst die Arbeit, die sonst nicht gern verrichtet wird, kann dann erfreulicher werden.

T: Rolf Krenzer
M: Ludger Edelkötter

Montag, da ist Waschtag, Waschtag, Waschtag,
Dienstag, da ist Putztag, Putztag, Putztag.
Dienstag, da ist Putztag.
Da geht die Familie ran!
Refrain:
Ja, ja, bei uns ist immer etwas los

Montag, da ist Waschtag, Waschtag, Waschtag,
Dienstag, da ist Putztag, Putztag, Putztag,
Mittwoch, da ist Schreibtag, Schreibtag, Schreibtag.
Mittwoch, da ist Schreibtag.
Da geht die Familie ran!

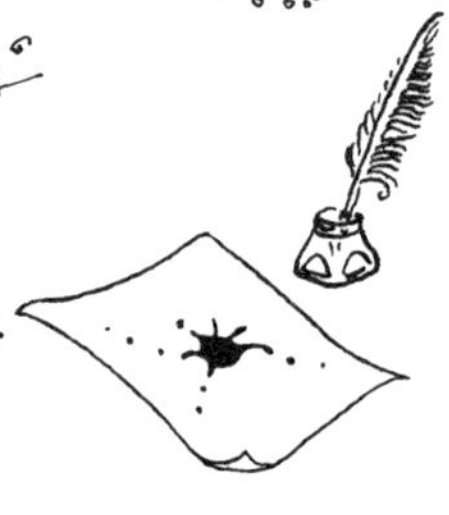

Refrain:
Ja, ja, bei uns ist immer etwas los

Montag, da ist Waschtag, Waschtag, Waschtag,
Dienstag, da ist Putztag, Putztag, Putztag,
Mittwoch, da ist Schreibtag, Schreibtag, Schreibtag,
Donnerstag ist Sporttag, Sporttag, Sporttag.
Donnerstag ist Sporttag.
Da geht die Familie ran!
Refrain:
Ja, ja, bei uns ist immer etwas los

Montag, da ist Waschtag, Waschtag, Waschtag,
Dienstag, da ist Putztag, Putztag, Putztag,
Mittwoch, da ist Schreibtag, Schreibtag, Schreibtag,
Donnerstag ist Sporttag, Sporttag, Sporttag,
Freitag, da ist Kauftag, Kauftag, Kauftag.
Freitag, da ist Kauftag.
Da geht die Familie ran!
Refrain:
Ja, ja, bei uns ist immer etwas los

Montag, da ist Waschtag, Waschtag, Waschtag,
Dienstag, da ist Putztag, Putztag, Putztag,
Mittwoch, da ist Schreibtag, Schreibtag, Schreibtag,
Donnerstag ist Sporttag, Sporttag, Sporttag,
Freitag, da ist Kauftag, Kauftag, Kauftag,
Samstag, da ist Schlaftag, Schlaftag, Schlaftag.
Samstag, da ist Schlaftag.
Da geht die Familie ran!
Refrain:
Ja, ja, bei uns ist immer etwas los

Montag, da ist Waschtag, Waschtag, Waschtag,
Dienstag, da ist Putztag, Putztag, Putztag,
Mittwoch, da ist Schreibtag, Schreibtag, Schreibtag,
Donnerstag ist Sporttag, Sporttag, Sporttag,
Freitag, da ist Kauftag, Kauftag, Kauftag,
Samstag, da ist Schlaftag, Schlaftag, Schlaftag,
Sonntag, da ist Kirchtag, Kirchtag, Kirchtag.
Sonntag, da ist Kirchtag.
Das weiß doch jedermann!

Aus: MC IMP 1017 – Ich gebe Dir die Hände – Rechte beim Impulse-Musikverlag, 4406 Drensteinfurt.

Anregungen:

Das Lied wird von Strophe zu Strophe länger. Aber dabei bleibt es nicht, denn es sollen zu jedem Tag typische Bewegungen gemacht werden, die dann bei der Wiederholung auch immer wieder eingesetzt werden.

Vorschlag:

Montag – Waschtag:	alle wringen oder waschen am Waschbrett.
Dienstag – Putztag:	alle putzen mit dem Schrubber.
Mittwoch – Schreibtag:	alle führen eine imaginäre Feder über das Papier.
Donnerstag – Sporttag:	pantomimisch radfahren oder sich recken, Liegestütze usw. Das bleibt der Gruppe überlassen, die sich etwas dazu ausdenkt.
Freitag – Kauftag:	Aus den Regalen einräumen.
Samstag – Schlaftag:	weiß sicher jeder, was er tun kann.
Sonntag – Kirchtag:	Wir gehen in einer langen Reihe.

** ätsch

Wenn man den anderen auslacht oder ihn bloßstellt, kann man ihm wehtun. Es kann auch sein, daß der andere sich wehrt und einen selbst auslacht und bloßstellt

Umgehen mit dem anderen; gutes – schlechtes Umgehen miteinander; Vergleich zu Aussagen des Neuen Testamentes: Wie verhält Jesus sich gegenüber anderen, die bloßgestellt werden, z.B. gegenüber Zachäus (Lukas 19,1–10).

ätsch

ätsch

ätsch, du Doofer
ätsch, du hast dich geschnitten
ätsch, du hast die Vase zerbrochen
ätsch, du hast die Bluse zerrissen
ätsch, du hast ein Loch in der Hose
ätsch, du hast einen Popel in der Nase
ätsch, du Tolpatsch

Ätsch, sagte das Ätsch.
Das eine Ätsch traf noch ein Ätsch.
Ätsch, sagten beide Ätsch.
Dabei fiel beiden die Zunge heraus.
Und die böse Geschichte ist aus.

Ulrich Kolkmann

Text vorlesen oder im Abzug jedem in die Hand geben.

Problemstellung:

Wie bezeichnet der Autor selbst seine Geschichte?
Warum ist es eine „böse" Geschichte?

Erarbeitung:

Der Text drückt auf negative Weise aus, wie Menschen miteinander umgehen. Eigene Beispiele suchen. Wie kann die böse Geschichte zu einer guten Geschichte werden? Veränderung des Textes in der Gruppe oder allein.

Vorschlag:

„ätsch" durch „schade" oder „ach" ersetzen. Beschimpfungen (Doofer, Tolpatsch). Ändert man einen anderen, wenn man in der hier beschriebenen Weise mit ihm umgeht? Wie kann man es besser machen? Wie verhält sich Jesus anderen gegenüber?
Nennt er Zachäus einen Betrüger, Dieb, Kriminellen?
Wie verhält sich der Vater im Gleichnis gegenüber seinem verloren gewesenen Sohn? Sagt er: "Ätsch, du Doofer! Du hast dein Geld ausgegeben! Du bist heruntergekommen! Du Nichtsnutz!"
Herausarbeiten, wie Menschen besser miteinander auskommen können.

Beispiele:

Gleichnis vom verlorenen Sohn, vom barmherzigen Samariter, aber auch Fußwaschung, Bergpredigt.

Aufgabe:

Eine „gute" Geschichte erarbeiten und aufschreiben. Die gute Geschichte mit der bösen vergleichen.

** Schlechte Laune

Ilse und Bernhard erfahren an Beispielen, wie schlechte Laune eines einzelnen sich immer weiter ausbreiten kann, aber auch, was man dagegen tun kann.

Auskommen mit dem anderen; sich selbst zurücknehmen; sich selbst überwinden, um einen guten Kontakt mit anderen zu ermöglichen; anderen nicht die Laune verderben.

Ilse und Bernhard zanken sich.
Ilse sagt zu Bernhard: „Du bist doof!"
Bernhard sagt: „Und du bist eine Ziege!"
„Und du hast einen Vogel mit Brille!" sagt Ilse.
„Du bist ein dummes Kamel", sagt Bernhard.
Großmutter Mull sitzt im Garten. Sie hört, wie die beiden sich zanken.
„Hört auf mit dem Streit", sagt sie, „sonst geht es euch so wie dem Milchmann."
„Was für ein Milchmann?" fragt Bernhard.
„Kennt ihr die Geschichte nicht?" fragt Großmutter Mull.
Ilse und Bernhard sagen nein.
„Dann hört mal zu", sagt Großmutter Mull. „Es waren einmal ein Milchmann und eine Milchfrau. Sie hatten auch einen Sohn, der hieß Emil. Und alle drei vertrugen sich gut. Eines Nachts hatte die Milchfrau schlecht geträumt. Als sie aufwachte, hatte sie ganz schlechte Laune. Sie ging in den Laden. Da sah sie, wie der Milchmann ein wenig Milch verschüttete. Sie schrie: ‚Kannst du nicht besser aufpassen, du Tolpatsch. Und du willst Milchmann sein!'
Nun hatte der Milchmann auch schlechte Laune.
Da machte die Ladentür ‚klingelingeling', und die Lehrersfrau kam in den Laden. Sie sagte fröhlich: ‚Guten Morgen!'
‚Morgen', brummte der Milchmann, denn er hatte ja schlechte Laune. Dann bediente er die Lehrersfrau und sagte: ‚Macht eine Mark zwanzig.'
Die Lehrersfrau gab dem Milchmann einen Fünfzigmarkschein. Da brüllte der Milchmann: ‚Ich bin doch kein Wechselautomat! Lieber trinke ich meine Milch allein.'
Oh, wie sich die Lehrersfrau da aufregte. Ihr Hals war ganz rot, als sie den Laden verließ. Jetzt hatte sie auch schlechte Laune. Zu Hause saß der Lehrer am Frühstückstisch. Er wartete auf die Brötchen. Er war ein bißchen nervös und trommelte mit den Fingern auf die Tischplatte. Da zischte seine Frau ihn an: ‚Hier ist doch kein Schützenfest, daß du dauernd trommeln mußt! Und du willst Lehrer sein!'

Da war der Lehrer wütend. Er sprang auf und rannte in die Schule. Oh, was hatte er für schlechte Laune!
In der Klasse sitzen 30 Schulkinder. Eines der Kinder ist Emil, der Sohn des Milchmannes.
Die Kinder schreiben einen Aufsatz. Emil ist fast fertig. Da macht er einen dicken Tintenklecks. Als der Lehrer das sieht, donnert er los: ‚Du Schmierfink, du Dreckspatz, du Unglücksr ...!' Da klingelt es. Emil geht nach Hause. Er ist wütend. Emil hat eine Stinklaune.
Zu Hause begegnet er seiner Mutter, der Milchfrau. Die hat nun wieder gute Laune. Sie sagt zu Emil: ‚Na, warst du auch schön artig? Hast du den Lehrer auch nicht geärgert?'
Emil sieht seine Mutter an. Er schluckt einmal und noch einmal. Dann sagt Emil: ‚Ich ...'."
Großmutter Mull hört auf zu erzählen.
„Erzähl weiter, Großmutter Mull", sagt Bernhard.
„Ja", sagt Großmutter Mull, „wie geht die Geschichte zu Ende?"
Und sie erzählt weiter:
„Emil schluckte seine schlechte Laune einfach hinunter.
Dann lachte er und sagte: ‚Ich habe vielleicht einen Hunger!' Wie klug der Junge war! Wäre er nicht so klug gewesen, müßte meine Geschichte wieder von vorn beginnen."

Günter Haubold

Aus: Günter Haubold, Bei uns und nebenan. Hirschgraben-Verlag, Frankfurt am Main.

Das Thema des Textes schließt direkt an die vorausgegangene Geschichte „ätsch" an. Allerdings werden hier in ausführlicher Form einzelne Beispiele dargestellt. So ist in dieser Geschichte eine ganze Reihe von Rollenspielen für Kinder verborgen, die jeweils mit mehreren Lösungen gespielt werden können.
Im Anschluß daran sollen die Lösungen diskutiert werden, welche am besten ist, wie man sich selbst verhalten könnte.

Anregung:

Kinder berichten, wie sie selbst oder andere mit ihrer schlechten Laune fertig wurden, aber auch, was passierte, als es einmal nicht geklappt hat.
Kinder berichten, was sie selbst getan haben, als ein anderer schlechte Laune hatte oder ihnen die Laune verderben wollte.

* igitt

Vor manchem schreckt man zurück. Warum eigentlich? Vielleicht nur, weil man es noch nicht näher kennt, weil man nicht versucht hat, sich mit ihm auseinanderzusetzen.

Wie Vorurteile bewußt gemacht werden können; Vorurteile gegen Dinge, Lebewesen. Überwindung von Vorurteilen.

igitt

igitt
ihgitt
ih, gitt
igittigitt

igitt, eine Spinne
igitt, eine Pfütze
igitt, Paprika
igitt, eine Schlange
igitt, Matsche
igitt, ein Tintenfisch
igitt, eine Raupe
igitt, ein Nasenpopel
igitt, eine volle Windel
igitt, ein Regenwurm
igitt, schmutzige Hände
igitt, Suppe

igitt, ein Tümpel

Da ist das Igitt hineingefallen.
Nun mag ich Suppe.
Ich liebe schmutzige Hände

Ulrich Kolkmann

Es gibt manches, wovor man sich ekelt, wovor man erschrickt, womit man nichts zu tun haben möchte. Einige davon sind in der Geschichte aufgeführt. Bestimmt fallen jedem noch einige Sachen dazu ein.

Anregung:

Den Text vorlesen oder jedem einzelnen abgezogen in die Hand geben, erweitern lassen, dann darüber nachdenken und diskutieren.

Woran liegt es, daß man sich vor diesem oder jenem ekelt? Der andere ekelt sich wieder vor ganz anderen Dingen. Wo kämen wir hin, wenn sich alle vor vollen Windeln ekeln würden? Wie ist das mit der Mutter und ihrem Baby?– Wie ist das mit kranken oder alten Menschen, die sich nicht selbst versorgen können? Sie brauchen die Zuwendung anderer, wenn sie eingenäßt haben, wenn die Windeln voll sind, wenn sie sich ihre Nase nicht selbst putzen können.
Warum ist das, was man selbst nicht so mag, gleich „igitt", ekelhaft? Spinnen, Regenwürmer, Schlangen, Tintenfische sind Geschöpfe Gottes. Sie alle sind damals mit in Noahs Arche gewesen und von Gott gerettet worden, auch die Läuse und Flöhe, die Schaben und Heckenböcke ...
Und die Raupe wird einmal zum wunderschönen Schmetterling.
Die Geschichte ist eigentlich ein Märchen. Oder nicht?

Ziel:

Darüber sprechen, wie man eigene Vorurteile abbauen kann.
Erst wenn man bestimmte Dinge, die einem unangenehm sind, genauer betrachtet, wenn man sich näher mit ihnen beschäftigt (oder beschäftigen muß), können sie ihre für den einzelnen negative Besetzung verlieren.
So kann jeder eine Liste aufstellen, die den vorliegenden Text ergänzt, oder das aufschreiben, wovor er sich am meisten ekelt. Dann wird es sich im Gespräch zeigen, daß gerade das von anderen gar nicht so unangenehm empfunden wird. An der Tafel oder auf einem Blatt kann so der Gegensatz dargestellt werden, der dann direkt zum weiterführenden Gespräch auffordert:

Tini: „Igitt, Schnecken!"

Angela: „Ich esse Schnecken besonders gern!"

Klaus: „Igitt, Knoblauch!"

Gerit: „Hm! Knoblauchwurst!"

usw.

* Essen und Trinken beim Kinderfasching

Meistens haben Grundschulkinder nur sehr selten oder überhaupt nicht die Gelegenheit, in der Lehrküche oder in der Teeküche des Gemeindehauses etwas vorzubereiten oder anzurichten. Das entspricht keineswegs dem Interesse dieser Kinder, die gern kochen oder etwas vorbereiten, was anschließend von allen aufgegessen werden kann. Eine Faschingsfeier im Gemeindezentrum, ein Klassenfest, ein Elternabend oder -nachmittag kann hier zum Angebot werden, einmal selbst

etwas anzurichten, was relativ schnell und ohne aufwendige technische Hilfsmittel, sogar ohne Lehr- oder Teeküche im Klassenraum oder im Gruppenraum vorbereitetet werden kann.
Kinder können mit Hilfe des Helfers oder Lehrers Tee und Kaffee kochen, einen gekauften Boden mit Früchten belegen und anschließend Sahne schlagen, so daß sie zu einem richtigen Kaffeeklatsch einladen können. Welche Freude das allen macht, erfährt zuerst der Pfarrer, der Lehrer, der Helfer, der mit ihnen zusammen ein solches Fest vorbereitet.

Gefüllte Tomaten

Tomaten werden halbiert, ausgehöhlt und mit Fleischsalat, den man fertig kaufen (oder mit mehr Mühe selbst herstellen) kann, gefüllt. Auch eine Quarkfüllung (Quark, Milch, Salz, Petersilie oder Schnittlauch) schmeckt gut.

Fliegenpilze

Eine halbe Tomate wird ausgehöhlt und über ein geschältes, hartgekochtes Ei gestülpt. Mit Mayonnaise werden die Tupfer auf dem Pilzdach angebracht. Die Pilze können in selbstgefertigten Eierbechern aufgestellt werden. Um diese Eierständer herzustellen, schneiden wir einen ca. 2 cm breiten Streifen aus leichter Pappe aus, bemalen ihn braun oder grün und kleben ihn an beiden Seiten zusammen. Er muß genauso groß sein, daß das Ei mit seinem breiten Ende hineinpaßt.

Gefüllte Eier

Hartgekochte Eier werden halbiert. Das Eigelb wird herausgenommen und mit etwas Salz, Pfeffer, Petersilie, Senf, Essig und Öl vermischt und anschließend wieder in das Ei gefüllt.

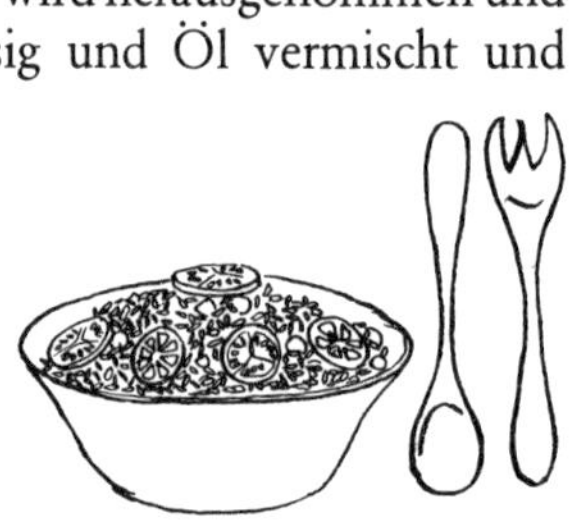

Kalter Reissalat

Drei Tassen Reis können bereits in Salzwasser vorgekocht werden, da zum Herstellen des Salates der kalte Reis benötigt wird. Der Reis wird in einer

Schüssel mit Salatsoße (Salz, Pfeffer, Essig, Öl, Kräuter, Senf) vermischt. Dann werden zwei kleine Dosen Thunfisch geöffnet, der Thunfisch wird in kleine Stücke geschnitten und daruntergerührt. Wenn alles gut vermischt ist, werden Tomaten- und Paprikascheiben neben Oliven und Zitronenscheiben daraufgelegt. (Es werden hierzu zwei rote Paprikaschoten, ca. 30 gut gewässerte Oliven, vier in Scheiben geschnittene Tomaten und sechs dünne Zitronenscheiben benötigt.) Danach wird der ganze Salat noch einmal mit etwas Salatsoße begossen. Der Salat braucht etwa eine halbe Stunde zum Durchziehen.

Club-Sandwich

Eine Weißbrotschnitte wird mit Butter bestrichen und nacheinander belegt mit einem gewaschenen und abgetrockneten Salatblatt, einer Tomatenscheibe, einer halben Schinkenscheibe, einem Stück Schnittkäse, einer halben Tomatenscheibe und wieder einem Salatblatt. Darauf wird eine zweite mit Butter bestrichene Brotschnitte mit Cocktailspießchen oder Zahnstochern festgesteckt.

Sandwich-Flöte

Eine Weißbrotstange (30 cm lang, 7 cm dick) wird der Länge nach aufgeschnitten und auf der Innenseite mit Butter bestrichen. Dann wird die „Flöte" von links nach rechts wie folgt belegt: Eine aufgerollte Schinkenscheibe, zwei Scheiben Wurst, ein halbes hartgekochtes Ei, eine Scheibe Schweizer Käse, eine Scheibe Leberkäse. Nachdem die zweite Weißbrothälfte darübergeklappt wurde, können kleine oder große Stücke von dieser Sandwich-Flöte abgeschnitten werden.

Mohrenbrötchen

Brötchen werden mitten durchgeschnitten. Ein Mohrenkopf wird auf die untere Hälfte gesetzt. Dann wird die zweite Brötchenhälfte darübergelegt und festgedrückt.

Fruchtcocktail

In einen großen Topf oder Krug werden zunächst sechs Büchsen Fruchtcocktail geschüttet. Dazu kommen zehn bis elf Flaschen Apfelsaft und vier bis fünf Flaschen Selterswasser. Wenn alles kräftig umgerührt ist, kann ausgeschenkt werden (Rezept für etwa 30 Kinder).

Cocktail ohne Alkohol

Anderthalb Gläser Zitronensaft, drei Gläser Apfelsinensaft mit Zucker abschmecken und mit sechs Flaschen Selterswasser vermischen. Anschließend werden Eiswürfel und in Scheiben geschnittene ungespritzte Zitronen und Apfelsinen dazugetan.

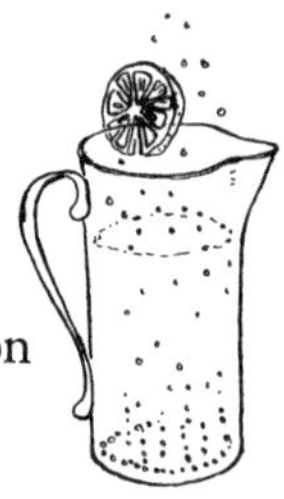

Ski-Wasser (Rosa Limonade)

In einem großen Krug oder Topf wird der ausgepreßte Saft von Zitronen mit Himbeersaft gemischt. Darüber wird eiskaltes Selterswasser gegossen.

Rolf Krenzer

* Begrüßungssong zum Kinderfasching

T: Rolf Krenzer
M: Kristofer Oranien

Schaut euch die Lilo an,
sie kommt als Hampelmann.

Und Thomas, ja der ist
für heut ein Polizist.

Der Peter kommt zum Trotz
als Räuber Hotzenplotz.

Und Ingo, schaut ihn an,
ist ein Chinesenmann.

Ein Cowboy ist der Knut
mit einem Cowboyhut.

Und Ulli kommt daher
als dicker, brauner Bär.

Karl-Heinz hüpft immerzu.
Er ist ein Känguruh.

Ein Sportler ist zu sehn
von neunzehnhundertzehn.

Zur Kerstin alle schaun.
Sie ist für heut ein Clown.

Und Micky lacht: „Oho,
ich bin ein Eskimo!"

Ein Zauberer ist Klaus.
Er sieht ganz seltsam aus.

Wir geben uns die Hand.
So ziehn wir durch das Land.

Es freun sich alle Leut,
denn Maskenball ist heut!

Maskenball, Maskenball.
Alle freun sich hier im Saal.
Maskenball, Maskenball
überall!

Aus: Inge Lotz/Rolf Krenzer: Wir sind die Musikanten. Verlag Ernst Kaufmann, Lahr, Kösel-Verlag, München.

Inhalt:

Jeder darf sich in seinem Kostüm oder mit seiner Maske vorstellen.

Mitspieler:

Alle Kinder

Spieldauer:

ca. 5 Minuten

Bühnenbild:

Spiel aus dem Kreis oder aus dem Halbkreis.
Die Spieler können auch aus dem Publikum kommen, auf die Bühne gehen, sich dort in ihrem Kostüm zeigen und wieder zurückgehen.

Requisiten und Kostüme:

richten sich nach der Gestaltung der einzelnen Masken und Kostüme.

Spielmöglichkeit:

Kreisspiel – Spiel im Halbkreis oder auf der Bühne.

Orchester:

Alle möglichen Melodie- und Rhythmusinstrumente.

Praktische Vorbereitungen:

Masken, Kostüme usw. mit der Gruppe gestalten.

Hierzu auch Spiellied „Hier steht ein Clown“, in MC und Liedheft „Wir feiern heut ein Fest“ – Neue Lieder zum Kirchenjahr, Impulse-Musikverlag, 4406 Drensteinfurt.

** Die Kuh im Kastanienbaum

In der Geschichte wird erzählt, wie „aus einer Mücke ein Elefant“ gemacht wird, wie ein Gerücht entstehen kann.

Klatschen, Tratschen; Gerüchte verbreiten; nicht alles glauben, was einem erzählt wird; selbst überprüfen, was wahr ist.

Annette läuft ganz aufgeregt zu dem Opa: „Der Christian hat gesagt, eine Kuh ist im Kastanienbaum!“
Der Opa blickt Annette mißtrauisch an. Dann sagt er: „Die Welt wird immer verrückter!“
Er ruft der Oma zu: „Im Kastanienbaum ist eine Kuh!“
Die Oma schaut den Opa mißtrauisch an. Aber wenn der Opa das sagt, muß es wohl stimmen. So ruft sie Tante Helene zu: „Im Kastanienbaum ist eine Kuh!“
Tante Helene telefoniert gerade mit ihrer Freundin. „Übrigens“, sagt sie ins Telefon hinein, „in unserem Kastanienbaum ist eine Kuh!“
Kaum hat Tante Helene den Hörer aufgelegt, da ruft ihre Freundin schon Frau Boller an. Sie verkündet sofort die Neuigkeit:
„In Müllers Kastanienbaum ist eine Kuh!“

„Das muß ich Schulzes erzählen!“ sagt Frau Boller. Sie legt den Hörer auf die Gabel und wählt Schulzes Nummer.
Herr Schulze sagt es Frau Weber.
Frau Weber sagt es Herrn Will.
Herr Will sagt es Herrn Schneider.
Herr Schneider sagt es Frau Patzke.
Frau Patzkes Mann ist Reporter bei der Zeitung.
Um fünf Uhr läutet es bei Müllers an der Haustür.
Als die Mutter öffnet, stehen viele Leute davor.
Auch ein Mann von der Zeitung mit einem Fotoapparat.
„Ich möchte die Kuh im Kastanienbaum knipsen!“ sagt der Mann von der Zeitung.
„In unserem Kastanienbaum ist keine Kuh!“ sagt die Mutter.
Da kommt der Opa hinzu. Er ruft: „Annette hat es mir selbst gesagt.“
Und Annette schreit: „Ja, Christian hat gesagt: eine Kuh ist im Kastanienbaum!“
Da kommt auch Christian. Christian ist gerade drei Jahre alt geworden.
Er hat nur am rechten Fuß einen Schuh.
„Mama!“ schreit er. „Mein anderer Kuh ist im Baum!“
„Er kann leider immer noch nicht SCH sagen!“ sagt die Mutter und klappt dem Mann von der Zeitung die Tür vor der Nase zu.

Rolf Krenzer

Aus: Rolf Krenzer, Zweiundfünfzig Sonntagsgeschichten, Reha-Verlag, Bonn-Bad Godesberg 1979.

Zunächst eine lustige Geschichte, die richtig zum Vorlesen beim Fasching paßt. Sie läßt sich zudem sogleich in ein spontanes Rollenspiel umsetzen, das nach kurzem Proben anderen vorgestellt werden kann. Einen ausgearbeiteten Spielvorschlag findet man unter demselben Titel in der Reihe „lesen und spielen" BM 33, Dr. Heinrich Buchner Verlag, Krailling vor München.

Die Geschichte könnte auch heißen „Wie ein Gerücht entsteht". Sie zeigt überdeutlich, daß sich Kinder und Erwachsene leicht ins Bockshorn jagen lassen, wenn sie etwas von jemandem gesagt bekommen, der ihnen als glaubwürdig erscheint. Dann prüfen sie nicht weiter nach, ob die Sache überhaupt stimmen kann, sondern geben sie bedenkenlos an andere weiter. Wie viele Menschen lassen sich am 1. April von den Zeitungen in den April schicken und glauben das Unmögliche? Viele „Sensationen" sind dann, wenn man sie genau betrachtet, wenn man „dahinterblickt", überhaupt keine Sensation mehr.
Eigentlich soll die Geschichte neben dem vordergründigen Spaß ein wenig zum kritischen Nachdenken anregen. Deshalb ist ihr Schluß auch wie ein Witz gestaltet, wie eine Pointe im Kabarett. Denn wenn man einmal über eine Pointe gelacht hat, dann hat man auch die ganze Sache verstanden und braucht nicht mehr viel darüber zu reden. Man wird nur etwas mißtrauischer und kritischer. Und genau das ist mit dieser Geschichte beabsichtigt.
Dasselbe Thema greift auch das folgende Lied auf, das um beliebig viele Strophen und Einfälle erweitert werden kann.

Verrückt hoch drei

T: Rolf Krenzer
M: Hans-Werner Clasen

2. Im Standesamt bestellt Herr Klein
'nen halben Liter Bier.
Der Amtsvorsteher spielt dazu
vierhändig noch Klavier.
„Willst du die Braut?“ fragt er den Hans,
und Hans sagt fröhlich: „Ja!“
Doch ist im ganzen Standesamt
heut' keine Braut mehr da. Verrückt hoch drei …

3. Im Bahnhof steht für jedermann
ein Fahrscheinautomat,
der bietet Keks und Limo an
und spielt noch heimlich Skat.
Vom Automaten will Herr Schmidt
zwei Fahrscheine nach Trier.
Und was spuckt dieser Kasten aus?
'nen Zettel: Bleib doch hier! Verrückt hoch drei …

4. In unsrer Schule geben wir
den Lehrern Noten aus.
Herr Groß hat im Diktat 'ne Vier
und traut sich nicht nach Haus.
Und wenn ein Lehrer uns nicht paßt
und uns beim Chef verpetzt,
dann wird er einfach dieses Jahr
zur Strafe nicht versetzt. Verrückt hoch drei …

5. Bei uns gibt's heute Nudelbrei
mit Hering und Spinat,
verziert mit einem Osterei
und frischem Obstsalat.
Zum Nachtisch gibt es Mandelcreme
mit Knoblauch und viel Speck.
Und jedem Gast bei uns zu Haus
bleibt glatt die Spucke weg! Verrückt hoch drei …

** Tills ganz moderne Oma

Obwohl Till noch sehr klein ist, hat er Augen für das, was wirklich wichtig und was weniger wichtig oder nur überflüssiger Krimskram ist.

Überfluß, Luxus, technischer Aufwand, Abhängigkeit von Bedürfnisweckung durch die Werbung; Hinführung zu natürlicherem Leben.

Till ist noch klein. So klein, daß er noch nicht einmal in den Kindergarten geht. Wenn die Großen zur Schule müssen, dann kann Till immer zu Hause bei der Mutter bleiben. Aber wenn die Eltern mit den Großen etwas unternehmen wollen, für das Till noch zu klein ist, dann bringen ihn die Eltern für einen Nachmittag, für einen Tag oder für ein ganzes Wochenende zur Oma.
So war es auch in diesem Jahr, als die Eltern zu einem Faschingsfest eingeladen waren. Und am Rosenmontag wollten sie sich mit den Großen zusammen den Rosenmontagszug ansehen. Für all das war Till zu klein. So ver-

brachte der kleine Till drei wunderschöne Tage bei der Oma. Als die ganze Familie dann wieder zusammen ist, da erzählt jeder, was er erlebt und was ihm besonders gut gefallen hat.
Friederike und Tasso haben nicht nur die lustigen Narren und die vielen bunten Wagen beim Rosenmontagszug gesehen, sie sind sogar noch in dem großen Vergnügungspark gewesen und haben die Autorennbahnen und Karussells ausprobiert.
Friederike schildert ganz begeistert: „Mensch, da war vielleicht ein modernes Karussell. Wir saßen in einer Gondel und wurden hoch in die Luft geschleudert. Dabei drehte sich die Gondel sogar noch. Richtig schwindlig ist mir dabei geworden!"
„So was Tolles hättest du sehen sollen!" sagt Tasso zu Till und freut sich noch im nachhinein über die atemberaubende Fahrt.
„Unsere Freunde haben uns ihren modernen neuen Wagen vorgeführt", sagt nun der Vater. „Da braucht man keine Hebel mehr zu drehen. Man drückt auf einen Knopf, schon geht die Scheibe herunter. Man drückt auf einen anderen Knopf, schon öffnet sich das Schiebedach automatisch!"
„Und in ihrer Wohnung haben sie diese modernen Zeituhren angebracht", fügt die Mutter hinzu. Man braucht sie nur zu programmieren, schon geht automatisch zu einer bestimmten Zeit das Licht aus oder das Radio beginnt zu spielen oder der Fernseher geht an oder der Kaffeeautomat stellt sich ein."
Till hat schweigend zugehört.
Es imponiert ihm nur wenig, was die Eltern von der modernen Wohnung ihrer Freunde erzählen. Schließlich war er bei der Oma. Und das ist für ihn am wichtigsten.
„Die Oma ist noch viel moderner als alle zusammen!" erklärt er nun und setzt sich ganz aufrecht auf seinen Stuhl, so daß er tatsächlich viel, viel größer aussieht, als er eigentlich ist.
„Die Oma hat eine ganz altmodische Wohnung!" lacht Friederike. „Wie kann sie denn da moderner sein als alle zusammen?"
„Doch! Viel moderner!" sagt Till und wächst noch ein bißchen auf seinem Stuhl.
„Stellt euch vor, sie hat eine Kaffeemühle ..."
„Jetzt sage nur, daß sich die Oma eine moderne Kaffeemühle gekauft hat!" ruft der Vater empört. „Die sollte sie doch von uns zum Geburtstag bekommen."
Till läßt sich nicht beirren.
„Sie hat eine Kaffeemühle. Da braucht sie keine Zeituhr und keinen Strom, nicht mal eine Schnur und auch keine Steckdose!"
„Aha! Mikrozellen!" Tasso weiß genau Bescheid.

„Weiß ich nicht!" meint Till. „Sie dreht einfach oben an der Kurbel rundherum und rundherum ... und schon mahlt die Kaffeemühle den Kaffee ganz automatisch. Stellt euch vor, ganz ohne Strom!"
Tasso und Friederike lachen so laut, daß Till ganz erschrocken auf seinem Stuhl zusammensinkt.
Der Vater blickt den kleinen Till ganz nachdenklich an.
Die Mutter nimmt ihn in ihre Arme, hebt ihn hoch und drückt ihn an sich.
Zu den anderen aber sagt sie. „Vielleicht ist das gar nicht so dumm, wie ihr meint. Vielleicht sind Till und die Oma wirklich viel klüger und moderner als wir alle zusammen."

Dagmar Domina

Die tatsächlich so geschehene Geschichte wirkt durch ihre überraschende Pointe und ist deshalb Kindern sogleich verständlich. Sie regt dazu an, weitere überflüssige und aufwendige Dinge zu suchen, die man eigentlich zum Leben nicht braucht, die mehr erschweren als tatsächlich weiterhelfen. Es könnte sich ein Gespräch darüber anschließen, was wirklich den Sinn unseres Lebens ausmacht. Ob das die Oma und der kleine Till vielleicht gerade am stärksten begriffen haben? Es kann gemeinsam erarbeitet werden, auf was man verzichten, was man sich aber dafür wünschen möchte:
z. B.: Zeit, Zeit für sich selbst, Zeit für andere.
Weniger moderne Computer – dafür mehr Arbeit für alle.
Weniger moderne Geräte im Haushalt – dafür geringere Stromrechnung.

*** Warum der Fastnachtsprinz an Fastnacht weinen mußte

Niko möchte so gern als Sheriff oder als Bankräuber zur Fastnachtsfeier gehen. Seine Mutter hat eine harte Auseinandersetzung mit ihm. Verkleiden, aber wie? Kriegsspielzeug auch nicht an Fastnacht.

Niko ist so böse auf seine Mutter, daß er mit den Tränen kämpft.
„Warum darf ich nicht als Sheriff zur Fastnachtsfeier gehen?"
„Kein Mensch hat etwas dagegen!" meint die Mutter. „Du nimmst deinen Sheriffhut und den Stern."

„Aber ohne Pistolen gehe ich nicht!"
„Nein! Pistolen oder Gewehre gibt es nicht. Auch nicht an Fastnacht!"
Die Mutter ist unerbittlich.
„Es sind doch nur Wasserspritzpistolen!" bettelt Niko. „Und ich habe sie von meinem eigenen Taschengeld gekauft. Da kannst du sie mir nicht verbieten!"
Die Mutter schweigt.
„Wenn du Angst hast...", versucht es Niko noch einmal, „fülle ich sie auch nicht mit Wasser! Ehrenwort! Ich spritze keinen!"
Niko hält der Mutter seine ausgestreckte Hand hin.
Aber seine Mutter schlägt nicht ein.
„Krieg ist das Allerschlimmste, was es auf der Welt gibt!" sagt sie leise. „Und Pistolen gehören genauso dazu. Mit Pistolen werden Menschen getötet. Kinder, Erwachsene, alte Menschen, Jungen und Mädchen ..."
„Aber doch nicht mit Spritzpistolen!" jammert Niko.
„Nein, auch Spritzpistolen gehören dazu!" sagt die Mutter bestimmt. „Sie sind wie Spielzeugpanzer. Sie sind Kriegsspielzeug. Du richtest sie auf andere Menschen und spielst Krieg."
Niko kann es nicht fassen, daß seine Mutter so hart bleibt. Sonst ist sie immer umzustimmen.
„Wir haben dir noch nie solches Kriegsspielzeug gekauft. Deshalb will ich auch nicht, daß du die Pistolen nimmst!" erklärt die Mutter.
„Und Vati?"
„Nein, Vati will es auch nicht! Geh doch als Zauberer oder als Zwerg!"
Niko spürt, wie die Wut in ihm hochsteigt. Er ist doch schließlich kein kleines Kind mehr.
„Dann gehe ich eben als Bankräuber!" sagt er trotzig.
„Aber auch ohne Pistolen!" sagt die Mutter und muß ein bißchen lachen.
Das ärgert Niko noch mehr.
„Und was wird Gerd sagen?" fragt er lauernd. „Wir wollten beide als Sheriff gehen. Und seine Eltern erlauben es ihm bestimmt. Die sind nicht so rückständig wie ..."
Er verkneift sich den Rest.
„Geh doch als Fastnachtsprinz!" meint die Mutter. „Ich suche dir schöne Sachen aus dem Schrank heraus. Ein Fastnachtsprinz ist etwas ganz Besonderes!"
Weil Niko ihr nicht antwortet, geht sie schließlich aus dem Zimmer.
„Du kannst es dir ja noch überlegen!" sagt sie beim Hinausgehen. „Ich lege dir jedenfalls die Sachen auf dein Bett. Wir haben sogar eine richtige Krone. Die habe ich früher einmal als Prinzessin getragen!"
Sie sieht nicht, daß Niko beide Arme auf den Tisch stützt und immer mehr

mit seinen Tränen kämpft. Er schluckt und schluchzt, und dann muß er so weinen, weil nun all das, was er sich gewünscht hat, nicht in Erfüllung geht. Er versteht es nicht, daß seine Mutter ihm diesen Spaß nicht gönnt. Und ein Sheriff ohne Pistolen ist kein Sheriff. Das weiß schließlich jeder. Nur zu dumm, daß Niko bei seinem Freund heute morgen so angegeben hat. Gerd war auch dabei, als er sich die Pistolen im Spielzeugladen kaufte. Und jetzt?

Wie soll er ihm erklären, daß seine Mutter ihm den ganzen Spaß verdorben hat?

Natürlich will Niko auch keinen Krieg. Aber mit Spritzpistolen kann man nicht in den Krieg ziehen!

Niko versteht die Welt nicht mehr. Er ist so enttäuscht.

Da will er lieber überhaupt nicht zu der Fastnachtsfeier gehen. *

Als es an der Haustür schellt, geht er gar nicht hin.

Soll Mutter doch Gerd sagen, daß er nicht mitkommt.

Aber da stürmt Gerd schon die Treppen hoch.

Niko traut seinen Augen nicht, als er den Wichtelmann da vor sich stehen sieht. Mit roter Zipfelmütze und mit einem Wattebart sieht er wirklich nicht nach einem Sheriff aus.

„Du wolltest doch als Sheriff gehen?“ fragt er und läßt seinen Mund noch lange offenstehen.

Gerd winkt ab.

„Weißt du, ich habe so rückständige Eltern!“ sagt er schlicht. „Die geben mir doch nicht die Pistolen!“

Er seufzt. Dann fügt er hinzu: „Aber ich lasse mir doch von denen nicht den Spaß verderben! Und als Wichtelmann kommt bestimmt sonst niemand!“

Er drängt Niko, der noch immer wie ein Klotz vor ihm steht und ihn anstarrt.

„Nun los! Zieh du wenigstens dein Sheriffkostüm an!“

„Wenn du keine Pistolen kriegst, gehe ich auch nicht als Sheriff!“ sagt Niko.

„Ich gehe als Fastnachtsprinz! Das ist schließlich auch etwas!“

Er läuft in sein Zimmer.

Und Gerd ist so richtig froh und dankbar, daß er einen so guten Freund hat, der aus lauter Freundschaft zu ihm auch nicht als Sheriff geht. Und er hat sich doch extra heute morgen noch zwei Pistolen gekauft!

Rolf Krenzer

Mit dem Text wird ein Thema angesprochen, das immer wieder zu Auseinandersetzungen führen kann, weil gerade solch aggressives Spielzeug einen sehr hohen Aktionsanreiz beinhaltet. Trotz der verschiedenen Versuche bleibt die Mutter hart, eben, weil Krieg und Tod zu ernst und schlimm sind, um sie auf der Ebene des Spiels auszuprobieren.
Bestimmt hat Niko zu diesem Zeitpunkt die Argumente seiner Mutter nicht akzeptiert. Aber er erfährt durch das Verhalten von Gerds Eltern, daß seine Eltern mit ihrer Meinung nicht allein stehen, daß vielleicht viele Erwachsene so denken wie seine Eltern.
Der Text will zum Nachdenken und zum Gespräch motivieren.

Möglichkeiten:

Bis * lesen und dann diskutieren, wie es weitergeht. Geht Niko wirklich nicht zu der Feier? Läßt er sich umstimmen? Läßt sich die Mutter umstimmen?
Gründe für die Argumente der Mutter suchen.
Gründe für das Kriegsspielzeug suchen – Gründe dagegen suchen.
Zusammenstellen, welches Kriegsspielzeug den Kindern bekannt ist, was sie selbst besitzen, ausprobiert haben oder sich wünschen.
Überlegen, warum das Kriegsspielzeug so interessant für viele ist, auch für Erwachsene.
Wenn der Text zu Ende gelesen ist, kann auch über die Verweigerung von Wehrdienst gesprochen werden, warum es junge Männer ablehnen, sich als Soldaten ausbilden zu lassen.
Das Thema kann gewiß nicht anhand des einen Textes diskutiert werden, aber es können Anstöße gegeben werden, sich intensiver damit zu beschäftigen, es mit Freunden und zu Hause weiter zu diskutieren.
In jedem Fall soll den Kindern aber vermittelt werden, was Jesus zum Krieg gesagt hat, wie Jesus sich verhalten hat,
... als ihn die Kriegsknechte verhafteten,
... als er von anderen geschlagen und verspottet wurde.

Texte:

Bergpredigt – Gleichnis vom barmherzigen Samariter.

Am Ende sollte auch darüber diskutiert werden, ob Niko seinen Freund bei seinem guten Glauben läßt, oder ob er – wenn er ein wirklicher Freund ist – ihm berichtet, was tatsächlich geschehen ist, und warum er nicht als Sheriff geht.

4.

So war das, als Jesus leiden mußte

Passionszeit, Fastenzeit

* Jesus kommt nach Jerusalem

Jesus zieht in Jerusalem ein
und wird als König begrüßt.

Lukas 19,34–40; Matthäus 21,7–11;
Markus 11,7–10; Johannes 12,12–15

Drei Jahre ist Jesus mit seinen Freunden von Stadt zu Stadt gegangen. Überall hat er den Menschen von Gott und Gottes Botschaft erzählt. Viele Menschen haben Jesus kennengelernt. Viele Menschen lieben ihn. Andere Menschen ärgern sich über ihn. Sie ärgern sich über das, was er sagt. Sie ärgern sich über das, was er tut.
Und jetzt zieht Jesus in Jerusalem ein. Jerusalem ist die Hauptstadt des Landes. Auf einem Esel reitet Jesus durch das Stadttor.
Der Esel hat keinen Sattel.
Die Jünger haben Kleider auf den Rücken des Esels gelegt.
Das ist so gut wie ein Sattel.
So reitet Jesus auf dem Esel durch die Straßen der Hauptstadt.
„Jesus ist hier!" rufen die Leute.
„Jesus, wir grüßen dich!" jubeln sie. „Wir grüßen den König, den Gott zu uns geschickt hat!"
Von allen Seiten laufen die Menschen herbei.
Sie legen Kleider auf die Straße.
Das ist wie ein Teppich.
Und Jesus reitet über den Teppich aus bunten Kleidern.
Die Kinder und Erwachsenen haben Zweige abgepflückt.
Damit winken sie Jesus zu.
So zieht Gottes Sohn in Jerusalem ein.
Gott schickt Jesus nach Jerusalem.
Viele Menschen sind glücklich. Sie loben Gott und winken Gottes Sohn zu. Aber nicht alle Menschen freuen sich.
Da gibt es auch andere.
Sie haben sich schon oft über Jesus geärgert. Jetzt ärgern sie sich noch mehr.
Sie ärgern sich, weil Jesus wie ein König gefeiert wird.
„Sage doch deinen Leuten, sie sollen damit aufhören!" rufen sie Jesus zu.
„Sie sollen sich nicht so dumm anstellen. Sie sollen endlich still sein und Ruhe geben!"
Da sagt Jesus zu ihnen: „Wenn sie nicht rufen, dann werden es die Steine tun!"
Gottes Sohn zieht in Jerusalem ein.
Aber Jesus weiß, daß er in Jerusalem sterben muß.

Seine Feinde sind hinter ihm her.
Sie wollen ihn töten.

Rolf Krenzer

Die Freude der Menschen in Jerusalem kann mit dem nachfolgenden Spiellied in einem Kreisspiel oder Rollenspiel gestaltet werden.

* Kommt mit!

Spiellied zum Einzug Jesu in Jerusalem. Das Lied kann auch zu Markus 1,13–16 (Jesus und die Kinder) eingesetzt werden. Alle freuen sich, daß Gottes Sohn in Jerusalem einzieht. Erlebnishafte Umsetzung des Bibeltextes.

T: Rolf Krenzer
M: Ludger Edelkötter

2. He, Schuster, laß das Schustern sein
und lege weg die Schuh.
Der Herr ist heute in der Stadt,
drum schließ den Laden zu.
Immer mehr, immer mehr …

3. Der Bäcker und die Bäckersfrau,
der Metzger und der Schmied,
die lassen ihre Arbeit stehn
und kommen auch noch mit.
Immer mehr, immer mehr …

4. Der Arzt, der Wirt, der Handwerksmann,
der Polizist, der Schmied,
von allen Seiten kommen sie
und laufen alle mit.
Immer mehr, immer mehr …

5. Der Schäfer bringt die Schafe mit
und seinen Schäferhund.
Ein jeder will zum König hin.
So gehts von Mund zu Mund.
Immer mehr, immer mehr …

Die Spieler, die die einzelnen Berufe darstellen, sitzen verteilt im Kreis oder im gottesdienstlichen Raum. Als Jesus einzieht, geht einer los und fordert zu dem Spiellied einen nach dem anderen auf, mitzukommen. Es können noch viele weitere hinzukommen, die dann Jesus zuwinken und zurufen.
Die Spieler können auch Zweige zur Begrüßung tragen und Jesus mit den Zweigen zuwinken. Das Lied ist enthalten auf der MC „Wir feiern ein Fest" - Neue Lieder zum Kirchenjahr –, Impulse-Musikverlag, 4406 Drensteinfurt.

* Jesus ißt und trinkt mit seinen Freunden

Lukas 22,14–23; Matthäus 26,20–29;
Markus 14,17–25; 1 Korinther 11,23–25

Am Abend lädt Jesus seine Freunde zu einem Fest ein.
Zwölf Jünger sitzen mit Jesus um den Tisch herum.
Einer von ihnen wird Jesus verraten.
Jesus weiß, daß Judas seinen Feinden sagen wird, wo sie ihn finden können.
Judas wird Geld dafür bekommen, aber er wird sehr unglücklich werden.
Jesus weiß, daß ein Freund ihn verraten wird.
Judas, einer der zwölf Jünger, wird es sein.
Auf dem Tisch liegt Brot.
Jesus nimmt das Brot, bricht es in Stücke und reicht es seinen Jüngern.
Dazu sagt er: „Nehmt und eßt, das ist mein Leib."
Dann nimmt er den Becher mit Wein und spricht ein Dankgebet.
Darauf reicht er den Becher den Freunden weiter und sagt: „Trinkt alle daraus. Das ist mein Blut, das für alle Menschen vergossen wird zur Vergebung ihrer Schuld. Mit ihm besiegelt Gott seinen Bund."
So macht Jesus uns allen ein großes Geschenk.
Er ist immer bei uns, wenn wir dieses Fest zusammen feiern.
Jesus selbst hat gesagt, daß Gott die Menschen immer lieb haben wird.
Wir feiern dieses Fest in der Messe, im Gottesdienst.
Wir feiern es so, wie Jesus es mit seinen Freunden gefeiert hat.
Es ist das letzte Fest, das Jesus mit seinen Freunden feiert.
An diesem Abend noch wird er von Judas verraten.
In dieser Nacht noch wird er gefangengenommen, eingesperrt und gefoltert.

In dieser Nacht noch wird er ganz allein sein.
Verlassen von seinen Freunden.
Gottes Sohn wird den Weg des unendlichen
Leidens gehen müssen
für seine Freunde,
für alle, die ihn lieb haben,
für dich und mich.

Neu erzählt von Rolf Krenzer

Als Bildmaterial wird auf die Bildmappe „Bilder und Geschichten von Jesus" verwiesen, die im Hirschgraben-Verlag, Frankfurt am Main, erschienen ist. Das folgende Lied vom Festmahl macht deutlich, daß jeder von Jesus eingeladen ist, daß Jesus selbst bei uns ist.

** Das Festmahl

T: Rolf Krenzer
M: Lele Jöcker

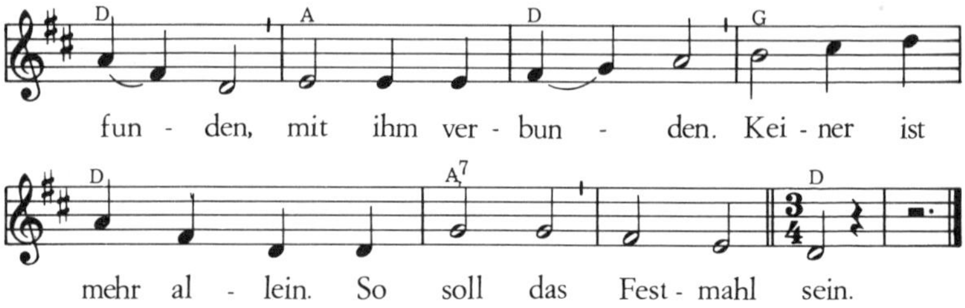

2. Wer Hunger jetzt hat,
   der wird heute satt.
   Der Herr lädt uns selber zu Tisch.
   Wer durstig jetzt ist,
   wird von ihm begrüßt.
   Er wartet auf dich und auf mich.

3. Wen Kummer verdrießt,
   wer traurig heut ist,
   der darf zu dem Fest heute gehn.
   Wer noch so allein,
   wird einsam nicht sein.
   Gott selber wird neben ihm stehn.

4. Wir sind uns so nah
   und jeder sagt ja
   zum Leben, zur Freude, zum Fest.
   Froh klingt unser Lied,
   und jeder singt mit,
   weil Gott uns zum Fest laden läßt.

Erschienen auf MC „Und sie fingen an fröhlich zu sein“, Sing- und Mitmachspiel zur Geschichte vom verlorenen Sohn, MOD Verlag, Am Hagen 5, 4400 Münster.

*** Spüren, wie einsam Jesus war

Die Helferin im Kindergottesdienst will ihrer Gruppe verdeutlichen, wie einsam Jesus war, wie es ist, von allen verlassen zu sein.

Leiden; Passion; Jesus ist von allen verlassen.

Esther hat jeden Sonntag acht Kinder in ihrer Gruppe im Kindergottesdienst. Die Kinder kommen fast immer regelmäßig, und sie haben richtig Freundschaft mit Esther geschlossen. Esther freut sich auf jeden Sonntag. Dann erzählt sie den Kindern, singt und spielt mit ihnen, und manchmal basteln sie auch alle gemeinsam. Zum Beispiel den großen Stern für den Dreikönigsumzug. Heute hat Esther die Geschichte von der Gefangennahme Jesu erzählt. Sie hat erzählt, wie einsam Jesus war, wie schlimm es ist, wenn man von all seinen Freunden im Stich gelassen wird.
Ob aber überhaupt eines der Kinder diese Einsamkeit begreift?
Vielleicht kann man versuchen, in einem Spiel etwas davon begreiflicher zu machen. Sie haben in der Gruppe schon oft gespielt. Einmal die Geschichte vom Zöllner Zachäus. Auch das Gleichnis vom barmherzigen Samariter und natürlich die Weihnachtsgeschichte.
Gudrun und Wolfgang sollen die Soldaten sein, die Jesus gefangennehmen.
Detlef ist ein freundlicher Junge, den alle sehr gern haben. Jeder in der Gruppe möchte sein Freund sein. Und Detlef spürt, wie gern ihn die anderen haben. Er ist darüber sehr glücklich und bemüht sich, zu den anderen noch freundlicher zu sein. Detlef soll in diesem Spiel Jesus sein.
Steffen ist Detlefs bester Freund. Er will auch im Spiel den Jünger spielen, den Jesus so lieb gehabt hat, daß es extra in der Bibel vermerkt ist.
Steffen spielt den Johannes. Marina spielt den Petrus. Dazu kommen noch ein paar Jünger. Nur den Judas, den will keiner spielen.
Esther erzählt, und die Kinder spielen.
Jesus weiß, daß er bald festgenommen werden wird. Er sagt es den Jüngern.
Die Jünger versichern ihm, wie lieb sie ihn haben.
Aber dann kommen die Soldaten.
Sie packen Jesus. Petrus will ihn verteidigen, doch Jesus wehrt ab. Er läßt sich fesseln und abführen.
Die Soldaten bringen ihn zu einer Ecke des Gruppenraumes. Dort lassen sie ihn stehn.
Esther erzählt: „Jetzt sind die Freunde Jesu ohne ihn. Sie kommen zusammen. Sie sprechen miteinander. Sie trösten sich."
Marina und Steffen, Volker und Claudia rücken ganz eng zusammen. Sie setzen sich auf den Boden und nehmen auch noch Markus bei sich auf. Sie legen die Arme umeinander. Sie sitzen ganz eng aneinandergedrückt im Kreis.
Auch die beiden Soldaten haben sich nebeneinander auf zwei Stühle gesetzt.
Nur Detlef steht in seiner Ecke ganz allein.
Und Esther erzählt weiter: „So allein war Jesus. Seine besten Freunde waren

nicht da. So allein, wie Detlef jetzt ist. Ohne euch alle. Auch ohne seinen besten Freund, den Steffen."
Detlef sieht mit ängstlichen Augen zu den anderen hinüber. Er sieht die anderen, mit denen er sich so gut versteht, ganz dicht beieinandersitzen. Da spürt er plötzlich, daß er jetzt nicht mehr zu ihnen gehört, daß er Außenseiter geworden ist.
Es friert ihn richtig. Ganz von innen heraus beginnt es weh zu tun. So weh, daß Detlef sich umwenden muß. Er preßt seinen Kopf an die Wand und beginnt lautlos zu weinen.
Esther hat nicht bemerkt, was mit Detlef geschehen ist. Sie hat nach den anderen Spielern geblickt, hat sie aufgefordert, noch dichter zusammenzurücken.
„Ja, so einsam wie Detlef jetzt ist, wird damals Jesus gewesen sein!" sagt sie und freut sich, wie gut Detlef seine Rolle spielt.
„Jetzt setzen wir uns wieder auf unsere Plätze", meint sie.
Als aber dann alle anderen sitzen, steht Detlef noch immer in seiner Ecke.
„Komm, Detlef, setz dich auch!" sagt Esther freundlich.
Aber Detlef bleibt stehen.
Da geht Esther zu ihm und will ihn abholen.
Als sie aber Detlef am Arm nehmen will, bemerkt sie, daß er sich versteift, daß er versucht, sie abzuwehren.
Sie legt ihren Arm um seine Schulter, versucht, ihn herumzudrehen und blickt plötzlich in sein tränenüberströmtes Gesicht.
Esther erschrickt so sehr, daß sie wie erstarrt neben ihm stehenbleibt.
„Was ist denn los?" fragt sie.
Da muß Detlef noch mehr weinen.
„Detlef!" flüstert Esther und drückt den Jungen an sich.
Die anderen Kinder kommen langsam und scheu hinzu.
„Detlef, was hast du?" fragt Claudia.
Detlef sucht nach dem Taschentuch in seiner Hosentasche.
Dann wischt er sich die Tränen vom Gesicht.
Jetzt ist Steffen bei ihm. Ganz nahe ist er bei Detlef.
„Tut dir was weh?" fragt Esther ängstlich.
Detlef schüttelt den Kopf.
Er kann nicht sprechen.
„Ist es wegen des Spiels?" fragt Esther.
Da nickt Detlef.
Steffen drückt sich ganz fest an seinen Freund. Er mag Detlef sehr, aber gedrückt hat er ihn noch nie. Das ist sonst unter Jungen nicht üblich. Aber darum kümmert sich Steffen jetzt nicht. Er denkt nicht einmal daran. Er spürt nur, wie sehr Detlef ihn jetzt braucht.

Jetzt drücken sich auch die anderen an Detlef. Dicht aneinandergedrängt gehen sie zu ihren Plätzen zurück. Sie nehmen Detlef in ihre Mitte.
Detlef atmet tief. Dann sagt er: „Es war so schlimm. Ihr habt ganz dicht zusammengesessen. Und ich stand ganz allein. Ganz allein in der Ecke."
„Bist du mir böse?" fragt Esther. „Ich wollte doch nicht ..."
Detlef schüttelt den Kopf.
Es gelingt ihm sogar, Esther zuzulächeln.
„So etwas möchte ich nie wieder spielen!" sagt er dann. „Nie wieder!"

Dagmar Domina

Die Geschichte ist nicht konstruiert, sondern hat sich tatsächlich so ereignet. Sie macht deutlich, wie hilflos die junge Gottesdiensthelferin ist, als sie erfährt, wie emotional das Alleinsein, das Ausgestoßensein von dem Jungen empfunden wird. Ebenso hilflos ist der Junge selbst der Situation ausgeliefert, in die er durch das Spiel gekommen ist. Er findet nur schwer wieder heraus, spürt, daß er Freunde hat, daß er eben nicht allein ist.

Gesprächsimpuls:

Wie konnte es geschehen, daß Detlef plötzlich weinen mußte? Es war doch nur ein Spiel. Er war sich doch sicher, daß die anderen auch nur spielen. Er wußte doch, daß die andern ihn gern haben.
Es kann durchaus auch darüber gesprochen werden, ob Esther lieber diesen Text nicht hätte spielen lassen sollen. Ob man diese Geschichte überhaupt spielen kann? Ob man Trauer und Einsamkeit spielen kann?
Aber auch: Wie kann es weitergehn? Was könnte Esther tun?
Was könnten die andern tun? Ob sie diese Stunde so schnell vergessen?

Eine Möglichkeit:

Esther könnte mit allen ein Gebet sprechen.

> Jesus, wir haben von deinem Leiden und Alleinsein gesprochen.
> Der Detlef hat es plötzlich gespürt, wie schlimm es ist, wenn man allein ist, wenn die Freunde nicht bei einem sind.
> Aber Detlef brauchte nicht lange allein zu sein.
> Wir alle sind zu ihm gegangen.
> Wir haben ihm gezeigt, wie lieb wir ihn haben.
> Und Detlef ist nicht mehr allein.
> Du aber warst allein.
> Deine Freunde kamen nicht.
> Dich tröstete keiner.
> Trotzdem bist du den schweren Weg weitergegangen.

Der Weg, der dich leiden ließ
und der dich schließlich bis zum Kreuz führte,
bis zum Tod.
Du bist für uns gestorben
und für uns auferstanden.
Wie können wir dir danken?
Amen.

** So war das, als Jesus gestorben war

Lied zur Passionsgeschichte

T: Rolf Krenzer
M: Hans-Werner Clasen

2. So war das, als Jesus begraben war.
Ja, so war das, als Jesus begraben war.
Ein dunkles Grab. Sie ließen
es mit dem Stein verschließen.
Ja, das ist wirklich wahr!
Ja, so war das, als Jesus begraben war.

3. So war das, als er auferstanden war.
Ja, so war das, als er auferstanden war.
Hat mit dem Tod gerungen
und hat den Tod bezwungen.
Ja, das ist wirklich wahr!
Ja, so war das, als er auferstanden war.

4. So war das, weil Jesus gehorsam war.
Ja, so war das, weil Jesus gehorsam war.
Hat alles hingegeben.
Wir dürfen mit ihm leben.
Ja, das ist wirklich wahr!
Ja, so ist das, weil Jesus gehorsam war!

Weitere Lieder, die in einfacher Sprache und mit auch bereits jüngeren Kindern zugänglichen Melodien das Passionsgeschehen zum Inhalt haben:

Als Jesus gestorben war, in LP/MC und Liedheft „Kommt alle und seid froh", Peter Janssens Musikverlag, Telgte.

Ihr Freunde, laßt euch sagen, in LP/MC und Liedheft „Biblische Spiellieder zum Misereor-Hungertuch aus Haiti", Misereor, Aachen – Impulse Musikverlag, Drensteinfurt.

Am Kreuz hing Christ, Gottes Sohn, in G. Watkinson (Hrsg.): 111 Kinderlieder zur Bibel, Verlag Ernst Kaufmann, Lahr – Christophorus-Verlag Herder, Freiburg i. Br.

Menschen warten in den Straßen, in G. Watkinson (Hrsg.): 9×11 neue Kinderlieder zur Bibel, Verlag Ernst Kaufmann, Lahr – Christophorus-Verlag Herder, Freiburg i. Br.

*** Onkel Rainer erzählt von damals, als der Krieg ausbrach

Auch Erwachsenen bleiben die Eindrücke, die der Kriegsausbruch 1939 verursachte, unvergessen und belasten noch immer.

Kriegsausbruch; Krieg; was das für den einzelnen bedeutet, welche Auswirkungen es hat; Leid, Tod geliebter Menschen.

Das war 1939. Ich muß damals etwa drei Jahre alt gewesen sein. Trotzdem kann ich mich noch daran erinnern. Es war ein so schlimmer Abend, daß ich ihn wohl mein ganzes Leben lang nicht vergessen werde.
Als wir beim Abendessen saßen, begannen plötzlich und unerwartet die Lokomotiven am Bahnhof laut zu heulen. Ich zuckte zusammen. Schaute zu meiner Mutter hin. Immer, wenn ich mich erschreckt hatte, schaute ich zu meiner Mutter. Sie beugte sich dann schnell zu mir, sprach ruhig auf mich ein, streichelte mich. Dann löste sich sogleich der Schrecken, löste sich auf, und alles war wieder wie vorher. Aber jetzt war es anders.
Meine Mutter war genau wie ich zusammengezuckt. Sie blickte zu meinem Vater hin. Starr. Entsetzt. Ich konnte nicht verstehen was los war.
Ich brüllte.
„Mutti!"
Sie beachtete mich überhaupt nicht.
Ich wollte aufstehen und riß dabei den Milchbecher um.
Meine Mutter reagierte nicht.
„Mutti!"
Plötzlich Schritte auf der Treppe. Ein Hämmern an der Korridortür. Die Klingel. Mein Vater stand auf. Langsam, unendlich langsam ging er zur Tür. Tuscheln im Flur. Dann stürzte Frau Wickel herein. Sie lief auf meine Mutter zu, fiel fast auf sie, nahm sie um den Hals, drückte sie, weinte.
„Krieg! Anny, es ist Krieg!"
Die Lokomotiven heulten wie Sirenen.
Ich fühlte, daß kalte Angst in mir hochstieg.
„Mutti!"
Mein Vater ging zum Fenster und öffnete es. Die Sirenen heulten noch lauter. Ich versuchte, an meine Mutter heranzukommen. Ich drängte mich zwischen sie und Frau Wickel, versuchte mit meinen kleinen Fäusten, die zwei auseinanderzubringen, um Platz für mich zu schaffen. Es gelang mir nicht.
Da brüllte ich.
Mein Vater stand starr am Fenster. Nach und nach erstarb das Heulen der Lokomotiven.
Es wurde kalt im Raum.
Mein Vater schloß das Fenster. Ich hatte nie vorher bemerkt, daß das Fensterschließen solchen Lärm verursachte.
Frau Wickel ließ sich auf einen Stuhl fallen und drückte ihr Taschentuch an die Augen. Jetzt sah ich, daß auch meine Mutter weinte.
Sie stand auf, ging zum Spülstein, holte einen Lappen, stellte den Milchbecher auf, wischte die Milch auf, brachte den Lappen zurück, setzte sich wieder, schaute zu meinem Vater hin, zu Frau Wickel, zu mir. Sie merkte

anscheinend nicht, daß ich brüllte, hörte nichts. Sie griff nach einem Stück Brot, das noch auf meinem Teller war, hob es auf und versuchte, es mir in den Mund zu stecken. Ich wehrte mich. Sie schaffte es doch. Ich brüllte, mußte husten, verschluckte mich, schrie.
Sie nahm mich endlich auf den Arm.
Streichelte mich.
Es war anders als sonst, ganz anders. Ihr Streicheln beruhigte mich nicht. Sie klopfte mir den Rücken. Streichelte mir den Kopf. Küßte mich. Das erste Wort.
„Es ist Zeit für dich, mein Kleiner! Heute gehen wir einmal ganz schnell ins Bett!" Als sie mir mit dem Waschlappen über das Gesicht fuhr, bemerkte ich, daß sie wieder weinte. Sie vergaß, mir im Bett die Strümpfe auszuziehen.
Sie drückte mich.
Mein Vater kam, und ich nutzte die Gelegenheit aus, sofort wieder aus dem Bett zu steigen und ihm auf die Knie zu klettern. Ich schaute dabei ein bißchen ängstlich und abwartend zu meiner Mutter hin. Sie duldete es sonst nicht, daß vor dem Schlafen noch getollt wurde.
Heute sagte sie nichts. Sie schien es überhaupt nicht zu bemerken.
Mein Vater sagte „Hoppe, hoppe Reiter!" und ließ mich auf seinen Knien reiten. Frau Wickel stand an der Tür und schaute zu.
Es war gespenstisch. Mein Vater sang so laut er konnte, war so wild wie noch nie. Ich kreischte laut, als ich am Ende des Liedes von ihm so weit hinuntergeschleudert wurde, daß ich fast den Boden berührte. Ich hatte diesen Augenblick immer ganz besonders gern. Es war grauslich und schön zugleich.
Mein Vater tollte mit mir. Frau Wickel und meine Mutter standen ganz nahe dabei. Aber es war so, als würden sie gar nicht bemerken, was mein Vater und ich trieben.
Sie blickten starr und ernst an uns vorbei.
Zum Schluß packte mich mein Vater und warf mich mit einem Schwung ins Bett, deckte mich zu, drückte mich und sagte: „So, jetzt wird geschlafen!"
Meine Mutter ging zur Tür und sagte: „Ich stelle das Radio an!"
Ich brüllte wie am Spieß, weil ich den Gutenachtkuß vermißte.
Da kam meine Mutter noch einmal zurück. Sie beugte sich über mich. Sie weinte nicht mehr und versuchte, mich anzulächeln.
„Bis morgen!"
Frau Wickel strich mir über das Haar. Dann gingen sie aus dem Zimmer.
An diesem Abend vergaß meine Mutter, das Licht auszuknipsen.

Ich lag noch lange wach, hörte den Sprecher im Rundfunkapparat, konnte aber nicht verstehen, was er sagte.
Irgendwann läutete es noch einmal an der Tür. Ich hörte Herrn Wickel sprechen. Ich lag lange wach und konnte nicht einschlafen.
Krieg.
Was ist Krieg?
Warum heulten die Lokomotiven?
Warum war Frau Wickel gekommen? Warum hatte sie geweint?
Warum waren meine Eltern so anders als sonst?
Kurze Zeit später wurde mein Vater in den Krieg eingezogen.
Ich war stolz auf seine Uniform.
Und ich konnte nicht verstehen, warum meine Mutter so weinte.
Bevor mein Vater endgültig wegfahren mußte, ging er mit meiner Mutter und mir zum Fotografen.
Das Foto besitze ich heute noch.
Mein Vater hat die Arme um mich und meine Mutter gelegt.
Alle drei lachen wir in die Kamera hinein.
Wir lachen, als gäbe es keinen Krieg, keine Gewehre und Kanonen, keine Bomben und keinen Tod.
Das Foto besitze ich heute noch.
Mein Vater ist aus dem Krieg nicht mehr nach Hause gekommen.
Es ist die letzte Erinnerung an ihn, die ich habe.

Rolf Krenzer

Einem Erwachsenen bleiben die Erlebnisse des Kriegsausbruchs unvergessen, weil damit alles verändert wurde. Der Vater, der vielleicht mit einer gewissen Hoffnung davongezogen ist, starb im Krieg, kehrte nie wieder zurück. Und gerade an den Vater erinnert sich Onkel Rainer besonders stark.

Anregung:

Warum verhält sich der Vater so? Freut er sich, daß er Soldat wird ... oder will er es mit seinem lauten Toben sich selbst und den anderen nicht so schwermachen? Gegen den Krieg etwas unternehmen, den Krieg als nicht gottgewollt ansehen kann nur der, der etwas mehr darüber weiß, was der Krieg für jeden einzelnen bedeutet. Etwas davon kann dieser erlebnishafte Text vermitteln.
Krieg kann fern sein, nur in Fernsehsendungen oder in Zeitungen dargestellt. Er kann plötzlich hier ausbrechen, wenn nicht jeder bereit ist, gegen den Krieg und für den Frieden mit allem, was ihm nur möglich ist, zu kämpfen.

Arbeitsmaterial:

Fotos vom Krieg; Gegenüberstellung von Bildern, die Ansiedlungen vor und nach dem Krieg zeigen; Friedenslieder, z. B. Shalom in LP/MC „Ein Regenbogen bunt und schön“, Abakus, 6349 Greifenstein 2 und Studio Union, 6250 Limburg 1. „Ich hasse den Krieg“, Impulse-Musikverlag, Drensteinfurt.

** Ulrikes Geschenk

Ulrike hat sich so viel Mühe mit dem Geschenk für ihre beste Freundin gegeben. Sie wird bitter enttäuscht.

Kinder können bereits sehr früh erfahren, was Enttäuschung, Trauer, Leid, Nichtverstandenwerden bedeutet.

Ulrike war zu Sabines Geburtstag eingeladen. Da brauchte sie natürlich ein Geburtstagsgeschenk. „Ich werde ihr ein Pferdchen basteln“, dachte sie. “Darüber wird sich Sabine bestimmt freuen.“
Zwei Nachmittage brauchte Ulrike, um das Pferdchen fertig zu machen. Sie besorgte sich Pfeifenputzer, Bast und Klebstoff. Sie ging in den Keller und holte sich Vaters Kneifzange aus dem Werkzeugkasten. Damit schnitt sie sich die Pfeifenputzer zurecht. Dann wickelte und bog sie die einzelnen Stücke so zusammen, daß Kopf, Bauch und Beine entstanden. Das war gar nicht so leicht. Das Pferdchen wollte und wollte nicht gerade stehenbleiben. Aber dann klappte es doch. Nun brauchte es natürlich auch Schwanz und Mähne. Oje, das war vielleicht eine knifflige Angelegenheit! Immer wieder fielen die kleinen Bastfädchen ab. Immer wieder klebte sie Ulrike an, bis sie endlich doch festsaßen. Am nächsten Tag hatte Ulrike die Idee mit den Perlenaugen. Die Perlen waren zwar ein bißchen groß, aber sie glänzten wunderschön. Ulrike nähte sie mit Muttis Hilfe fest an, und schon hatte das Pferdchen die schönsten Pferdeaugen, die man sich denken konnte. „Sabine wird sich freuen“, dachte Ulrike zufrieden, als sie das Tierchen vorsichtig in eine Schachtel packte. „Jetzt wickle ich es noch in hübsches Papier, ein buntes Bändchen zum Schluß – na, wenn das kein schönes Geburtstagsgeschenk ist!“ Ulrike freute sich schon auf das erstaunte Gesicht ihrer Freundin ...
Und Sabine?*
„O, hübsch“, sagte Sabine, als sie Ulrikes Päckchen geöffnet hatte. Sie warf einen kurzen Blick in die Schachtel und stellte sie dann zu den vielen anderen Geschenken. Ulrike war stumm vor Enttäuschung. Nicht einmal rich-

tig ausgepackt hatte ihre Freundin das Pferdchen! Und nicht einmal danke gesagt! O, hübsch, das war alles gewesen. Ulrike mußte schlucken. Nein, sie hatte das Pferdchen wirklich nicht gebastelt, um ein Lob dafür zu bekommen oder ein Dankeschön zu hören. Eine richtige Geburtstagsüberraschung hatte es sein sollen. Und nun? „Schöne Überraschung!" dachte Ulrike bitter. „Und ich habe mir solche Mühe gegeben!"

Gisela Schütz

Vorschlag:

Bis * erzählen oder vorlesen, dann im Rollenspiel weiterspielen lassen. In unterschiedlichen kleinen Gruppen spielen und die verschiedenen Lösungen diskutieren. Dann den Text ab * weiterlesen. Darüber sprechen, wie es nun wohl in Ulrike aussieht. Die Traurigkeit, die hier geschildert wird, ist eigentlich alltäglich. Aber wie oft tun wir anderen weh, ohne es vielleicht überhaupt zu bemerken.
Nach ähnlichen eigenen Erlebnissen fragen.
Aber auch, wie man solche Erfahrungen überwinden kann.
Immer wieder gibt es unter Menschen solche Situationen. Die hier geschilderte Situation ist winzig und unbedeutend gegen das, was Christus erleiden mußte. Trotzdem hat Christus vergeben, verziehen. Trotzdem hat er all das für uns auf sich genommen.
Der folgende Text „Verabredungen" kann als Paralleltext hinzugezogen werden. Er verdeutlicht, daß Ulrike, die hier die Zuneigung der Zuhörer hat, sich in einer anderen Situation ebenfalls so verhält, daß sie einem anderen Menschen wehtut.

* Verabredungen

Elke verzichtet auf ein besonderes Erlebnis, weil sie sich bereits mit ihrer Freundin verabredet hat.
Sie muß erfahren, daß ihre Freundin nicht so gewissenhaft ist und sich nicht an die Verabredung hält.

Dem anderen wehtun aus Oberflächlichkeit;
Trauer, Leid erfahren.
Hierzu Text: Ulrikes Geschenk.

Ulrike und Elke kommen aus dem Kindergarten. An der Ecke verabschieden sie sich. „Tschüß denn", sagt Ulrike, „bis drei Uhr am Spielplatz. Und vergiß dein Springseil nicht. Ich kann dir ein tolles neues Kunststück beibringen!"
„Ja, bis drei Uhr", sagt Elke. „Ich freu mich schon."
Kurz vor drei, gerade als Elke zum Spielplatz gehen will, kommt Frank.

„Ich fahre mit Mutti ins Freibad. Kommst du mit?" erzählt er.
„Schwimmbad? Au fein!" ruft Elke. „Aber es tut mir leid. Ich kann nicht mit. Ich habe mich schon mit meiner Freundin verabredet. Schade."
„Och, mit der kannst du doch immer spielen", wendet Frank ein. „Überleg mal, ins Freibad können wir nicht alle Tage. Mutti hat doch nicht immer Zeit."
„Ja, schon, aber eine Verabredung muß man einhalten. Ich kann Ulrike schließlich nicht vergeblich warten lassen. Sie kommt extra für mich zum Spielplatz, um mir ein neues Kunststück beizubringen. Und Bescheid sagen kann ich jetzt auch nicht mehr. Tut mir wirklich leid. Ich wäre gern mitgegangen."
„Na, ist ja auch egal", meint Frank. "Dann frage ich eben Michael. Vielleicht kommt der mit. Tschüß!"
„Tschüß!" sagt auch Elke, schnappt sich ihr Springseil und saust los. Sie beeilt sich, damit Ulrike nicht warten muß. Aber als sie am Spielplatz ankommt, ist noch niemand da. Naja, Ulrike wird gleich kommen. Elke wartet eine Weile. Dann schaukelt sie ein bißchen, geht auf die Rutsche, buddelt im Sandkasten. Aber immer wieder hält sie Ausschau nach Ulrike. Die kommt und kommt nicht. Elke ist enttäuscht: „Jetzt hätte ich längst mit Frank im Freibad sein können. Warum ist Ulrike nicht gekommen?" Elke fragt die anderen Kinder, ob die was wüßten. Aber die schüttelten nur ihre Köpfe. Da beschließt Elke, der Sache auf den Grund zu gehen. Sie nimmt ihr Springseil und geht zu Ulrikes Wohnung. Ulrike ist im Garten und spielt mit ihrem Ball.
„Da bist du ja", sagt Elke, „ich habe so lange auf dich gewartet. Warum bist du denn nicht zum Spielplatz gekommen? Du wolltest mir doch ein neues Kunststück beibringen?"
„Kunststück? Ach so, ja. Och, weißt du, nach dem Essen hatte ich so einen vollen Bauch. Da hatte ich keine Lust mehr zum Seilspringen. Wir können uns ja meinetwegen morgen treffen. Was hältst du davon?"
Elke fühlt einen Kloß im Hals. „Du bist mir eine schöne Freundin", sagt sie nur, nimmt ihr Springseil und geht traurig nach Hause.

Gisela Schütz

Gesprächsanregung:

Ob Ulrike daran gedacht hat, wie wichtig für Elke die Verabredung war? – Was empfindet Elke? – Wie kann es weitergehen?
Verbindung zur vorherigen Geschichte suchen: Zweimal dieselbe Ulrike.
Was kann man selbst dazu tun, daß man den anderen, den man gern hat, nicht verletzt?

** Ein blitzschneller Verkäufer

Ein Hausierer wird schnell an der Tür abgefertigt. Ein Kind erlebt diese Situation und denkt über diesen Mann nach, der Teppiche verkauft, um etwas zu verdienen, um vielleicht satt zu werden, um vielleicht seine Familie versorgen zu können.

Eine alltägliche Situation wird bewußt erlebt und fordert zum weiteren Nachdenken auf; Miteinander leben, den anderen verletzen, nicht zu seinem Recht kommen lassen. – Aber kann man es überhaupt jedem recht machen? Können Menschen mit anderen zusammentreffen, ohne daß einer dem anderen nicht immer entgegenkommt?

Rrrring!!! „Es hat geklingelt!" rief ich. Mutti machte auf. „Guten Tag, liebe Frau, kennen Sie schon das Neuste?" hörte man es unter einem alten Hut und unzähligen Bartstoppeln hervorrufen. „Sehen Sie sich diesen wunderbaren Teppich an! und diesen, und den, handgeknüpft von den blitzschnellen Knüpferinnen der Firma Blitz. Ich bin Herr Schulze, der blitzschnelle Verkäufer der Firma Blitz. Ich habe noch einen ganz besonderen Blitz, ähem äh Teppich meine ich." Er zeigte auf einen alten, staubigen, mottenzerfressenen Teppich, der schon ein paar kleine Löcher hatte. „Nur tausend Mark, das ist doch ein prima Angebot, oder?" „Sie sind wohl verrückt, was ist denn an dem Teppich so besonders, außer, daß er ein paar Löcher hat?" fragte Mutti. „Der stammt aus einem der ältesten Pharaonengräber, gekauft von der blitzschnellen Firma Blitz." Ich stand daneben und war vor lauter Blitzen schon ganz durcheinander, aber schon redete er weiter. „Jeder würde Sie um diesen alten kostbaren Teppich beneiden." „Reden Sie kein dummes Zeug! Dieser Teppich stammt vielleicht vom Dachboden ihrer Ur-ur-urgroßmutter, aber nicht aus einem Pharaonengrab, und diese Firma Blitz, die gibt es wahrscheinlich gar nicht. Sie können es ja wo anders mit ihren Betrügereien versuchen, aber nicht bei mir!" „Aber einen anderen Teppich könnten Sie sich doch noch ansehen..." Weiter kam der blitzschnelle Verkäufer nicht. Mutti hatte ihm die Tür vor der Nase zugeschlagen. Ich sah ihn traurig und mit hängendem Kopf in seinen alten Lastwagen steigen und davonfahren. Bald würde er bei einem anderen versuchen, seine alten Teppiche zu verkaufen, von denen nicht alle so schäbig waren, wie der, den er uns gezeigt hatte. Und vielleicht würde es ihm auch einmal gelingen.

Marina Scheinost

Der hier vorgestellte Text wurde von einem sehr jungen Menschen aufgeschrieben und macht deutlich, wie ein alltägliches Erlebnis plötzlich Fragen nach dem anderen Menschen, dem abgewiesenen, bewußt werden läßt. Die hier geschilderte Mutter hat sich ganz normal verhalten. Sie hat den Hausierer abgewiesen, weil sie nichts an der Tür kauft und weil der angebotene Teppich zudem schäbig war. Es ist anzunehmen, daß ganz gewiß finanzielle Gründe hinzukommen, die einen davon abhalten, an der Haustür eine größere Anschaffung zu machen. Es ist also eine ganz normale Situation, die hier geschildert wird.
Sie wird in dem Augenblick anders, als Marina sieht, daß der Verkäufer **traurig und mit hängendem Kopf in seinen alten Lastwagen steigt.**

Gesprächsimpulse:

Warum will der Mann Teppiche verkaufen – Ist er wirklich ein „Betrüger", wie es die Mutter annimmt? Oder war er es nur in jenem Augenblick, als er hoffte, mit dem schlechten Teppich doch noch ein gutes Geschäft zu machen? War es die Not, die ihn dazu trieb? Arbeitslosigkeit? Ist er für andere verantwortlich, die auf sein Verkaufen angewiesen sind, Kinder? – Hat er schon immer Teppiche verkauft? – Findet er Leute, die auf seinen schlechten Teppich hereinfallen?
Der Text macht durch das bewußte Eingehen auf eine alltägliche Situation deutlich, wie schwer es jedem von uns ist, dem anderen Menschen gerecht zu werden, ihn zu erkennen, zu begreifen. Gewiß hat die Mutter recht. Und trotzdem bleibt für Marina etwas zurück. Sie sieht den fremden Menschen leiden, sieht ihn traurig davongehen und kann nichts dagegen tun. Sie tröstet sich, daß es ihm vielleicht doch einmal gelingen wird, etwas zu verkaufen.
Eine Lösung gibt es nicht. Aber es können Beispiele gesucht werden, wo man sich selbst schon einmal in einer so ausweglosen Situation befunden hat.

** Christus hat so viele Namen

In jedem Menschen entdecken wir Christus. Christus hat viele Namen. Christus wohnt auch in unserer Stadt und in unserer Straße. Passionsgeschichte, aber auch Ostern und Pfingsten.

T: Rolf Krenzer
M: Ludger Edelkötter

2. Barbara von gegenüber
muß zur Sondersschule gehn.
Und den alten Opa Friederich
hab ich schon lang nicht mehr gesehn.
Im Gefängnis der Guiseppe
wird von Manuel bewacht.
Um den Sohn weint die Dolores,
den man gestern umgebracht.

3. Jacky hat ein Bein verloren,
weil er in den Krieg gemußt.
Und Annette weint vor Schmerzen
und dem Krebs in ihrer Brust.
Weil sie aus der Heimat flüchten,
treiben Menschen über's Meer.
Jenny gibt für Tom und Billy
ihren letzten Dollar her.

4. Beinah wär der Lars ertrunken,
aber Elke hilft ihm raus.
Und der Trinker in dem Rinnstein
heißt nicht „Alter“, sondern Klaus.
In dem Krieg wird Shan Tamiro
nach dem letzten Kampf vermißt.
Und es weint die kleine Gyo,
weil der Shan ihr Vater ist.

5. Peter feiert heut' Geburtstag.
Viele werden bei ihm sein.
Selbstverständlich lädt er Achmed
und den Erkut dazu ein.
Ingrid freut sich, weil der Dieter
ihr heut' zugelächelt hat.
So viel Menschen, so viel Namen
gibt es in der kleinsten Stadt.

Aus: LP IMP 1015 – Biblische Spiellieder zum Misereor-Hungertuch aus Haiti – Rechte beim Impulse-Musikverlag, 4406 Drensteinfurt.

In dem Lied werden Situationen aufgezeigt, die auch in den vorausgegangenen Texten bereits angesprochen wurden. Es werden weitere hinzugefügt, die verdeutlichen, daß Christus im anderen Menschen ist, daß wir ihn im anderen Menschen erkennen müssen.

Anregung:

Wir schneiden Figuren aus Plakatkarton (Filz, Papier, Fell usw.) aus, z. B. Guiseppe im Gefängnis, Opa Friederich, Lars und Elke. Die Figuren können auch gezeichnet, ausgemalt und ausgeschnitten werden. Auf einem großen Karton (Magnettafel, Wandfläche usw.) zeichnen wir um das P in der Mitte zwei Kreise, einen inneren und einen äußeren. Wenn wir nun zusammen das Lied singen, heften wir die entsprechenden Personen an. In den inneren Kreis die Einzelpersonen, in den äußeren Kreis die Situationen mit zwei, drei und mehreren Menschen. Zum Schluß zeichnen wir um diese beiden Kreise ein Haus, das symbolisch die Kirche darstellt, die Familie der Christen.

5.

Laßt die Glocken hell erklingen

Ostern

** Osterlied
Laßt die Glocken hell erklingen

Jesus Christus ist vom Tod auferstanden. Deshalb dürfen wir uns freuen.

Osterfreude. Markus 16,1–8; Matthäus 28,1–10; Lukas 24,1–12; Johannes 20,1–10;

T: Rolf Krenzer
M: Siegfried Fietz

2. Freitagabend war's, da haben
sie den toten Herrn begraben.
Ostern klingt es von weit her:
Jesus lebt! Das Grab ist leer!

3. Weil wir uns zu ihm bekennen,
laßt das Osterfeuer brennen.
Lobt den Herrn und zündet dann
froh die Osterkerze an.

4. Not und Tod und schwere Stunden.
Alles ist jetzt überwunden.
Weil er uns allein nicht läßt,
feiern wir das Osterfest.

5. Singen, Tanzen, Spielen, Lachen.
Unser Fest soll Freude machen.
Fröhlich darf ein jeder sein,
und wir laden alle ein.

6. Drum laßt hell die Glocken klingen
laßt uns alle fröhlich singen,
laßt uns loben Jesus Christ,
weil er auferstanden ist.

Das Lied kann als Osterreigen gesungen und getanzt werden. Wir stehen in einem oder mehreren Kreisen, halten uns an den Händen und gehen langsam herum. Bei mehreren Kreisen gehen die Tänzer nach links und nach rechts. Wenn das Lied als Abendlied eingesetzt wird, kann einer mit einer Kerze mitten im Kreis stehen. Als Einstieg kann die doppelte Farbseite aus dem Arbeitsbuch für den Anfang „Kommt alle und seid froh!“ (Hirschgraben-Verlag, Frankfurt/M.) eingesetzt werden. Sie zeigt in überzeugender Weise, wie aus dem Dunkel des Todes am Kreuz, aus dem dunklen Grab mit der Auferstehung Jesu die Welt verändert wird, wie traurige Menschen eben deshalb zu fröhlichen Menschen werden.

* Jesus lebt

Menschen begegnen dem auferstandenen Christus.

Markus 16,1–8; Matthäus 28,1–10; Lukas 24,1–12; Johannes 20,1–10

Drei Tage ist es her.
Vor drei Tagen ist Jesus am Kreuz gestorben. Vor drei Tagen haben ihn seine Freunde in das Grab im Felsen gelegt. Vor drei Tagen haben sie einen schweren Stein vor das Grab gerollt.
Jetzt wollen drei Frauen zu dem Grab gehen.
Aber was ist das?

Der große Stein liegt nicht mehr vor dem Grab. Er liegt daneben. Die Frauen laufen zu dem Felsengrab, bleiben zögernd stehen und gehen dann doch hinein. Doch das Grab ist leer. Sie finden den toten Körper ihres Herrn nicht mehr.
Aber dort steht ein junger Mann, den sie vorher noch nie gesehen haben. Er schaut sie freundlich an und sagt zu ihnen: „Ihr sucht Jesus, der am Kreuz gestorben ist?" Als die Frauen zögernd nicken, sagt er ihnen: „Er ist nicht hier. Gott hat ihn vom Tod aufgeweckt!"
Die Frauen spüren, wie Angst in ihnen hochsteigt. Sie können es nicht fassen, was ihnen der Fremde sagt. Es ist so unglaublich, daß ihre Angst in diesem Grab immer größer wird.
„Habt keine Angst!" sagt der Fremde. „Jesus lebt! Ihr werdet ihn bald sehen!"
Da laufen die Frauen davon. Nur fort hier! Sie sind so erschrocken und haben solche Angst. Sie laufen, so schnell sie nur können.
Da steht plötzlich Jesus vor ihnen.
Er winkt ihnen zu.
Er grüßt sie.
Wie erstarrt bleiben die Frauen stehen.
Und da ist plötzlich die Angst nicht mehr da. Sie sehen ihn an und begreifen. Ja, es ist wirklich Jesus, der vor ihnen steht.
Es ist wirklich Jesus, der vor drei Tagen am Kreuz gestorben ist.
Es ist wirklich Jesus, der im Grab gelegen hat.
„Habt keine Angst!" sagt Jesus zu ihnen. „Lauft zu meinen Freunden! Sagt ihnen, daß sie mich bald sehen werden!"
Da laufen die Frauen wieder. Sie laufen, so schnell sie nur können.
Aber jetzt ist alles anders. Sie haben keine Angst mehr. Sie laufen, weil sie es allen sagen wollen. Sie laufen, weil sie so glücklich sind. Und die anderen, die um ihren Herrn weinen, sollen es gleich erfahren. Die Frauen haben Jesus gesehen. Ja, Jesus lebt!

Rolf Krenzer

Das Ostergeschehen wird im folgenden in zwei Spielen erlebnishaft nachvollzogen. Der Text kann durch Bilder, Dias und Bilderbücher sinnvoll ergänzt werden.

Beispiele:

„Kommt alle und seid froh"; Helmut Wondra: „Bilder und Geschichten von Jesus", beide Hirschgraben-Verlag, Frankfurt/M.; Reihe „Was uns die Bibel erzählt" (Bilder von Kees de Kort), Württembergische Bibelanstalt, Stuttgart; Marlene Reidel: Bibel-Leporellos, Sellier Verlag, Freising; „Bilderbibel“, Patmos-Verlag, Düsseldorf.

Im Osterlied kann das Ostergeschehen immer wieder aufgenommen und gesungen werden, wobei gerade durch die stilistisch einfache Gestaltung des Liedtextes der zentrale Gehalt dessen, warum wir eigentlich Ostern feiern, nach und nach verstanden werden kann.

* Als Jesus gestorben war

T: Rolf Krenzer
M: Peter Janssens

2. Als Jesus gestorben war,
da war die Welt so leer.
Die Großen und die Kleinen,
die konnten nur noch weinen.
Sie hatten ihn nicht mehr.

3. Als Jesus aufgestanden war
besiegte er den Tod.
Ihr Großen und ihr Kleinen,
ihr braucht nicht mehr zu weinen.
Vorbei ist alle Not.

*** Osterbotschaft

Spielszene, die das Ostergeschehen verdeutlicht.

Ostergeschichte

Die Jünger:

Die Stunden verstreichen
in einsamer Trauer um Gott.

Ein Jünger:

O Herr, gib dem Hoffen ein Zeichen!

Die Jünger:

Der Stein will nicht weichen.
Die Wächter erstarken im Spott.

Die Wächter:

Am Kreuz ist euer Gott verendet.
Nun steht ihr Toren hier allein
und habt euch ohne Sinn verschwendet.
Der Tod beendet Sinn und Sein.

Ein Wächter:

Weh, was geschieht!

Ein anderer:

Es wankt der Stein!

Ein Dritter:

Ein Blitz flammt
feurig auf!

Ein Vierter:

Geblendet!

Der Engel:

Christ hat den Tod überwunden!
Freut euch, ihr Völker, der Kunde!
Jubelt mit jauchzendem Munde,
denn in der nämlichen Stunde
habt ihr Erlösung gefunden!

Die Jünger:

Die Gräber zerspringen.
Besiegt ist die tödliche Nacht.

Ein Jünger:

Nun laßt uns frohlocken und singen!

Die Jünger:

Die Klagen verklingen.
Wir preisen den König der Macht.

Stephan Gräffshagen

Aus: Christa Weiß (Hrsg.): Kleine Texte zum Spielen, Jugenddienstverlag, Wuppertal.

In wenigen Zeilen wird hier in äußerster Verknappung das zentrale Geschehen der Ostergeschichte in den Mittelpunkt gestellt. Als Sprechchor gestaltet, wird hier gefordert, daß sich die Einzelstimmen zu einer Gemeinschaft zusammenfinden, wobei der Inhalt jeder einzelnen Zeile ausschlaggebend ist für den Rhythmus und die Melodie der Sprache. Die Jünger sprechen zunächst traurig, farblos, werden aber überwältigt und am Ende immer stärker, heller, fröhlicher. Dagegen stehen die Wächter, aggressiv, unverbindlich, hart. Der Engel greift das auf, was in vielen Osterliedern deutlich wird, findet in seiner Sprache die Melodie. Das Stück kann gesprochen werden. Es kann auch in einem Gottesdienst (weil es so kurz und prägnant ist) zu einem späteren Zeitpunkt noch einmal wiederholt werden. Wenn es gespielt wird, ergeben sich Bewegungen und Gesten direkt aus dem Text. Es bedarf keiner, allenfalls nur äußerst sparsamer Kostüme.

*** Osterspiel

Inhalt:

Vier Freunde Jesu suchen in Jerusalem nach ihrem Herrn. Sie erfahren von seinem Einzug in Jerusalem, von dem letzten Mahl mit seinen Jüngern, von der Gefangennahme und Folterung und von seinem Tod am Kreuz. Sie erfahren aber auch, daß Jesus vom Tod auferstanden und nun bei Gott ist. Die vergeblich erscheinende Suche bringt ihnen zum Schluß die Gewißheit, daß sie Jesus doch gefunden haben, denn er selbst hat gesagt: „Ich bin immer bei euch bis ans Ende der Welt!" So finden sie die Jünger und die erste Gemeinde.

Mitspieler:

Vier Freunde Jesu, zwei Handwerker, Frauen und Männer, dazu Musikanten, die das Lied auf ihren Instrumenten begleiten und mitsingen.

Spieldauer:

15–20 Minuten.

Mögliche Spielform:

Kreisspiel
Spiel im Halbkreis
Spiel auf der Bühne
Spiel im kirchlichen Raum
Menschenschattenspiel
Puppenspiel
Hörspiel

Bühnenbild:

Eventuell großes Wandbild, das die Silhouette einer großen Stadt (Jerusalem) zeigt; das Haus, in das der Jünger geflüchtet ist, kann durch Stühle, durch Balken oder nur durch eine Tür angedeutet werden. In der Schlußszene können sich alle Mitspieler zu einem großen Kreis in der Mitte der Spielfläche zusammenfinden (auf die Erde setzen oder Bänke oder Stühle im Kreis aufstellen).

Requisiten und Kostüme:

Das Spiel kann mit angedeuteten historischen Kostümen gespielt werden, Requisiten und Kostüme sind aber letztlich für die Gestaltung nicht erforderlich, da die Aktualität des Inhalts wesentlich durch eine Gestaltung in der üblichen Alltagskleidung verdeutlicht werden kann.

Orchester:

Rhythmusinstrumente sollten zur Liedbegleitung eingesetzt werden. Auch der Einsatz von Melodieinstrumenten für Vor- und Zwischenspiele und zur Liedbegleitung ist möglich. Das Lied kann von den vier Freunden, aber auch von den Musikanten oder der ganzen Gemeinde gesungen werden. Es kann ebenfalls im Wechsel (die vier Freunde singen zunächst allein, dann wiederholt die Gemeinde) vorgetragen werden.

** Wir kommen und fragen

T u. M: Rolf Krenzer

** Ihr Freunde, laßt euch sagen

T: Rolf Krenzer
M: Ludger Edelkötter

2. Ihr Freunde, laßt euch sagen:
   Er hat das Kreuz getragen.
   Uns ist das Herz so schwer,
   und er ist unser Herr.

3. Ihr Freunde, laßt euch sagen:
   Er war ans Kreuz geschlagen.
   Das Kreuz war hart und schwer,
   und er ist unser Herr.

4. Ihr Freunde, laßt euch sagen:
   Er hat den Tod ertragen.
   Uns ist das Herz so schwer,
   und er ist unser Herr.

5. Ihr Freunde, laßt euch sagen:
   Er hat den Tod geschlagen.
   Den Tod besiegte er.
   So stark ist unser Herr!

Zum Schluß des Spiels kann auch das Lied „Laßt die Glocken hell erklingen" (Kapitel 5) von allen Spielern (und der Gemeinde) gesungen werden.

Praktische Vorbereitungen:

Die einzelnen Stationen der Leidensgeschichte werden durch das Erzählen, durch das Betrachten von Bildern nach und nach verdeutlicht. Das Spiel greift die wichtigen Stationen auf. Wenn das Lied bekannt ist, kann es immer wieder eingesetzt werden, um einzelne Mitspieler zu spontanen Dialogen anzuregen. Weitere Szenen können hinzukommen. Die hier gegebene Textform stellt nur *eine* Möglichkeit der Gestaltung dar, die je nach den Interessen der Spieler weiter gestaltet, gekürzt oder variiert werden kann.

Spieltext:

Vier Leute (Männer oder Frauen, Kinder und Erwachsene oder zwei Männer und zwei Frauen), die Jesus suchen, gehen langsam über die Bühne.

Alle: Wir kommen und fragen:
Was ist nur geschehn?
Könnt ihr es uns sagen?
Habt ihr ihn gesehn?
Was ist nur geschehn?
Habt ihr ihn gesehn?

1. Mann: Bleibt stehn! Jetzt sind wir in Jerusalem.

2. Mann: Hierhin ist Jesus gegangen.

3. Mann: Hier in der Stadt muß er sein.

4. Mann: Hier müssen wir ihn finden.

1. Mann: Dort drüben steht eine Frau. Die wollen wir fragen.

Alle: Wir kommen und fragen ...

Sie gehen auf die Frau zu.

2. Mann: Hast du Jesus gesehen?

Frau: Ja, ich habe ihn gesehen! Er ist auf einem Esel in die Stadt geritten. Alle haben ihm zugejubelt. Alle haben sich gefreut.

3. Mann: Dann werden wir ihn finden.

4. Mann: Wohin ist er geritten?

Frau: Fragt nicht weiter! Schreckliches ist geschehen! Dort drüben in dem Haus wohnt einer. Der hat ihn gut gekannt. Geht zu ihm und fragt.

Sie schlägt die Hände vor das Gesicht.

1. Mann: Warum will sie uns nichts mehr sagen?
2. Mann: Wir wollen zu dem Haus gehen.

Sie gehen zu dem Haus und klopfen an.

Alle: Wir kommen und fragen …

Jünger kommt vorsichtig heraus, schaut sich nach allen Seiten um.

Jünger: Pst! Seid still! Kommt herein!

Er zieht sie in sein Haus.

3. Mann: Hast du Jesus gesehen?
4. Mann: Was ist geschehen?
Jünger: Er hat uns zu einem Essen eingeladen. Wir haben zusammen gegessen und getrunken. Dann hat er gebetet.
1. Mann: Und dann?
Jünger: Einer hat ihn verraten!
2. Mann: Wo ist Jesus?
Jünger: Paßt auf, da kommt jemand! Schnell, wir müssen uns verstecken.

Jünger läuft davon.

Zwei Handwerker kommen über die Bühne.

Die vier Leute öffnen die Tür und gehen hinaus. Sie halten die Handwerker an.

3. Mann: Entschuldigt bitte. Wir suchen einen Freund!
Alle: Wir kommen und fragen …
1. Handwerker: Sagt ja nicht, daß ihr seine Freunde seid!
2. Handwerker: Wenn sie euch fangen, werden sie euch auch in das Gefängnis werfen!
1. Handwerker: Sie werden euch schlagen!
2. Handwerker: Sie werden euch foltern!
3. Mann: Warum sollten sie das tun?
1. Handwerker: Das haben sie mit ihm auch getan!
2. Handwerker: Sie haben ihn gefangengenommen.
4. Mann: Gefoltert?
1. Handwerker: Sie haben ihm eine Krone aufgesetzt. Eine Krone aus Dornen!
2. Handwerker: Er hat geblutet.
1. Handwerker: Sie haben ihn angespuckt.
1. Mann: Wo ist Jesus jetzt?

2. Mann: Wo ist unser Freund?
1. Handwerker: Seid doch nicht so dumm! Sprecht nicht so laut!
2. Handwerker: Ich sage nichts mehr! Ich will damit nichts zu tun haben!
1. Handwerker: Komm, gehen wir weiter!
2. Handwerker: Seht ihr dort drüben die Frau? Sie ist bis zum Schluß dabeigewesen! Ich war nicht dort. Ich kann kein Blut sehen!
1. Handwerker: Fragt die Frau!

Handwerker gehen.

Die Freunde gehen langsam weiter.

Alle: Wir kommen und fragen ...
Frau: Ja, es ist geschehen!
Sie haben ein Kreuz aufgestellt. Ein großes Holzkreuz. So groß und mächtig, daß sie ihn dort aufhängen konnten. Sie haben ihn mit Nägeln an das Kreuz angenagelt.
3. Mann: Sie haben ihn getötet?
Frau: Da waren noch zwei Verbrecher. Die sind auch am Kreuz gestorben.
4. Mann: Hat Jesus noch etwas gesagt?
1. Mann: Einen Gruß?
2. Mann: Er ist doch viel mächtiger als sie alle! Warum hat er sich das gefallen lassen?
3. Mann: Er hat doch allen geholfen. Warum hat er sich nicht selbst befreit?
Frau: Er sagte: Vater, vergib ihnen! Sie wissen nicht, was sie tun!
4. Mann: Gestorben! Am Kreuz gestorben!
1. Mann: Wir sind zu spät gekommen!
2. Mann: Wir können ihn nicht mehr finden!
Frau: Kommt mit!
3. Mann: Was sollen wir noch hier?
4. Mann: Jesus ist tot.
Frau: Kommt mit!
1. Mann: Wohin?
Frau: Zu Freunden! Hört, was sie euch zu sagen haben! Kommt mit.

Sie führt die Freunde über die Bühne bis zu einem Kreis, wo viele Menschen versammelt sind.

Jünger:	Kommt zu uns!
2. Jünger:	Ihr habt nach Jesus gefragt?
2. Mann:	Wir haben ihn gesucht. Aber er ist tot!
1. Jünger:	Er ist nicht tot!

Die Freunde deuten auf die Frau.

3. Mann:	Sie hat es gesagt!
2. Jünger:	Sie hatte recht!
1. Jünger:	Sie haben ihn in ein Grab gelegt. Aber dann …
3. Mann:	Was war dann?
1. Jünger:	Er blieb nicht im Grab!
2. Jünger:	Er ist vom Tod auferstanden!
1. Jünger:	Er war stärker als der Tod.
2. Jünger:	Er ist nicht mehr tot!
4. Mann:	Er ist nicht mehr tot?
1. Mann:	Er lebt?
1. Jünger:	Ja, er lebt!
2. Jünger:	Wir haben ihn gesehen!
3. Mann:	Wo ist er? Wir wollen zu ihm!
1. Jünger:	Er ist nicht mehr hier!
2. Jünger:	Er ist bei Gott. Er ist bei seinem Vater!
1. Jünger:	Aber er hat gesagt: Ich bin immer bei euch!
1. Mann:	Erzählt uns von ihm!
2. Mann:	Erzählt uns mehr von ihm.
3. Mann:	Wir wissen so wenig!
4. Mann:	Aber er hat gesagt: Ich bin immer bei euch!
1. Jünger:	Ja, immer. Heute, morgen, übermorgen … immer!

Alle stehen auf und singen:
„Ihr Freunde, laßt euch sagen“
oder:
„Laßt die Glocken hell erklingen“.

Rolf Krenzer

Nach dem „Osterspiel“ in Rolf Krenzer: Wir spielen Theater, Band II, Edition Kemper im Verlag Ernst Kaufmann, Lahr. Textrechte beim Autor.

** Der Opa lächelt

Plötzlich und unvermittelt werden Kinder und Enkelkinder mit dem Tod des Großvaters konfrontiert. Die Enkelkinder nehmen Abschied am offenen Sarg.

Tod; Trost; Ostergeschichte: Jesus ist vom Tod auferstanden; Wissen um das Leben nach dem Tod; ewiges Leben; Glaube; Christus hat dem Tod die Macht genommen und ein ewiges, unvergängliches Leben gebracht.

Ulrike und Christine freuten sich sehr auf die großen Ferien. Beate, ihre Cousine aus Stuttgart, möchte in Köln ihre Ferien verbringen. Lange, bevor Beate kam, wurden mit der Mutter Pläne gemacht. Sie überlegten, was alles unternommen werden sollte.
„An einem Tag müssen wir unbedingt in den Märchenwald“, schlug Ulrike vor.
„Ja, und wenn es schön warm ist, gehen wir in unser neues Schwimmbad“, meinte Christine. Tag für Tag planten die Mädchen etwas anderes.

Nun war es soweit. Freitag nachmittag kam der Zug um 14.00 Uhr auf dem Kölner Hauptbahnhof an. Ulrike und Christine warteten mit Papa auf ihre Cousine.
Beate stand schon auf dem Bahnsteig. Es war ihre erste Zugfahrt ganz allein. Fünf Stunden mit dem D-Zug von Stuttgart nach Köln, alles war sehr aufregend. Die Mädchen hatten sich nun viel zu erzählen.
Bei Tante Sigrid telefonierte Beate gleich mit ihrer Mutter. Sie war ganz stolz, daß alles so gut geklappt hat. Onkel Manfred habe sie mit Ulrike und Christine abgeholt, und alles sei wunderschön.

Tante Sigrid ist die Schwester von Beates Mutter. Sie ist als einzige von der Familie aus dem kleinen Dorf in der Nähe von Stuttgart weggezogen. Alle waren damals sehr traurig, nur die Kinder nicht. Sie hatten jetzt wenigstens Gelegenheit, die Ferien bei der Tante in Köln zu verbringen.
Beim Kaffeetrinken wurden nun die gemeinsamen Ferienpläne besprochen.
„Am Sonntag ist bei uns in der Kirche Gemeindefest", sagte die Tante. „Morgens ist erst ein Gottesdienst, anschließend rund um die Kirche das Fest. Es gibt als Mittagessen Erbsensuppe aus der Gulaschkanone. Dann eine Cafeteria, viel Kuchen und eine große Tombola mit vielen schönen Gewinnen. Den ganzen Nachmittag werden noch viele schöne Spiele gemacht." Alle jubelten; jeder wollte mitgehen. „Ich möchte viele Lose kaufen! Ich möchte den Hauptgewinn!" rief der kleine Joachim.
Der Sonntag kam. Es war ein schöner Tag. Durch die Hitze und das Spielen waren die Kinder recht müde, sie gingen zu Hause gleich ins Bett. Der Montag war genauso heiß, deshalb wurde beschlossen, den ganzen Tag ins Freibad zu gehen.
Am Abend saß die Familie gerade beim Abendessen, als das Telefon klingelte. Es war Beates Mutter. Ganz traurig und weinend sagte sie: „Heute abend ist unser Vater gestorben." Das war ein Schock. Niemand hatte damit gerechnet. Er hatte einen Hirnschlag bekommen.
„Was ist passiert?" riefen die Kinder ganz aufgeregt durcheinander. „Opa ist tot, er ist heute abend gestorben", sagte die Mutter. Alle weinten. „Unser Opa! Jetzt haben wir keinen Opa mehr!"
Die Eltern besprachen, was nun zu tun ist. „Am besten ist es", sagt der Vater zur Mutter, „du fährst mit den Kindern morgen früh mit dem Zug nach Stuttgart, und ich komme übermorgen mit dem Auto nach." Alles wurde noch am Abend gepackt. Am andern Morgen um 9.19 Uhr fuhr der Zug ab. Es war eine traurige Fahrt. Die Kinder wollten viel über das Sterben wissen. Manches Mal wußte die Mutter selbst keine Antwort. Sie erzählte aber den Kindern: „Alle Menschen, die auf der Erde leben, müssen irgendwann einmal sterben. Wann das sein wird, weiß niemand, das weiß nur Gott. Wir dürfen aber täglich im Gebet Gott bitten, daß er uns zu sich in ein ewiges Leben nimmt, wenn wir einmal sterben. Wie es da sein wird, das weiß auch niemand. Eines aber wissen wir, Jesus ist am dritten Tag nach seinem Tod am Kreuz wieder auferstanden. In der Bibel steht auch: Jesus hat dem Tod die Macht genommen und ein unvergängliches Leben gebracht. Das dürfen wir glauben. Vieles verstehen auch wir Erwachsenen nicht. Weil wir aber Christen sind, deshalb glauben wir daran!"
Der schwerste Tag aber kam erst noch: die Beerdigung. In Süddeutschland ist es üblich, den Sarg bis kurz vor der Beerdigung offen zu lassen, damit

alle Verwandten und Freunde sich von dem Verstorbenen am offenen Sarg verabschieden können. Ulrike und Christine haben die Eltern auch gefragt: „Dürfen wir unsern Opa noch mal sehen?“ Die Eltern sagten, sie wollten erst einmal alleine zum Friedhof gehen und dem Opa „Auf Wiedersehen“ sagen. Dann erst wollten sie entscheiden, ob sie auch noch einmal den Opa sehen dürften. Die Eltern gingen zum Friedhof, Opa lag so friedlich in dem Sarg, als ob er in einem schönen weißen Bett schlafen würde. Die Eltern beschlossen, sie wollten mit den Kindern gemeinsam zum letzten Mal Opa „Auf Wiedersehen“ sagen.
Noch nie kamen die Kinder so nah mit dem Tod in Berührung. Die ganze Familie stand um den Sarg. Plötzlich sagte Ulrike: „Mama, der Opa lächelt ja! Der freut sich jetzt!“
Niemand konnte noch etwas sagen, aber mit einem Mal erkannten es alle: der Opa lächelt.

Sigrid Kling

Der Text kann ebenfalls am Totensonntag eingebracht werden. Er ist hier aufgenommen, weil gerade Kinder erfahren können, daß der Tod, der für alle so überraschend und schrecklich erscheint, im Gesicht des Großvaters ein Lächeln gezeichnet hat. Da ist keine Angst vor dem Tod, sondern Zuversicht und Hoffnung.

Gesprächsimpuls:

Als er starb, hat der Großvater gelächelt. Warum kann er gelächelt haben? Mögliche Antworten: Keine Schmerzen, Zufriedenheit; er hat den Tod erwartet; er ist sich sicher, daß der Tod nicht das Ende ist, sondern daß danach das Leben mit Christus kommen wird. Hinweis auf die Ostergeschichte. Frage: Warum brauchen Christen keine Angst vor dem Sterben zu haben?

** Michaels Beet

Michael hat Tulpenzwiebeln in seinem Beet gesteckt und wartet sehnsüchtig darauf, daß sie bald blühen.
Doch die Tulpen kommen nicht aus der Erde heraus, dafür aber kommt kräftiger Löwenzahn.

Frühling, Ostern; Freude an Gottes Schöpfung; Unkraut im Garten; Freude über eine Pflanze, die sonst als Unkraut herausgerissen wird.

Michael hat im Herbst ein eigenes Beet im Garten bekommen. Er hat es fleißig umgegraben und gehackt. Er hat sorgfältig alles Unkraut ausgezogen und schließlich Tulpenzwiebeln in die Erde gesteckt: Drei rote und drei gelbe. Der Winter kam und ging. Der Schnee schmolz, und jetzt scheint schon den ganzen Tag die Frühlingssonne warm vom Himmel. Und Michael? Klar, der wartet jetzt natürlich darauf, daß seine Tulpen die ersten Spitzen aus der Erde stecken. Jeden Tag geht er zu seinem Beet und hält Ausschau nach dem ersten Grün. Aber jeden Tag wird sein Gesicht länger, denn es will und will nichts Grünes kommen. Dafür entdeckt er merkwürdige Löcher im Boden.

„Ich glaube, daß den Mäusen deine Tulpenzwiebeln gut geschmeckt haben", meint Klaus.
„Ach was", sagt Michael, „man muß nur Geduld haben."
Und eines Tages entdeckt er tatsächlich etwas Grünes auf seinem Beet! Ganz entzückt betrachtet Michael das Blättchen, das in der dunklen Erde so zart und zerbrechlich aussieht.
„Klaus!" ruft er begeistert, „Klaus, schau doch nur, die erste Tulpe ist da!"
Aber Klaus meint ungerührt: „Tulpe? Du, ich glaube, das ist ganz gewöhnliches Unkraut."
Michael ist ganz empört. „Unkraut? Nichts da! Erstens ist es eine Tulpe und zweitens ist es kein Unkraut. So!"
„Wie du meinst", entgegnete Klaus. „Du wirst es schon sehen. Und was die Mäuse betrifft, sehen sie gut ernährt aus in diesem Jahr."
„Ach, laß mich mit deinen Mäusen in Ruhe!" sagt Michael ärgerlich. Daß Klaus ihm alles vermiesen muß! Unkraut! Wo er doch im Herbst jedes Hälmchen ausgerissen hat! Es können doch noch Tulpen werden.

Und Michaels Tulpe wächst. Nach einer Woche hat sie schon fünf Blätter. Und, welche Freude, daneben ist noch eine aufgegangen. Die hat schon drei Blättchen. Nur, merkwürdig genug, alle Blätter haben seltsame Zacken am Rand. Sollte das eine ganz neue Tulpensorte sein? Nach einiger Zeit hebt sich ein kräftiger Stiel mit einer Knospe hervor. Hurra, Michaels Tulpen haben Knospen! Und endlich, am Sonntag, wie zu einem Fest, geht die erste Blüte auf: Ein strahlend gelber Blütenstern öffnet sich. „Aber das ist doch ...", sagt Michael überrascht, „das ist doch eine Butterblume! Das ist doch ein Löwenzahn!" Er ist ganz verdattert. Klaus lacht. „Sagte ich nicht gleich, daß es Unkraut wird?"
„Aber woher kommt denn das?" fragt Michael erstaunt. „Ich habe im Herbst doch wirklich alles ausgerissen!"
„Ach du liebe Zeit", sagte Klaus, „du weißt wohl nicht, daß es Samen gibt? Auf dein Beet ist eben Löwenzahnsamen gefallen, ohne daß du es gemerkt

hast. Und deine Tulpen haben wirklich die Mäuse gefressen. Die müßten doch längst herausgekommen sein. Glaubst du mir jetzt?"
„Das muß ich ja wohl", antwortete Michael kleinlaut. Doch dann strahlte er wieder: „Aber es ist doch gut, daß die Mäuse den Löwenzahn nicht mochten. Sonst hätte ich überhaupt nichts auf meinem Beet. Blüht er denn nicht wunderbar?"

Gisela Schütz

Es kommt ganz anders, als Michael erwartet hat: Die Tulpen blühen nicht, dafür aber kräftiger Löwenzahn. Aber gerade das „Unkraut" wird für Michael zur Freude, weil es auf seinem Beet wächst. Er nimmt Beziehung zu diesem Unkraut auf, beginnt, den Löwenzahn zu lieben, sorgt sich um ihn. Vergleich zu Saint Exupéry: Der kleine Prinz (Karl Rauch Verlag, Düsseldorf): „Man sieht nur mit dem Herzen gut."
Der Text kann auch in die Nähe eines Gleichnisses gebracht werden: Gott hat alle Pflanzen geschaffen, sorgt sich um alle. Die Unterscheidung nach nützlichen und weniger nützlichen Pflanzen wurde von den Menschen getroffen. Der Mensch aber kann irren. In Noahs Arche wurden alle Tiere gerettet ohne Unterschied, weil Gott alle geschaffen hat.

Anregung:

Mit verschiedenen Techniken große Blumenwiese, einzelne Blumen, Lieblingsblumen usw. malen.

*** Das Osterpaket

Katrin hat sich über die Ostereier hergemacht, die eigentlich von der Oma für alle bestimmt waren. Sie wird von Tante Martha durchschaut. Aber Tante Martha hat Verständnis für Katrin.

Freude auf Ostereier; etwas heimlich nehmen; sich aussprechen können mit anderen; verständnisvolle Erwachsene; aber auch: sich selbst etwas vormachen, sich selbst belügen ... und dann Gott um ein Wunder, um Hilfe bitte.

Sie saßen alle am großen Eßzimmertisch. Katrin, Mama, Papa, ihr großer Bruder und die alte Tante Martha. Katrin stocherte mit der Gabel in dem Fisch auf ihrem Teller herum.

„Fisch, igitt!" knurrte der Bruder. Katrin sagte lieber nichts. Tante Martha sah streng, ja vorwurfsvoll auf die große Fischplatte. Mutter bekam rote Wangen und reichte der Tante schnell die Sauce. Vater lachte. Das fand Katrin vielleicht komisch! Aber heute wagte sie nicht nachzufragen, worüber Papa immer wieder lachen mußte. Seine Augen blitzten, und er blinzelte Katrin schelmisch zu. Da sah sie lieber ganz schnell weg und zwang sich, einen Bissen zu essen. Mama sagte erstaunt: „Schmeckt es dir auch nicht, Kati? Du ißt doch sonst so gerne Fisch." Katrin blieb fast der Bissen im Halse stecken.
„Doch", murmelte sie, und ihr wurde dabei von den Zehenspitzen bis zum schwarzen Pferdeschwanz heiß – sehr heiß! Die Mutter schüttelte den Kopf, und Tante Martha sah weiter streng auf die Fischplatte.
„Diese Gräten!" schimpfte der Bruder, und Vater lachte schon wieder. Katrin hatte ein Gefühl, als ob sie – aber nein, sie *mußte* den Teller leeressen. Mama bemerkte auch nichts und erzählte irgend etwas. Doch dann sagte sie laut – sehr laut, so empfand Katrin es:
„Seltsam! Großmutter hat gar nicht geschrieben. Sonst schickt sie ihre Pakete doch immer so zeitig ab ..."
Katrin erschien es, als schauten sie alle an. Oh, wie schuldbeladen, wie elend sie sich fühlte, und wie der Magen drückte! Mutters Bemerkung lag wie ein Echo über dem Raum: „Paket ...!"
Da warf ihr Bruder die Gabel auf den Teller, daß es nur so klirrte: „Karfreitag. Ostereier wär'n mir echt lieber!" murrte er, und Katrin sackte stumm und klein in sich zusammen.
Papa fing sie auf und trug sie hinauf ins Kinderzimmer. Mama kam aufgeregt hinterhergelaufen. Aber Katrin war alles egal. Am liebsten hätte sie niemals wieder die Augen geöffnet und wäre nur still auf ihrem Bett liegengeblieben – für immer! Oder doch wenigstens bis Ostern, dann würde ja doch alles ans Licht kommen. Die ganze schreckliche Wahrheit! Das mit dem Osterpaket von Großmutter.*
Der Karfreitag schien endlos lang. Aber Katrin sagte nichts, lieber sollten die Eltern glauben, sie sei krank! Gegen Abend dachte sie sogar: „Ich bin das nicht gewesen. Ich habe es nicht geöffnet, ich habe nichts gegessen, ich habe den Rest nicht versteckt! Das Paket von Großmutter – lieber Gott, laß es morgen kommen!"**
Tante Martha wollte über Ostern bleiben, und Katrin hörte sie nebenan sprechen. Dann kam sie in Katrins Zimmer. „Kati?" fragte ihre alte Stimme. Wie freundlich sie Katrin ansah, und Katrin fühlte sich wieder ganz elend. „Geht's besser?" fragte die Tante. Sie setzte sich. „Oh", sagte sie und lächelte von weither, „ich kann mich erinnern, als kleines Mädchen hörte ich gerne Geschichten. Soll ich dir eine wahre Karfreitags-Geschichte

aus meiner und deiner Großmutter Kindheit erzählen?" Katrin sah sie nur mit großen Augen an, und Tante Martha erzählte eine lange Geschichte. Am Ende sagte sie: „... Ich kann dir sagen, Kati, unserem Bruder war schlecht!" Sie lächelte und fuhr fort: „Den ganzen Karfreitag lag er zu Bett, jammerte und alle dachten, es wäre der Fisch gewesen ... Aber wer kann auch so viele Ostereier auf einmal vertragen? Sag' selbst! Aber unsere Mutter hat gar nicht geschimpft, als sie es dann am Samstag entdeckte. Er war ja gar nicht krank, er hatte nur den Vorrat an Ostereiern verspeist, heimlich, meine ich. Wirklich, Mutter hat nicht geschimpft ..."
„Nein?" flüsterte Katrin.
„Nein", sagte sie nur.
„Warum nicht, eh ..., wenn er doch gestohlen hat?" forschte Katrin, und ein Hoffnungslicht flackerte auf. Aber Tante Martha war schon aus dem Zimmer gegangen.***
Am nächsten Tag, dem Karsamstag, hörte Katrin ein großes Gepolter auf der Diele und die Haustür schlug zu. Tante Martha schleppte ein großes Osterpaket und rief:
„Das Paket!" Dabei lachte sie immerzu, und Mutter schüttelte immer wieder den Kopf.

Heike Hagenmaier

Das Verhalten, das Katrin in diesem Text zeigt, wird beim Vorlesen von Kindern stark kritisiert. Katrin nimmt etwas, was ihr nicht gehört, beschwindelt sich selbst und bittet Gott sogar noch um ein Wunder. Die alte Tante Martha durchschaut sie und gibt ihr das auch anhand der von ihr erzählten Geschichte zu verstehen. Sie baut Katrin Brücken, die zu einer Aussprache, zur „Beichte" führen könnten. Aber auch ihr gegenüber bleibt Katrin stumm, obwohl sie sich mit der Geschichte, die Tante Martha erzählt, identifiziert. Am Ende sorgt die Tante auch noch dafür, daß vordergründig alles ungeschehen erscheint. Gerade die negative Darstellung dieser schwachen Katrin aber regt zu Gesprächen an, in denen mögliche Wege aufgezeigt werden können, in welcher Weise das, was einmal geschehen ist, ausgesprochen werden kann und welche Lösungen gefunden werden können.

Möglichkeiten:

Den Text bis * vorlesen, Fortsetzung im Rollenspiel finden (eventuell unterschiedliche Lösungen in verschiedenen Gruppen) oder im Gespräch weiterführen.
Den Text bis ** vorlesen, danach Äußerungen der Kinder abwarten.

Gesprächsimpuls:

Ist das ein Gebet? Was verlangt Katrin von Gott? Gott schickt Hilfe. Gott schickt einen Engel. Die alte und verständnisvolle Tante Martha erzählt Katrin eine Parallelgeschichte. Hier hätte Katrin alle Chancen, einem verständnisvollen Erwachsenen die ganze leidige Angelegenheit noch zu beichten, vielleicht mit ihm gemeinsam nach einer Lösung zu suchen, wobei sie sich der Unterstützung durch die Tante sicher wäre.
Auch an dieser Stelle *** kann darüber diskutiert werden, wie sich Katrin nun verhalten müßte.
Ich habe den Text unterschiedlich eingesetzt. Ich habe auch verschiedentlich darauf verzichtet, den letzten Teil ab *** vorzulesen, weil gerade vor diesem Teil so gute Lösungsvorschläge aufgezeigt wurden, daß die Gefahr bestand, vieles wieder durch den letzten Teil wegzunehmen.
Wenn der letzte Teil aber auch vorgelesen wird, dann muß auch darüber gesprochen werden, ob sich Tante Martha richtig verhält, ob sie mit ihrem Entgegenkommen nicht Katrin geradezu verführt, jetzt einfach Gras über die Sache wachsen zu lassen ..., oder ob sie Katrin mit ihrem Handeln beschämt, so daß doch noch die Aussprache, das Eingestehen erfolgen kann.
Gerade wegen seiner vielseitig auslegbaren Problematik bietet dieser Text Schwierigkeiten, aber auch zahlreiche Impulse für zum Teil heftig und emotional geführte Diskussionen und zu weiterführenden Gesprächen, die den einzelnen Gesprächsteilnehmer über seine eigene Situation und sein eigenes Handeln in unangenehmen Situationen nachdenken lassen und weiter beschäftigen. Ich habe erfahren, daß Kinder immer wieder auf diese Geschichte zurückkamen, weil hier eben alles anders passiert, als man es eigentlich erwartete, und weil Katrin nicht in das Schuld-und-Strafe-Schema hineinpaßt, aber auch von sich aus keinen ihr möglichen Weg findet, der sie aus ihrer unseligen Situation führen könnte.

** Ein gewisser Osterhase

Der körperbehinderte Ralf kann mit seinem Rollstuhl keine Ostereier suchen. Aber seine Eltern haben einen Weg gefunden, der ihm auch echte Freude beim Ostereiersuchen schenkt.

Zusammenleben mit anderen; Verständnis für einen Jungen, der das nicht kann, was andere können; gutes Umgehen miteinander; aus Liebe kreativ werden und nach neuen Möglichkeiten suchen; Spiel mit der märchenhaften Figur des Osterhasen.

Wenn die anderen Kinder Ostereier suchen, wenn sie durch den Garten und über die Wiese rennen, kann Ralf nicht mittun. Er sitzt den ganzen Tag

im Rollstuhl. Nur manchmal wird er herausgenommen. Wenn er zur Toilette muß, wenn er auf der weichen Couch liegen will oder wenn es ihm stinkt.
Aber Ostern ist auch ein ganz besonderes Fest für Ralf.
Am Samstag werden nämlich seine Geschwister abends schon früh ins Bett geschickt. Nur Ralf darf noch aufbleiben.
Und gemeinsam mit seinen Eltern färbt Ralf Ostereier für seine Geschwister.
Wenn einmal ein Ei platzt, dann darf Ralf es schon vor Ostern essen.
Wenn dann die Kinder am Ostersonntag Ostereier suchen, sitzt Ralf in seinem Rollstuhl vor der Veranda und freut sich. Er hat nämlich dem Vater ganz genau gesagt, wo er die Eier verstecken soll.
„Hast du vielleicht den Osterhasen gesehen?" fragt Tini, seine kleine Schwester.
Ralf muß so lachen, daß er nicht sprechen kann.
„Wir haben beide den Osterhasen gesehen!" sagt die Mutter und blinzelt Ralf zu.
„Habt ihr die Eier so bunt bemalt?" fragt Knut.
„Nein!" sagt Vater. „Das war ein gewisser Osterhase!"
Da muß Ralf noch mehr lachen.

Rolf Krenzer

Aus: Rolf Krenzer: Und darum muß ich für dich sprechen, Georg Bitter Verlag, Recklinghausen 1981.

Die Eltern haben eine Möglichkeit gefunden, Ralf auf eine ihm mögliche Weise am Ostereiersuchen zu beteiligen. Sie spielen mit ihm ein Spiel, teilen mit ihm ein Geheimnis, das sie miteinander verbindet und Ralf das Gefühl des Ernstgenommenwerdens vermittelt
Irgendwann einmal werden die jüngeren Geschwister dahinterkommen, vielleicht weiter mitspielen oder ...?

Anregung:

Überlegen, wie man alle an etwas teilnehmen lassen kann, was einem selbst Freude bereitet, auch wenn sie anders sind als man selbst, kleiner oder größer, anders sprechend, anders denkend, weniger intelligent, weniger geschickt, behindert.
Wichtig ist herauszuarbeiten, daß jeder Versuch, den anderen miteinzubeziehen, gewagt werden muß. Oft sind Dinge möglich, die einen überraschen, die man selbst nicht für möglich gehalten hat. Wenn man es aber nicht jederzeit und überall versucht, vergibt man sich und dem anderen eine Chance, ist mit schuld daran, daß der andere wieder ein Stück mehr in die Isolation gerät.

6.

Singt mit uns vor Freude

Himmelfahrt und Pfingsten

** Davids Vater war dabei

Die Pfingstgeschichte aus der Sicht eines Menschen, der sie miterlebt hat.

Apostelgeschichte 2

Damals, als Jesus auf einem Esel nach Jerusalem gekommen war, da hatten die Leute so gejubelt und geschrien, daß es David nicht länger zu Hause ausgehalten hatte. Er war auf die Straße hinausgelaufen, hatte sich einen Zweig von einem Baum abgerissen und hatte dem Mann zugewinkt, von dem so viele sagten, daß er der neue König wäre.
O weh, wie hatte Davids Vater damals geschimpft! Wenn die Mutter nicht dazwischengetreten wäre, hätte David auch noch Prügel bezogen.
Nein, Davids Vater wollte nichts von diesem Jesus wissen. Er hielt ihn für einen Angeber und für eine falschen Propheten, weil er sich nicht an die Gesetze hielt, die jeder zu befolgen hatte. Ja, nach seiner Meinung hatte dieser Jesus sogar gegen Gott gesündigt, weil er sich als Gottes Sohn ausgegeben hatte. Als Jesus dann später gekreuzigt wurde, meinte Davids Vater, es sei ihm nur recht geschehen.
Aber als die Freunde dieses Mannes nach seinem Tod auch noch behaupteten, er wäre aus dem Grab wieder auferstanden, da hielt Davids Vater diese Leute für Narren. Er konnte es nicht verstehen, daß erwachsene Menschen solche unsinnigen Dinge auch noch weiterverbreiteten.
Und jetzt waren die Straßen in Jerusalem wieder voller Menschen. Sie waren zum Pfingstfest in die Hauptstadt gekommen. Aber viele, sehr viele wollten sich treffen, um mit den Freunden dieses Jesus zu sprechen. Wie ein Lauffeuer hatte es sich in der letzten Zeit herumgesprochen, daß Jesus nach seinem Tod vielen Jüngern begegnet und dann gar in den Himmel zu Gott gegangen sei.
„Das ist ungeheuerlich!" schimpfte Davids Vater.
Deshalb ging er auch zu diesem Treffen. Er wollte sich selbst ein Bild von dieser Sache machen und die Narren erleben, die immer noch keine Ruhe gaben.
Am Morgen hatte er noch laut über all das geschimpft, was in dieser schlimmen Zeit geschah. David wagte nicht, ihm zu widersprechen. David hatte nämlich einen ganz anderen Eindruck von Jesus, den er damals auf dem Esel gesehen und dem er mit seinem Zweig zugewinkt hatte.
Der Vater blieb lange fort. So lange, daß David schon fürchtete, vor seiner Heimkehr ins Bett geschickt zu werden.
Als er dann endlich kam, kannte David seinen Vater fast nicht mehr wieder. Er polterte nicht, schimpfte nicht einmal, daß David noch nicht im

Bett war. Nein, er ging auf seinen kleinen Jungen zu, nahm ihn auf seinen Arm und erzählte ihm und seinen Geschwistern, was er an diesem Tag erlebt hatte. Als die Mutter ihm das Essen hinstellen wollte, wehrte er ab. So setzte sich auch die Mutter dazu.
„Ich habe von diesem Jesus nichts gehalten!" sagte der Vater und räusperte sich. „Aber was heute geschehen ist, hat mich verändert. Das ist nicht wahr, würde ich sagen. Das kann nicht wahr sein! würde ich meinen, wenn ich es nicht besser wüßte. Ja, es ist wahr! Ich war selbst dabei!"
„Was ist geschehen?" fragten die Kinder und blickten ihren Vater mit großen Augen an. So hatten sie ihn noch nie erlebt. Er war so aufgeregt und gleichzeitig so ruhig. Es war so, als wollte er eine unermeßliche Freude, die er in sich trug, ihnen vermitteln.
„Ich bin dort gewesen, wo sie sich getroffen haben", berichtete der Vater. „Christen nennen sie sich. Christen nach ihrem Herrn, den sie Jesus Christus nennen. Christus ist der, der mit wertvollen Ölen zum König gesalbt wird."
„Deshalb sprechen sie auch von ihrem König!" meinte Davids Mutter und nickte David zu.
„Ja, wegen dieses Königs sind viele Leute nach Jerusalem gekommen", berichtete der Vater. "Sie wollten mehr von ihm erfahren. Da waren Leute aus Rom und aus Ägypten, aus Griechenland und noch weiter her. Ich habe meinen Augen nicht getraut. So viele Leute waren da. Sie sprachen in allen Sprachen. Es waren so viele Leute, daß sie kaum genug Platz für alle in dem Haus hatten, in dem sie sich versammelten. Zunächst blieb ich vor dem Haus stehen. Ich war mir nicht sicher, ob ich wirklich hineingehen sollte. Aber dann geschah etwas, was ich noch nie in meinem Leben erlebt habe. Plötzlich kam so etwas wie ein Sturm auf. Ein Rauschen wie von einem gewaltigen Sturm kam vom Himmel herunter. Es rauschte in dem Haus, als würde etwas ganz Besonderes geschehen.
Ich blieb wie gelähmt stehen. Ich konnte mir nicht erklären, was das alles bedeuten sollte. Ja, ich hatte plötzlich Angst und wäre am liebsten davongelaufen. Aber da gab es kein Weglaufen mehr. Aus allen Richtungen liefen plötzlich die Leute herbei. Alle waren von dem unheimlichen und gewaltigen Rauschen aufgeschreckt worden. Sie wollten sehen, was hier geschah.
Neben mir standen ein paar vornehme Kaufleute aus Ägypten. Sie fragten mich. Aber ich konnte ihnen nicht antworten. Schließlich kann ich kein Ägyptisch.
Und dann kamen die Jünger Jesu aus dem Haus. Sie redeten laut zu uns allen, die wir vor dem Haus standen.
Sie erzählten von Jesus und daß er der König der Welt sei.

„Aber was war das Besondere?“ fragte jetzt David. „Das haben sie doch schon immer gesagt!“
„Das ist ja das Wunder“, sagte der Vater. „Da waren Römer und Ägypter, Griechen und Leute aus vielen anderen Ländern. Und alle konnten verstehen, was die Jünger sagten.“
„Aber die Jünger konnten doch nicht plötzlich alle Sprachen sprechen!“ meinte Davids Mutter zweifelnd. „Das sind doch Leute von hier aus unserem Land. Einfache Leute wie wir! Wie sollen sie da plötzlich Griechisch oder Latein gelernt haben?“
„Das ist es ja!“ rief der Vater, und seine Stimme überschlug sich fast vor Begeisterung. „Alle Leute konnten diese Jünger verstehen. Die Leute aus Rom hörten sie lateinisch sprechen. Die Leute aus Griechenland verstanden sie, weil sie griechisch sprachen. Und ägyptisch sprachen sie auch, so daß die Leute, die neben mir standen, sie sofort verstehen konnten. Allen berichteten sie von Gottes Taten und von Jesus. Sie nannten ihn wieder Gottes Sohn. Und alle Menschen, die dort versammelt waren, konnten verstehen, was sie sagten!“
Die Mutter rückte etwas von Vater ab. Sie fragte: “Du hast doch nicht getrunken? Du erzählst Dinge, die einfach nicht stimmen können!“
„Ja“, sagte der Vater nach einer Weile und nickte, „das haben wir zuerst auch gedacht. Einige von denen, die um mich herumstanden, riefen: ‚Die Leute sind ja betrunken!‘ Und viele haben laut gelacht. Aber denen ist das Lachen schnell vergangen. Da stand nämlich einer von den Freunden mitten unter uns. Ich glaube, Petrus hieß er. Und dieser Mann war bestimmt nicht betrunken. Ich habe ganz nahe bei ihm gestanden. In diesem Mann brannte ein Feuer. Er hatte etwas erlebt, was keiner geglaubt hatte. Gottes Heiliger Geist war über ihn gekommen. Nicht nur über ihn. Auch über all die anderen, die sich Christen nennen. Und dieses seltsame gewaltige Rauschen habe ich ja selbst gehört. Und dieser Petrus sprach zu uns. Er und die anderen berichteten, was sie mit Jesus erlebt hatten und was Jesus gesagt hatte. Und wir alle verstanden sie. Jeder in seiner Sprache.“
„Wie konnte das geschehen?“ fragten die Kinder ganz atemlos.
Und die Mutter wußte nicht, was sie von ihrem Mann und von all dem, was er erzählte, zu halten hatte.
„Gott selbst hat bewirkt, daß sie von allen verstanden werden konnten“, antwortete Vater leise. „Ja, Gott selbst hat das bewirkt!“
„Dann war es ein Wunder!“ flüsterte die Mutter.
„Ich würde es nicht glauben, wenn ich nicht selbst dabei gewesen wäre!“ sagte der Vater.
„Dann ist er doch der König!“ meinte David.
Da drückte ihn sein Vater ganz fest an sich.

„Nicht nur ein König!" sagte sein Vater. „Gottes Sohn!"
Im Raum war es lange Zeit ganz still. Jeder dachte darüber nach, was der Vater gesagt hatte. Jeder hatte auch bemerkt, wie sehr sich der Vater verändert hatte.
Zögernd fragte schließlich die Mutter: „Hättest du etwas dagegen, wenn ich morgen zu diesen Freunden von Jesus gehe? Ich kenne nämlich einige von früher noch. Sie sind so alt wie ich und mit mir im selben Dorf aufgewachsen."
„Wir müssen alle noch viel mehr von diesem Jesus erfahren!" antwortete der Vater. „Ich gehe mit dir." Er blickte seine Kinder der Reihe nach an und sagte dann: „Ihr dürft alle mitkommen. Jeder von uns muß mehr von diesem König erfahren, der Gottes Sohn ist."
Dann trug er den kleinen David ins Bett. Auch sein jüngster Sohn sollte morgen gut ausgeschlafen sein.

Rolf Krenzer

Der Bibeltext wird hier von einem erzählt, der dabeigewesen ist, der gezweifelt hatte und dann in das Pfingstgeschehen einbezogen wurde.

Gesprächsanregungen:

Wie wird es mit David und seiner Familie weitergehen? Was werden sie am nächsten Tag tun? Werden sie Christen?
Wie geht es am nächsten Tag überhaupt weiter?
Was wurde aus den Menschen, die hier in vielen Sprachen redeten?
Wie breitete sich diese Botschaft aus?
Wie ist es heute?
Woran erkennt man Christen?

Eigentlich ist damals die christliche Gemeinde, die Kirche entstanden. Und fast zweitausend Jahre lang wird die Botschaft, die damals die Jünger verkündeten, weitergetragen. Heute wie damals bekennen sich die Christen zu ihrem Herrn, zu Gottes Sohn. Hinweis auf das Glaubensbekenntnis und das Gebet, das Jesus uns selbst gelehrt hat.

** Pfingstlied

Die Pfingstgeschichte bildet die Grundlage dieses Liedes.

Apostelgeschichte 2,1; 4–13; Lukas 24,44–53; Matthäus 28,16–20

Wenn unsere Kirche Geburtstag hat

T: Rolf Krenzer
M: Peter Janssens

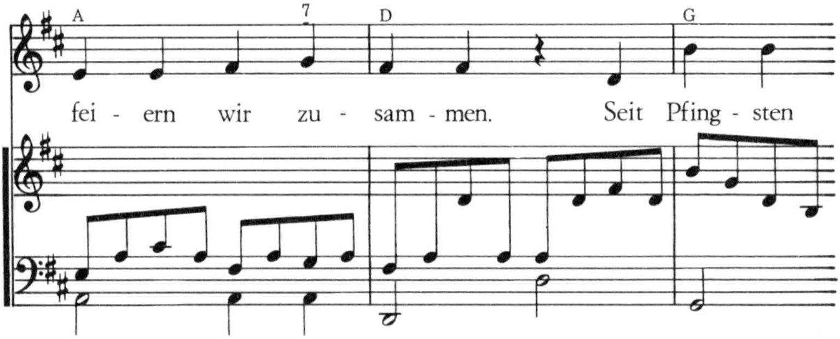

2. Weil Jesus der Christus und König ist
im Himmel und auf Erden,
gibt's Christen in der ganzen Welt,
die mit ihm leben werden.

3. Der Heilige Geist wird stets bei uns sein
von Pfingsten an bis heute
und morgen und in Ewigkeit.
Das ist der Grund der Freude.

4. Weil unsere Kirche Geburtstag hat,
drum feiern wir zusammen.
Seit Pfingsten sind wir Christen hier
und tragen seinen Namen.

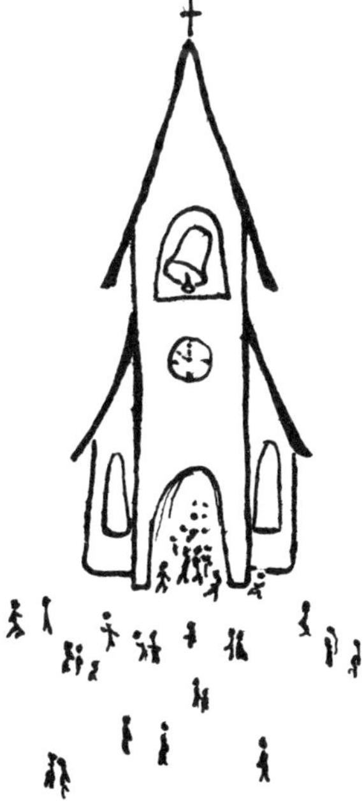

Der Geburtstag der Kirche, Pfingsten, wird in den Mittelpunkt des Liedes gestellt. Im Lied wird auch erklärt, was es für uns heißt, Christen zu sein, und warum Christen froh sein dürfen.

Arbeitsanregungen:

Wir betrachten Postkarten und Bilder von den unterschiedlichen Kirchen in den verschiedenen Ländern der Erde (hierzu auch Arbeitsblatt Pfingsten in „Erste Arbeitsblätter Religion: Das Kirchenjahr", Verlag Ernst Kaufmann, Lahr – Kösel-Verlag, München). Wir hören uns christliche Lieder aus anderen Ländern an. Wir könnnen die Sprache nicht verstehen, aber wir erfahren, daß es Lieder sind, die von Christus erzählen, die Kirchenlieder sind. Bekannte Weihnachtslieder in verschiedenen Sprachen eignen sich wegen der vertrauten Melodien besonders. Auch Spirituals, die auch bei uns in der Originalsprache oder übersetzt weit verbreitet sind, z. B. „He's got the whole world in his hands" (Er hat die ganze Welt in seiner Hand) oder „Rock my soul" (Gottes Liebe ist so wunderbar).
Zu dem Lied können wir uns alle an den Händen fassen, nebeneinander stehen oder im Kreis gehen.

* Christiane betet

Die kleine Christiane beginnt, die ersten eigenen Gebete zu formulieren.

Pfingsten; Gemeinde; Familie als Gemeinde; Dankgebet; mit Gott sprechen dürfen; Einbeziehen in den Glauben der nächsten Bezugsperson.
Matthäus 6,7–13

Jeden Abend betet die Mutter mit ihren beiden Kindern. Sie kennt einige Gebetsverse. Armin, der schon acht Jahre alt ist, kann auch bereits viele Gebetsverse auswendig. Manchmal möchte Armin auch abends einen kleinen Vers aufsagen.
Nur Christiane betet noch nicht selbst. Sie ist noch zu klein. Da kann sie nur ein paar Sätze sagen. Aber am Schluß des Gebetes, das Mutti oder Armin sprechen, sagt sie ganz laut: „Amen."
In der letzten Woche war Christiane krank. Sie mußte den ganzen Tag über im Bett bleiben. Aber heute durfte sie zum erstenmal wieder auftstehen. Natürlich mußte sie noch in der Wohnung bleiben. Aber morgen oder übermorgen vielleicht darf sie wieder nach draußen. Und draußen, findet Christiane, ist es am allerschönsten.
An diesem Abend betet die Mutter mit ihren beiden Kindern. Heute spricht sie keinen Gebetsreim. Heute dankt sie Gott mit ihren eigenen Worten. Und beide Kinder falten die Hände und hören zu, wofür ihre Mutter Gott dankt. Sie nicken dazu, denn die Mutter spricht das aus, was sie selbst gern sagen möchten.

Die Mutter faltet die Hände über Armins Händen und dankt für alles, was Armin und sie gemeinsam an diesem Tag erleben durften.
Dann faltet sie die Hände über Christianes Händen und betet, weil Christiane das noch nicht ganz allein sagen kann:
„Vielen Dank, lieber Gott, daß ich wieder gesund bin und bald wieder in den Kindergarten gehen darf. Vielen Dank für das Honigbrot und vielen Dank für die Milch. Vielen Dank für den Sonnenschein."
Sie wiederholt jeden Satz noch einmal, weil sie merkt, daß Christiane ganz genau zuhört.
Dann flüstert sie Christiane zu: „Willst du auch Gott noch etwas sagen? Vielleicht sagst du ihm dankeschön, daß du jetzt wieder fast gesund bist..."
Christiane denkt eine Weile nach. Dann lehnt sie sich ganz fest an ihre Mutter und sagt mit leiser Stimme: „Vielen Dank für die Mutti!"
„Amen!" sagt Armin, nachdem er eine ganze Zeitlang gewartet hat.

Dagmar Domina (nach einem Brief von Gerda Schulz)

Der Text regt dazu an, nicht nur bekannte Gebete zu sprechen und nicht nur mitzubeten, wenn der Erwachsene betet, sondern selbständig eigene Bitten und Dank zu formulieren.

Ziel:

Gott darf ich alles sagen. Mit Gott kann ich überall und jederzeit sprechen. Er ist immer da und hört mein Gebet an.

Anregungen:

Dankgebete, Bitt- und Fürbittgebete selbst formulieren, aufschreiben; ein Gebet aufschreiben, das von der ganzen Gruppe gemeinsam gesprochen wird.

*** Brot in deiner Hand

Der alte Bäcker teilt in seinem Bäckerladen das Brot mit den Menschen, die Kummer haben. Beim gemeinsamen Mahl versteht einer den anderen besser, kann trösten und wird getröstet.

Pfingsten; Pfingstgemeinde; Erinnerung an das Abendmahl, an die heilige Kommunion; wie Christen miteinander umgehen, miteinander leben, miteinander essen. Lukas 22,14–23; Markus 14,17–25; Matthäus 26,20–29; Johannes 13,21 bis 30; 1 Korinther 11,23–25

An der Jakobstraße in Paris liegt ein Bäckerladen; da kaufen viele hundert Menschen ihr Brot. Der Besitzer ist ein guter Bäcker. Aber nicht nur deshalb kaufen die Leute des Viertels dort gern ihr Brot. Noch mehr zieht sie der alte Bäcker an: der Vater des jungen Bäckers. Meistens ist nämlich der alte Bäcker im Laden und verkauft.

Dieser alte Bäcker ist ein spaßiger Kerl. Manche sagen: Er hat einen Tick. Aber nur manche; die meisten sagen: Er ist sehr weise, er ist menschenfreundlich. Einige sagen sogar: Er ist ein Prophet. Aber als ihm das erzählt wurde, knurrte er vor sich hin: „Dummerei ..."

Der alte Bäcker weiß, daß man Brot nicht nur zum Sattessen brauchen kann, und gerade das gefällt den Leuten. Manche erfahren das erst beim Bäcker an der Jakobstraße, zum Beispiel der Autobusfahrer Gerard, der einmal zufällig in den Brotladen an der Jakobstraße kam.

„Sie sehen bedrückt aus", sagte der alte Bäcker zum Omnibusfahrer.

„Ich habe Angst um meine kleine Tochter", antwortete der Busfahrer Gerard. „Sie ist gestern aus dem Fenster gefallen, vom zweiten Stock."

„Wie alt?" fragte der alte Bäcker.

„Vier Jahre", antwortete Gerard.

Da nahm der alte Bäcker ein Stück vom Brot, das auf dem Ladentisch lag, brach zwei Bissen ab und gab das eine Stück dem Busfahrer Gerard. „Essen Sie mit mir", sagte der alte Bäcker Gerard, „ich will an Sie und Ihre kleine Tochter denken."

Der Busfahrer Gerard hatte so etwas noch nie erlebt, aber er verstand sofort, was der alte Bäcker meinte, als er ihm das Brot in die Hand gab. Und sie aßen beide ihr Brotstück und schwiegen und dachten an das Kind im Krankenhaus.

Zuerst war der Busfahrer Gerard mit dem alten Bäcker allein. Dann kam eine Frau herein. Sie hatte auf dem nahen Markt zwei Tüten Milch geholt und wollte nun eben noch Brot kaufen. Bevor sie ihren Wunsch sagen konnte, gab ihr der alte Bäcker ein kleines Stück Weißbrot in die Hand und sagte: „Kommen Sie, essen Sie mit uns: Die Tochter dieses Herrn liegt

schwer verletzt im Krankenhaus – sie ist aus dem Fenster gestürzt. Vier Jahre ist das Kind. Der Vater soll wissen, daß wir ihn nicht allein lassen."
Und die Frau nahm das Stückchen Brot und aß mit den beiden.*
So war das oft in dem Brotladen, in dem der alte Bäcker die Kunden bediente. Aber es passierte auch anderes, über das sich die Leute noch mehr wunderten. Da gab es zum Beispiel einmal die Geschichte mit Gaston: An einem frühen Morgen wurde die Ladentür aufgerissen und ein großer Kerl stürzte herein. Er lief vor jemandem fort; das sah man sofort. Und da kam ihm der offene Bäckerladen gerade recht. Er stürzte also herein, schlug die Tür hastig hinter sich zu und schob von innen den Riegel vor.
„Was tun denn Sie da?" fragte der alte Bäcker. „Die Kunden wollen zu mir herein, um Brot zu kaufen. Machen Sie die Tür sofort wieder auf."
Der junge Mann war ganz außer Atem. Und da erschien vor dem Laden auch schon ein Mann wie ein Schwergewichtsboxer, in der Hand eine Eisenstange. Als er im Laden den jungen Kerl sah, wollte er auch hinein. Aber die Tür war verriegelt.
„Er will mich erschlagen", keuchte der junge Mann.
„Wer? Der?" fragte der Bäcker.
„Mein Vater", schrie der Junge, und er zitterte am ganzen Leibe. „Er will mich erschlagen. Er ist jähzornig. Er ist auf neunzig!"
„Das laß mich nur machen", antwortete der alte Bäcker, ging zur Tür, schob den Riegel zurück und rief dem schweren Mann zu: „Guten Morgen, Gaston! Am frühen Morgen regst du dich schon so auf? Das ist ungesund. So kannst du nicht lange leben. Komm herein, Gaston. Aber benimm dich. Laß den Jungen in Ruh! In meinem Laden wird kein Mensch umgebracht."
Der Mann mit der Eisenstange trat ein. Seinen Sohn schaute er gar nicht an. Und er war viel zu erregt, um dem Bäcker antworten zu können. Er wischte sich mit der Hand über die feuchte Stirn und schloß die Augen. Da hörte er den Bäcker sagen: „Komm, Gaston, iß ein Stück Brot; das beruhigt. Und iß es zusammen mit deinem Sohn; das versöhnt. Ich will auch ein Stück Brot essen, um euch bei der Versöhnung zu helfen." Dabei gab er jedem ein Stück Weißbrot. Und Gaston nahm das Brot, auch sein Sohn nahm das Brot. Und als sie davon aßen, sahen sie einander an, und der alte Bäcker lächelte beiden zu. Als sie das Brot gegessen hatten, sagte Gaston: „Komm, Junge, wir müssen an die Arbeit."

Heinrich A. Mertens

Aus: Heinrich A. Mertens: Brot in deiner Hand. Verlag J. Pfeiffer, München [6]1982.

Der alte Bäcker weiß, daß man Brot nicht nur zum Sattessen braucht. Er hat begriffen, warum Jesus vor seinem Tod mit seinen Jüngern das Mahl feierte. In diesem kleinen Bäckerladen an der Jakobstraße in Paris ist Tag für Tag etwas von Pfingsten zu spüren. Menschen, die sich vorher kaum kannten, teilen das Brot miteinander, essen gemeinsam, sprechen miteinander, suchen und finden einander und öffnen sich dem anderen.

Vorschlag:

Text bis * lesen.
Fragen:
Was würdest du tun, wenn dir so etwas in deinem Bäckerladen passierte?
Miteinander sprechen – miteinander essen. Gibt es da Unterschiede?
Was passiert mit dem Busfahrer? Was wird er anderen von diesem Erlebnis im Bäckerladen erzählen? Was wird die Frau berichten?
Der nach * folgende Text kann direkt angeschlossen oder in der darauffolgenden Stunde vorgelesen werden. Er setzt in jedem Fall den ersten Teil des gesamten Textes voraus.

Problemstellung:

Was hat diese Geschichte mit Pfingsten zu tun? Was erinnert uns an die Geschichte von dem letzten Abendmahl, das Jesus mit seinen Jüngern hielt? Was erinnert uns an die heilige Kommunion? Gottesdienst im Bäckerladen?

Anregungen:

Wir erinnern uns an eigene Erlebnisse, die etwas mit gemeinsamem Essen und Trinken zu tun haben; Einladung zum Mahl, zum Festmahl; Lied vom Festmahl, Kap. 4; Spiel „Willst du mein Gast beim Festmahl sein?“ und „Wir feiern heut’ ein Fest“, beide in: „Ich wünsch’ dir einen guten Tag“, Lahn-Verlag, Limburg 1983, ebenfalls auf der gleichnamigen LP und MC.
Wir malen ein Bild von dem Bäckerladen in der Jakobstraße. Der Text kann auch als Rollenspiel gestaltet werden.

* Ein Becher Wasser

Wasser, das bei uns noch im Überfluß vorhanden ist, muß in anderen Teilen der Erde sorgsam verteilt und gespart werden. Verdeutlichung an einem Beispiel aus Indien.

Vieles ist nicht selbstverständlich; sorgsames Umgehen mit Wasser, Brot usw. miteinander teilen; abgeben, ohne etwas dafür zu verlangen.

Wir brauchen nur den Kran der Wasserleitung aufzudrehen, schon haben wir Wasser.
Das Wasser läuft, solange wir wollen.
Wir können einen Becher mit Wasser füllen, einen Eimer , einen ganz großen Topf und noch viel, viel mehr.
Wasser brauchen alle Menschen zum Leben.
Aber soviel Wasser wie bei uns, gibt es nicht überall auf der Welt.
In vielen Ländern regnet es wenig.
Dort ist das Wasser so knapp, daß es eingeteilt werden muß.
Jeder bekommt täglich nur eine Ration.
Damit muß er sehr sparsam umgehen.
Einmal ging eine weiße Frau in Indien auf einer heißen trockenen Straße.
Die Frau war sehr durstig. Sie ging schon so lange in der Sonne.
Die Zunge war trocken, und ihr Hals brannte.
Sie hatte keinen Hunger, nur Durst.
Als sie zu einem Haus kam, ging sie hinein und bat: „Habt ihr etwas Wasser für mich? Ich bin so durstig!"
Der Mann im Haus meinte: "Das Wasser für heute ist fast alle. Aber ich gebe dir etwas, weil du so durstig bist."
Er reichte der Frau einen Becher, der bis zum Rand mit Wasser gefüllt war.
Die Frau trank den Becher leer und wollte das Wasser bezahlen.
Da meinte der Mann: „Wenn du Wein gewollt hättest, würde ich das Geld von dir nehmen. Doch Wasser bekommt von mir jeder, der durstig ist, solange ich selbst welches habe."

Elinor Lange und Rolf Krenzer

Vieles, was für uns selbstverständlich ist, ist für andere Mangelware.
Der Text bietet zwei Aspekte:
1. Wasser gehört zu unserem täglichen Leben. In vielen anderen Ländern muß es rationiert werden, damit jeder etwas erhält (Hinweis auf Wasserwagen, Wasserträger, die täglich das Wasser verkaufen). Besondere Not ist dann, wenn anhaltende Dürre herrscht. Freude der Menschen über den ersten Regen und damit die Gewähr, daß weiterhin die Sicherung dieses Grundbedürfnisses besteht. Auch Hinweis auf künstliche Wasserleitungen in trockenen Gebieten (z. B. Fruchtbarmachen der Wüste in Israel).
2. Wie gehen wir mit dem um, was wir jetzt noch haben? Auch bei uns muß das Wasser bezahlt werden. Die Wassergebühren sind immer höher geworden. Wasserverschwendung – Verunreinigung des Grundwassers, der Flüsse und Bäche. Was müssen wir tun, damit uns das Wasser, das wir so nötig zum Leben brauchen, erhalten bleibt?

Der Mann teilt mit der Frau das Notwendigste, was beide brauchen. Christen haben die Aufgabe, miteinander zu teilen, etwas abzugeben, ohne dafür etwas anderes zu verlangen. Dazu sind wir, wenn wir uns Christen nennen, verpflichtet, weil wir den Namen Jesu Christi tragen. Hinweis auf das Pfingstfest.

** nein

Man kann die gleichen Gegebenheiten von unterschiedlichen Standpunkten aus sehen, negativ und positiv. Gott sagt ja zu den Menschen, auch mit all ihren negativen Eigenschaften.

Zum anderen ja sagen; positives Miteinanderleben; gegen das viele Nein ein bewußtes und mitempfindendes Ja setzen; Pfingstgeschichte.

nein
nein
ja
nein, nein
nein

nein, der heiße Ofen
nein, dieser Regen
nein, diese Kälte
nein, wie schwül
nein, das gebrochene Bein
nein, das verbeulte Auto
nein, der schlaffe Luftballon
nein, das zerrissene Bilderbuch
nein, so viele Bonbons
nein, diese salzige Suppe

nein, ein Nein

Ein Nein trifft noch ein Nein.
Nein, sagt ein Nein zum anderen Nein.
Und beide lachen.
Sie sagen nur noch ja.

Ulrich Kolkmann

Der Text macht negative Sichtweisen für Kinder erfahrbar und mitvollziehbar, weil sie ihrer täglichen Umwelt und Erlebniswelt entnommen sind. Man kann

hinterfragen lassen, wer wohl die einzelnen Erfahrungen in welcher Situation gemacht hat. Eltern? Kinder?
„Nein, so viele Bonbons!“ Der Ausspruch einer Mutter, die sieht, daß ihr Kind zu viele Süßigkeiten genascht hat. Wie wird dieselbe Situation von dem Kind gesehen? Ja, so viele Bonbons!

Anregung:

Auf Zettel schreiben lassen: Was mich ärgert (NEIN) – Was mich freut (JA). Bei gleichen Situationen ergeben sich unterschiedliche Aspekte. Darüber sollte gesprochen werden.
Jesus sagt ja zu Menschen, die von anderen mit NEIN belegt werden (Zachäus, Ehebrecherin usw.). Spätestens seit Pfingsten können wir es uns nicht mehr so einfach machen und uns negativ erscheinende Menschen und Situationen mit NEIN belegen und abtun.
In dem Text trifft ein Nein ein anderes Nein. Sie sagen am Ende nur noch JA. Was können wir tun?

* Singt mit uns vor Freude

Gott liebt uns und verläßt uns nicht. Deshalb dürfen wir uns von ganzem Herzen freuen.

Christliche Gemeinschaft; Kirche; Pfingsten; immer wieder erlebbare Freude im Lied und im Tanz.

T: Rolf Krenzer
M: Siegfried Fietz

Dankt mit uns vor Freude ...

Klatscht mit uns vor Freude ...

Stampft mit uns vor Freude ...

Lacht mit uns vor Freude ...

Tanzt mit uns vor Freude ...

Wir können mit unserer Stimme, mit unseren Händen, mit dem ganzen Körper uns freuen und Gott loben und ihm danken. Die im Text gegebenen Vorschläge werden umgesetzt, wobei weitere Vorschläge der Mitspieler aufgenommen werden können. Zum Schluß halten wir uns an den Händen und tanzen im Kreis.

** Narayan feiert Pfingsten

Der kleine Narayan erfährt etwas von dem, was für Christen Pfingsten bedeutet.

Pfingstgeschichte; umgehen mit anderen, z.B. mit Ausländern.

Vor ein paar Jahren kam jeden Tag ein kleiner Junge zu mir. Vom Frühling bis zum Herbst besuchte er mich morgens nach dem Frühstück. Er war vier Jahre alt und hieß Narayan.
Narayan sollte bei mir etwas lernen, nämlich unsere deutsche Sprache. Er verstand sie nicht, weil er aus einem fernen Land kam. Seine eigenen Eltern kannte er nicht, sie waren tot. Man hatte ihn in ein Heim gebracht, bis ein Mann und eine Frau aus unserer Stadt ihn zu sich nahmen. Sie wollten ihm Eltern sein.
Manchmal blieb Narayan eine halbe Stunde bei mir, manchmal bis zum Mittagessen. Das war nämlich so: Wenn er keine Lust hatte, lernten wir nichts. Und wenn ich keine Lust hatte, lernten wir auch nichts. Aber dann gab es Tage, da machte es uns beiden Spaß, und wir wollten gar nicht wieder aufhören. Wir sahen uns Bücher an, übten Spiele oder erfanden welche.
Einmal blieb Narayan für eine ganze Woche ganz bei mir, Tag und Nacht. Es war kurz vor Pfingsten. Die Eltern mußten geschäftlich fortfahren, sehr weit sogar. Wo sollte Narayan so lange bleiben? Sollten sie ihn mitnehmen? Sie hatten unterwegs kaum Zeit, sich um ihn zu kümmern.

Zuerst sprachen Narayans Eltern mit mir. Ob der Junge so lange bei mir bleiben könnte? Meinetwegen gerne, wenn Narayan das will. Man muß ihn fragen.
Narayan war einverstanden.
Am Sonntag vor Pfingsten fuhren die Eltern fort, am zweiten Pfingsttag abends wollten sie Narayan bei mir wieder abholen.
Wir zwei hatten in der einen Woche viel zu tun. Das Wetter war endlich gut geworden, richtiges Frühlingswetter. Im Garten fing alles an zu wachsen. Wenn man mit der Hand die Erde anfaßte, merkte man, wie warm sie geworden war.
Narayan und ich nahmen Körbe und gingen zum Gärtner oder auf den Wochenmarkt. Wir kauften Blumen, lauter Blumenpflanzen. Der Garten sollte schön werden bis Pfingsten.
„Pfingsten?" fragte Narayan, „was ist das denn? Kann man das essen?" Woher sollte er auch wissen, was das ist. Nein, man kann es nicht essen, nicht sehen, nicht anfassen. „Was kann man denn damit?" Wie kann man erklären, was Pfingsten ist?
Ich sagte: „Das ist eine sehr schwere Frage. So schlau bin ich nicht, ich kann dir nicht so schnell eine Antwort geben. Laß mich nachdenken, wenn es mir einfällt, sage ich's dir."*
Wie gut, daß wir schon von Jesus Christus gesprochen hatten. Sonst hätte ich keine Lösung gefunden.
Wir arbeiteten weiter im Garten und überlegten: Wo sollten kleine Blumen wachsen und wo große? Wo sollten rote blühen und wo gelbe oder blaue? Auf dem Wochenmarkt gingen wir langsam an allen Blumenkästen vorbei und betrachteten die vielen Sorten. Narayan lernte jetzt neue Wörter. Er wußte jetzt, was eine Gießkanne ist, ein Spaten, eine Harke, ein Eimer und Torf und Mist. Er lernte, daß die Blumen leben wie wir, daß sie auch alle einen Namen haben, einen Familiennamen: Stiefmütterchen, Primeln, Vergißmeinnicht, Mauerpfeffer, Tausendschön und noch viele mehr.
Im Garten suchten wir für jede Blume den richtigen Platz. Die einen müssen in der Sonne stehen, die anderen brauchen mehr Schatten .
Wenn abends alles eingepflanzt war, spielte Narayan den Regenmann. Er führte den Gartenschlauch auf dem Weg entlang, drehte das Wasser auf und sprengte die Blumen. Ganz fein hatten wir die Düse eingestellt. Ganz feine Tropfen sprühten in die Luft. Narayan hielt das Schlauchende hoch. Dann stieg das Wasser wie Nebel erst in die Luft und wurde von der Sonne ein wenig gewärmt. Erst dann rieselten die Tropfen als Sonnenregen auf die Blumen und die Erde und auch auf Narayan. Zuletzt sah er ganz begossen aus.

Mittags saßen wir draußen auf den Gartenstühlen. Wir aßen draußen. Wir wollten doch zusehen, wie die Blumen anfangen zu wachsen und zu blühen. Ein bißchen müde waren wir auch von all dem Laufen und Schleppen und Bücken. Darum streckten wir die Beine aus und ließen uns die Sonne ins Gesicht scheinen.
Ich hatte die Augen geschlossen, schlief aber nicht. Narayan stupste mich am Arm.
„Schläfst du? "
„Nein, ich träume."
„Ich auch. Eben hab ich richtig geträumt, Mutti und Vati sind hier. Nein, ich glaube, das hab ich nicht geträumt. Sie waren richtig hier. Ich hab's gehört und gesehen. Vati und Mutti standen im Garten. Sie haben die Blumen betrachtet und haben sich gefreut. Aber jetzt sind sie nicht mehr da."
„Doch , Narayan, sie sind da."
Ich versuchte, ihm das zu erklären. „Sie sind nicht so da, daß du sie sehen und anfassen kannst an den Händen. Sie sind viel mehr da. In dir. In deinen Gedanken, in deinen Gefühlen. Du brauchst sie nicht anzufassen und festzuhalten. Sie sind ganz fest bei dir."
Ja, und dann fiel mir ein, wie ich erklären konnte, was Pfingsten ist. „Wenn du jemanden lieb hast, wenn du möchtest, daß er bei dir ist, dann hast du Heimweh, Sehnsucht. Du denkst mit allen Gedanken, wäre der andere doch bei mir. So wünschst du dir deine Eltern hierher. Darum sind sie bei dir.
Das ist wie Pfingsten. Pfingsten ist lange her. Zweitausend Jahre. Damals trafen sich ein paar Männer. Sie hatten ihren liebsten Freund verloren, Jesus Christus. Er war gestorben. Pfingsten dachten sie so sehr an ihn, so wie du an Mutti und Vati. Dann erging es ihnen wie dir. Sie merkten, daß er bei ihnen war, bei ihnen und in ihnen. Sie konnten ihn nicht anfassen, aber sie hörten ihn und sie fühlten ihn."
Narayan sah mich an. Er überlegte. Dann sagte er: „Jetzt weiß ich, was Pfingsten ist. Dann ist Pfingsten auch ein Fest, so wie Weihnachten. Darum schmücken wir den Garten."
Wir haben weitergearbeitet bis Pfingsten. Der Garten war nicht wiederzuerkennen. Sonntag haben wir gefeiert. Und am Pfingstmontag kamen Narayans Eltern. Sie haben sich die Blumen angesehen und sich gefreut.

Sonja Matthes

Auf verständliche Weise wird im Hinblick auf jüngere Zuhörer etwas von dem vermittelt, was Pfingsten bedeutet.

Vorschlag:

Text bis * lesen und dann die Kinder selbst Erklärungen finden lassen. Hilfen hierzu können die in einfacher Sprache erzählten Pfingstgeschichten mit Bildern bieten (Bilder und Geschichten von Jesus, Hirschgraben-Verlag, Frankfurt/M. – Christusgeschichten; Geschichten und Bilder zum Kirchenjahr, beide Reha-Verlag, Bonn-Bad Godesberg) ebenso „Davids Vater war dabei“, Kapitel 6.
Der Text selbst bietet außerdem *Gesprächsimpulse* zu den Themen:
Umgehen mit anderen, die anders sprechen, die anders aussehen, die aus einer anderen Umwelt, einem anderen Land, einer anderen Situation kommen, die anders sind.
Wie schön ist es, jemanden, den man lieb hat, wiederzutreffen, mit ihm zu sprechen, sich mit ihm zu freuen, wird in dem folgenden Lied „Ich hab in der Stadt den Andreas gesehn“ aufgegriffen und erlebbar. Das Lied kann auch in ein ganz einfaches Rollenspiel umgesetzt werden.

* Ich hab in der Stadt den Andreas gesehn

T u. M: Gertrud Lorenz

2. Ich hab in der Stadt den Andreas gesehn.
Er sagte zu mir: Komm, ich will mit dir gehn.
Ich hab mich gefreut …

3. Ich hab in der Stadt den Andreas gesehn.
Er sagte zu mir: Daß es dich gibt, ist schön.
Ich hab mich gefreut …

4. Ich hab in der Stadt den Andreas gesehn.
Er sagte zu mir: Komm, wir woll'n spielen gehn.
Ich hab mich gefreut …

5. Ich hab in der Stadt den Andreas gesehn.
Er sagte zu mir: Du, dein Kleid das ist schön.
Ich hab mich gefreut …

6. Ich hab in der Stadt den Andreas gesehn.
Er sagte zu mir: Laß im Tanze uns drehn.
Ich hab mich gefreut …

7. Ich hab in der Stadt den Andreas gesehn.
Er sagte zu mir: Daß du da bist, ist schön.
Ich hab mich gefreut …

8. Ich hab in der Stadt den Andreas gesehn.
Er sagte zu mir: Du, ich kann dich verstehn.
Ich hab mich gefreut …

9. Ich hab in der Stadt den Andreas gesehn.
Er sagte zu mir: Heut will ich dir beistehn.
Ich hab mich gefreut …

10. Ich hab in der Stadt den Andreas gesehn.
Er sagte zu mir: Komm, jetzt laß dich nicht gehn.
Ich hab mich gefreut …

11. Ich hab in der Stadt den Andreas gesehn.
Er sagte zu mir: Laß dich wieder mal sehn.
Ich hab mich gefreut …

Die Verse werden nie alle gesungen, sondern im Blick auf das Ziel, für das man sie einsetzen will, ausgewählt.
Statt „in der Stadt" kann es z. B. auch heißen: „Ich habe im Dorf/Ort" oder „auf der Straße", „in der Kirche" und anderes mehr.
Auch kann "Andreas" durch „Freund/Freundin" oder die Namen beliebiger Personen ersetzt werden.

** Ali

Bernd lernt den gleichaltrigen türkischen Ali kennen und schließt mit ihm Freundschaft, obwohl er gegen die Vorurteile seiner Eltern weiterhin kämpfen muß.

Freundschaft; den anderen erkennen, sich mit ihm verbunden fühlen, mit ihm zusammen leben, obwohl er anders ist.

„Ausländer? Auch das noch!" sagte Mutter, als Vater ihr berichtete, daß eine Gastarbeiterfamilie ins Nachbarhaus von Meiers ziehen sollte. „Muß das sein? Hier ist doch eine anständige Gegend. Warum suchen sich Meiers denn nicht ordentliche Mieter aus?"
Das war das erste, was Bernd von Alis Familie hörte. Ein paar Tage später sah er sie dann zum ersten Mal: Ein schwarzhaariger Mann mit einem kurzen Schnurrbart über den Lippen, eine schwarzhaarige Frau und Ali mit seinen drei schwarzhaarigen Geschwistern. Türken waren es.
Mutter und Bernd schauten vom Fenster aus zu, wie sie einzogen.
„Schau dir das an", meinte Mutter, „mit so ein paar alten Sachen kommen die nun hierher. Wer weiß, was das für ein Volk ist."
Nun, Bernd mußte zugeben, sehr vertrauenerweckend sahen die Türken nicht aus. Mutter war blond, er war blond, die meisten Kinder aus seiner Klasse waren blond oder hatten doch wenigstens braune Haare. Aber die? Pechschwarz und Augen wie Kohlen! Und dann die alten Sachen! So lief in der ganzen Gegend niemand herum.
Am nächsten Tag traf Bernd Ali zum ersten Mal. Der schaute ihn freundlich mit seinen schwarzen Augen an und sagte dann ganz höflich: „Auf Wiedersähn!"

Bernd stutzte. Dann lachte er laut los und rief: „Das heißt doch guten Tag und nicht auf Wiedersehen, so: Gu-ten Tag."
Ali hörte aufmerksam zu und wiederholte sogleich: „Gutten Tack!"
Dann tippte er sich auf die Brust und fügte hinzu: „Ich Ali."
„Du Ali? Ich Bernd. So, jetzt muß ich aber in die Schule. Auf Wiedersehen!"
„Gutten Tack!" rief Ali ihm nach.
Zu Hause erzählte Bernd von dieser ersten lustigen Begegnung mit Ali. Vater lachte, aber Mutter rief erschrocken: „Junge, du wirst doch nicht etwa mit diesen Leuten reden!"*
„Wieso denn nicht?" fragte Bernd erstaunt. „Der Ali ist nett. Und außerdem habe ich endlich einen zum Spielen in der Nähe!"
Aber Mutter meinte: „Das sind doch Ausländer!" Sie wandte sich an Vater. Doch Vater zuckte die Schultern und brummte etwas vor sich hin. Und damit war die Sache erst einmal erledigt.
Auf dem Weg zu Schule traf Bernd jeden Tag den Türkenjungen. Jedesmal begrüßte ihn Ali mit allen Wörtern, die er inzwischen von Bernd gelernt hatte: Auf Wiedersähn, gutten Tack, du Bernd, was spielen, nix gut, du Schule.
O, Ali lernte gut Deutsch von Bernd. Und Ali war ein guter Spielkamerad. Es war nur schade, daß Bernd ihn nicht mit nach Hause bringen durfte. Darüber war Bernd sehr traurig. Ali war so nett, und Ali brauchte ihn doch! Ohne Bernd war er immer ganz allein. Und Bernd ohne Ali auch! Aber immer, wenn er fragte, meinte die Mutter: „Das wäre ja noch schöner! Mit Kindern, die zwischen Mülltonnen herumlungern, spielt man nicht." Doch wo sollte Ali denn spielen, wenn er nicht mit in Bernds Garten durfte? Spielplätze gab es in der Gegend nicht, einen eigenen Garten hatte Ali nicht, und zu Hause konnte er erst recht nicht spielen. „Nix Platz. Viel eng. Baby bäbä!" hatte er einmal erklärt. Das glaubte ihm Bernd ohne weiteres, denn Alis ganze Familie wohnte nur in zwei kleinen Zimmern.
Nun, wenn Mutter Ali auch nicht leiden konnte, Bernds Freund wurde er trotzdem. Schließlich braucht jeder einen Freund, oder nicht?

Gisela Schütz

Als Gesprächsimpuls braucht der Text nur bis * vorgelesen zu werden. Eventuell den Ausspruch der Mutter: „Junge, du wirst doch nicht mit diesen Leuten reden!" jedem auf einem Zettel in die Hand geben und vor der Gesprächseröffnung eine kurze Besinnungspause auf diesen Text einräumen, gegebenenfalls ein Bild, Foto oder Dia, das einen türkischen Jungen zeigt, anbieten.

Mögliche Fragen:

Wie kann es weitergehen?
Ob Bernd den Ali einmal mit nach Hause bringen darf?
Wie werden sich seine Eltern weiterhin verhalten?
Wie werden sich Alis Eltern verhalten?
Ob Bernd mit Ali über seine Schwierigkeiten spricht?
Ob Ali Bernd mit nach Hause nimmt?

*** Ich habe eine Behinderung, aber ich bin Tom

Nichtbehinderte junge Menschen einer Kirchengemeinde engagieren sich bewußt für Behinderte. Sie wollen anderen deutlichmachen, daß jeder zu uns gehört, mag er nun eine Behinderung haben oder nicht. Deshalb machen sie das, was Behinderte von sich selbst sagen, anderen zugänglich.

Verständnis für den anderen; Zusammenleben in der christlichen Gemeinde; Aufgaben der christlichen Gemeinde; Liebe zum anderen Menschen.

– Ich bin mit einer Behinderung geboren, aber auf meinen Geburtstag freue ich mich Jahr für Jahr und feiere ihn fröhlich mit vielen Gästen.

– Ich kann nicht einmal richtig bis drei zählen, aber beim „Mensch ärgere dich nicht“ bin ich klasse.

– Ich kann die Wochentage nicht aufzählen, aber den Tag, an dem ich ins Schwimmbad gehe, den weiß ich immer ganz genau im voraus, weil ich mich so darauf freue.

– Ich kann nicht lesen, aber zuhören kann ich besonders gut.

– Ich weiß zu wenig, um deine Sorgen zu verstehen, aber deine Traurigkeit empfinde ich selbst ganz stark. Komm, ich tröste dich.

– Ich werde nie berühmt werden, aber wenn du mich freundlich grüßt, bin ich glücklicher als der berühmteste Mensch.

– Meine Mutter muß mir in vielen Dingen helfen, aber oft überrasche ich sie damit, daß ich schon den Kaffeetisch gedeckt habe und die Betten mache.

– Ich kann nicht mit Geld umgehen, aber ich spare sehr gerne Stück für Stück, um dann ein kleines Geschenk machen zu können.

– Manche haben Angst vor mir, weil ich so anders aussehe, dabei könnte ich so gut ein zuverlässiger Freund sein.

– Ich bin nicht so schnell und geschickt wie ihr, aber wenn ihr mir ein kleines bißchen dabei helft, auch auf den großen alten Baum zu klettern, dann freue ich mich darüber, mit euch zusammen oben zu sein, genauso wie ihr.

Quelle: Werkbuch Behindertenarbeit: „Ick bin all da", herausgegeben vom Behindertenreferat des Ev. Stadtkirchenverbandes, Essen 1981.

Die Aussagen junger Menschen mit einer Behinderung können einzeln vervielfältigt werden, so daß jeder einen Zettel mit einer Aussage in der Hand hält. Jeder liest das dann vor, was auf seinem Zettel steht. Wir versuchen herauszufinden, was das Wesentliche an einem Menschen ist, seine Persönlichkeit, sein Name, sein Charakter, seine Freude, seine Angst, seine Behinderung ...
Als Hintergrundinformation sollte auch mitgeteilt werden, daß diese Aussagen zusammen mit vielen Fotos in einem Werkbuch angeboten werden, das junge nichtbehinderte Menschen einer Kirchengemeinde unter dem Titel „Ick bin all da" zusammengestellt haben, um immer mehr Menschen darauf aufmerksam zu machen, daß mehr Freunde und Helfer benötigt werden, um den einzelnen mit einer Behinderung behafteten Menschen aus seiner Isolation zu lösen, ihm ein Leben zu ermöglichen, das so verläuft, wie das sogenannter Nichtbehinderter auch. Deshalb zeigt das Werkbuch exemplarisch auf, wie Behinderte und Nichtbehinderte gut zusammen leben können (Werkbuch Behindertenarbeit: „Ick bin all da", zu beziehen durch Behindertenreferat des Ev. Stadtkirchenverbandes Essen, II. Hagen 7, 4300 Essen 1, 2,50 DM).
Aber beim Gespräch allein darf es nicht bleiben. Es ist für die Gruppe und für jeden einzelnen zwingend notwendig, Kontakte aufzunehmen. Kontakte, die aber nicht als Ausnahme, als Sonderfall bestehen, sondern eine gewisse Regelmäßigkeit beinhalten. Hier können Pfarrer, Lehrer und Helfer wesentlich mithelfen (einladen, Besuche machen usw.).

* Ulli geht zum Turnen

Geglücktes Beispiel der Integration eines körperbehinderten Jungen in eine Turngruppe.

Miteinander leben; durch gemeinsames Tun den anderen kennenlernen und besser verstehen.

„Paßt doch mal auf, was hier in der Zeitung steht", sagt Ullis Vater: „Die Behindertensportabteilung des Sportvereins hat jeden Donnerstag von 18 – 19 Uhr in der Turnhalle der Hauptschule Turnen für geistig behinderte und körperbehinderte Kinder und Jugendliche. Neuanmeldungen sind jeweils zu Beginn der Übungsstunden möglich."
„Wie wär es, Ulli, hast du nicht Lust, da mitzumachen?" fragt Vater. Ulli sieht seinen Vater nachdenklich an.
„Ich weiß nicht recht", meint er, „Sport für Behinderte? Was kann das schon sein?"
„Da kann ich mir auch nichts drunter vorstellen", meint Mutter.
Und dann war es endlich soweit!
Alle zogen sich an, um zur Turnhalle zu gehen, und das Herzklopfen wurde immer stärker.
„Seht mal, dort die Kinder und Erwachsenen haben den gleichen Weg wie wir", sagte Vater, als sie in die Nähe der Turnhalle kamen.
Ulli atmete erleichtert auf, da waren ja auch zwei Rollstuhlfahrer, so wie er. Nun war er wenigstens nicht allein.
Mit den anderen Kindern und Erwachsenen gingen sie auch zu den Umkleideräumen der Turnhalle. Es waren nicht nur körperbehinderte Kinder dort, so wie Ulli, sondern auch geistig behinderte Kinder. Es dauerte nicht lange, da kam der Übungsleiter der Turnstunde.
„Kommen Sie nur rein!" sagte er, als er Ulli und seine Eltern sah.
Und nun ging es los.
„Nun", sagt Vater, „wir könnten es uns ja mal gemeinsam ansehen. Hingehen und mal sehen kostet ja nichts."
„Erst einmal warmlaufen", sagte der Übungsleiter, und alle Kinder liefen hintereinander in einem großen Kreis.
Das heißt, nicht alle: Die Rollstuhlfahrer saßen an der Seite in ihren Rollstühlen. Aber sie waren gar nicht traurig, daß sie nicht mitlaufen konnten. Sie taten auch etwas, sie klatschten kräftig in die Hände, immer im Takt, so wie die Füße der anderen liefen.
Und plötzlich, Ulli wußte gar nicht, wie es kam, klatschte er mit. Sogar mit den Füßen machte er die Bewegungen mit. Vater und Mutter bemerkten es und freuten sich. Sie beide dachten gleichzeitig: Unserem Ulli gefällt es jetzt schon.
„Nun stellt euch alle im Kreis auf", sagte der Übungsleiter und holte einen großen Ball. Auch die Kinder im Rollstuhl wurden in den Kreis geschoben. Ulli wäre auch gerne mit in dem Kreis gewesen, aber ehe er noch etwas traurig hätte werden können, sagte der Übungsleiter schon zu ihm: „Ulli ich habe gesehen, wie fein du mitgemacht hast, ich glaube, du fühlst dich hier schon wie zu Hause. Möchtest du auch mit in den Kreis?" „Ja, gerne",

strahlte Ulli. Vater, Mutter und Heidi sprangen gleichzeitig von der Bank auf, um Ulli in den Kreis zu schieben, so freuten sie sich über Ullis Begeisterung.
Und wie geht es weiter?
Natürlich ist Ulli nun jeden Donnerstag dabei!

Elfriede Teichner

Der Text bietet ein realistisches Beispiel dafür, wie Behinderte mit Nichtbehinderten gemeinsam etwas erleben können, ohne daß jemand ausgeschlossen bleibt. Das hier gegebene Beispiel führt den vorausgegangenen Text „Ich habe eine Behinderung, aber ich bin Tom" weiter. Siehe auch Hinweise zu diesem Text.

*** Abenteuer in Tokio

Zwei Deutsche erleben in Japan eine abenteuerliche Fahrt in der überfüllten S-Bahn. Sie haben erhebliche Schwierigkeiten, sich zurechtzufinden, weil sie die fremde Sprache weder verstehen noch lesen können. Sie erfahren unerwartete Hilfe.

Jeder kann in einer bestimmten Situation zu einem Außenseiter werden. Aus eigener Sicht erleben, wie man auf die Hilfe und auf das Verständnis anderer angewiesen ist.

Mit meiner Frau hatte ich eine Reise nach Tokio unternommen. Die riesige Stadt mit den vielen Menschen begeisterte uns, obwohl wir große Schwierigkeiten mit der Sprache hatten. Wir konnten nichts verstehen; die Schriftzeichen waren uns fremd. Wenn wir mit Freunden zusammen waren, kamen wir leidlich zurecht. Aber einmal gerieten wir in ein Abenteuer, das wir nicht vergessen können.
Wir hatten gemeinsam einen Tempel am Stadtrand von Tokio besucht. Danach wollten wir in die Stadt zurückfahren und dabei die S-Bahn benutzen.
Meine Frau berichtete mir ein wenig ängstlich, die S-Bahnen seien in der Hauptverkehrszeit so überfüllt, daß man in den Wagen kaum atmen könne. Ich hatte auch die Sandalen auf den Bahnsteigen bereits gesehen, die in großen Körben bereitlagen. Es war nämlich nicht möglich, sich in der S-Bahn zu bücken, wenn man im Gedränge seine Schuhe verloren hatte. Man würde zu Tode getrampelt werden.

Die Bahn, in die wir einstiegen, war recht leer. So hofften wir, wohlbehalten zu der Station im Innern der Stadt zu gelangen. Doch schon an den nächsten Haltestellen füllte sich der Zug. Je länger wir fuhren, um so voller wurde der Wagen. Bald hatten wir keine Sicht mehr aus dem Fenster. Wir standen eng eingepfercht zwischen den Japanern und bemühten uns, nicht voneinander getrennt zu werden.
„Hier kommen wir niemals wieder heraus!" stöhnte ich.
Meine Frau blätterte verzweifelt in einem Stadtplan, den sie dicht vor sich hielt. Darin hatte ich den Bahnhof, an dem wir aussteigen wollten, rot angezeichnet. Und noch mehr Menschen stiegen an der nächsten Station in den Zug. Wir waren jetzt so weit in eine Ecke des Wagens abgedrängt worden, daß wir nicht mehr an die Tür kommen konnten. Und wir hatten keine Ahnung, wann wir unsere Haltestelle erreichen sollten.*
Ein Japaner, der neben uns stand, hatte unser ängstliches Verhalten offensichtlich bemerkt. Er stieß mich ein wenig mit der Schulter an und sah mir ins Gesicht. Er lächelte höflich und fragte: „Flemd?"
Ich nickte.
„Aus Deutschland?"
Ich nickte wieder und begann sofort, ihm unsere verzweifelte Lage zu schildern, doch da zuckte er ratlos mit den Schultern. Anscheinend waren es die einzigen Worte gewesen, die er deutsch sprechen konnte.
Aber dann sah er den Stadtplan meiner Frau. Er streckte die Hand aus. Es gelang trotz des Schiebens und Drängens, ihm den Plan zu zeigen und auf die Station aufmerksam zu machen, an der wir aussteigen wollten.
Er lächelte. Er hatte verstanden. Beschwichtigend hob er seine Hand, nickte uns aufmunternd zu und wandte sich dann an seine Landsleute. Was er sagte, verstand ich natürlich nicht. Doch ich sah, daß sich viele umdrehten, meine Frau und mich aufmerksam und lächelnd ansahen und uns höflich zunickten.
Es wurde immer lauter um uns her. Immer mehr Leute drehten sich uns zu und lächelten uns freundlich an. Obwohl wir von dem, was die Japaner sagten, kein Wort verstanden, fühlten wir uns doch allmählich etwas sicherer.
„Wir werden schon herauskommen!" flüsterte mir meine Frau zu. Dann hielt der Zug.
Sofort begann ein Schieben und Drängen wie ich es noch nie erlebt hatte. Es schien so, als wollten alle an dieser Station aussteigen. Wir wurden von dem Sog mitgerissen. In einer Menschentraube schoben wir uns aus der Wagentür und standen plötzlich auf dem Bahnsteig. Im gleichen Augenblick aber drängten die Menschen wieder in den Wagen hinein. Sie schoben und drückten sich gegenseitig durch die Türen, die sich automatisch schlossen. Der Zug fuhr ab.

Und wir standen auf dem Bahnsteig und entdeckten voller Freude, daß es wirklich die Haltestelle war, an der wir aussteigen wollten.
Wir hatten mitten in einem Abenteuer gesteckt. Ob wir ohne die Hilfe der freundlichen Japaner, bei denen wir uns noch nicht einmal bedanken konnten, richtig angekommen wären?

Rolf Krenzer

Aus: Magazin: ABENTEUER. Zusammengestellt von Rolf Krenzer und Ingo Krenzer, Hirschgraben-Verlag, Frankfurt/M. 1979.

Zwei Menschen, die in ihrer normalen Umwelt keine Außenseiter sind, geraten im Ausland in eine Situation, in der sie wegen mangelnder Sprachkenntnissse und damit verbundener Verständigungsschwierigkeiten zu Außenseitern werden. Sie sind hilflos und auf das Verständnis und die Hilfe fremder Menschen angewiesen und erfahren Hilfe.

Vorschlag:

Einige japanische Schriftzeichen auf Zetteln ausgeben und gemeinsam mit den Kindern zu deuten und erklären versuchen.
Z.B. Zahlen:

1	**hịtotsu**	**(ichi)**	一	**7**	**nanatsu**	**(shịchi)**	七
2	**fụtatsu**	**(ni)**	二	**8**	**yattsu**	**(hachi)**	八
3	**mittsu**	**(san)**	三	**9**	**kokonotsu**	**(kyuu)**	九
4	**yottsu**	**(shi)**	四	**10**	**too**	**(juu)**	十
5	**itsutsu**	**(go)**	五	**100**	**hyaku**		百
6	**muttsu**	**(roku)**	六	**1000**	**sen**		千

Wenn möglich, Fotos, die japanische Menschen zeigen.
Text bis * lesen und diskutieren, was die beiden Deutschen tun könnten, um aus diesen Schwierigkeiten herauszukommen. Danach Text bis zum Schluß lesen.

Gesprächsanregungen:

Fremde Menschen können sich verstehen, ohne dieselbe Sprache zu sprechen. Woran kann das liegen? (Körpersprache, Gesten, Mimik als mögliche Verständigungsmittel). Man kann vieles beim anderen Menschen erkennen, ohne daß er sich sprachlich ausdrückt. Je besser man einen Menschen kennt, um so besser ver-

steht man ihn auch ohne Worte (Angst, Freude, Hoffnung, Trauer, rot werden, sich schämen, verlegen sein, froh sein, gerührt sein usw.).
Wir würden uns oft besser verstehen, wenn wir nicht nur auf unsere Worte achten würden, die wir miteinander wechseln.

Weiterführung:

Berichten über eigene Erlebnisse.
Hinweis auf Genesis 11,1–9 in Verbindung zur Pfingstgeschichte Kapitel 6.
Gott verwirrte die Sprache des Menschen – Gott bewirkte, daß sich die ersten Christen an Pfingsten untereinander verstehen konnten und Gottes Botschaft erfuhren.

* Der hohe Turm von Babel

Gott zerstört das übermütige Werk der Menschen und verwirrt ihre Sprache.

Genesis 11,1–9

Früher sprachen die Menschen alle in einer Sprache. Da gab es weder Englisch noch Spanisch oder Französisch, weder Griechisch noch Türkisch oder Deutsch.
Damals konnte jeder den anderen verstehen.
Es gab nur eine einzige Sprache.
Aber schon immer wollten die Menschen hoch hinaus.
Damals wollten sie einen Turm bauen.
Einen Turm, der bis an den Himmel reichen sollte.
Einen so hohen Turm hatten sie noch niemals vorher gebaut.
Er sollte ein ganz berühmter Turm werden,
und dieser Turm sollte die Menschen auch berühmt machen.
Sie sagten sogar: „Dieser Turm wird uns zusammenhalten,
so daß wir immer zusammenbleiben!"
Sie wollten sehr mächtig werden.
Vielleicht sogar mächtiger als Gott.

So bauten die Menschen einen Turm.
Sie bauten viele Jahre lang.
Der Turm wurde höher und höher.

Gott sah, was die Menschen bauten.
Er sah, wie sie schafften.
Er sagte sich: „Wohin wird das noch führen?
Die Menschen meinen, sie können alles.
Sie meinen: Nichts wird ihnen mehr unmöglich sein! Was ihnen einfällt, werden sie tun!"

Da verwirrte Gott ihre Sprache.
Plötzlich konnten die Menschen nicht mehr miteinander sprechen.
Jeder sprach in einer anderen Sprache.
Keiner konnte mehr den anderen verstehen.
Es gab viele Sprachen.

Da liefen die Leute auseinander.
Und der hohe Turm stürzte ein.

Neu erzählt von Rolf Krenzer

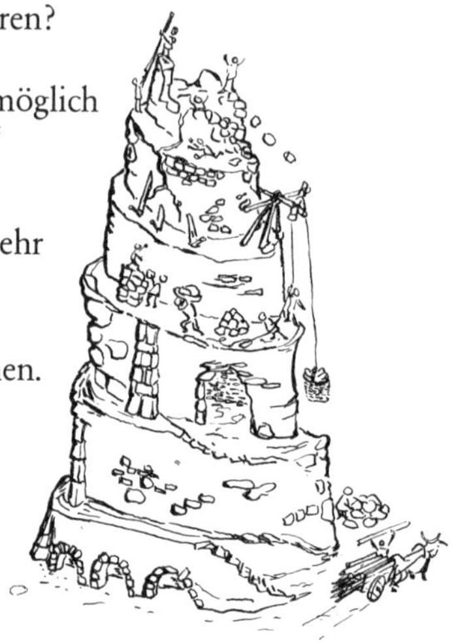

** Spiellied vom Turmbau

Spieldauer:

ca. 5 Minuten, kann auf Wunsch beliebig oft wiederholt werden.

Mitspieler:

ab 4 Jahre bis zu einer großen Gruppe

Erarbeitung des Spielliedes:

- in der Gruppe, Lied wird nach und nach erlernt
- zusätzlicher Einsatz von Orff-Instrumenten
- mit Hilfe der Schallplatte oder der Musicassette

Auf Leute! Packt mit an!

T: Rolf Krenzer
M: Ludger Edelkötter

2. Kommt her und schaut euch an,
was jeder von uns kann.
Ach, sind wir klug und schlau,
drum glückt auch dieser Bau.

Immer höher, immer höher
wird der Turm gebaut.
Immer höher, immer höher!
Leute kommt und schaut!
Immer höher, immer höher
bau'n wir Stein auf Stein.
Immer höher, immer höher
soll der Turm noch sein.

3. Stärke und Macht und Geld
regieren nur die Welt.
Schwache unterliegen
weil nur die Stärksten siegen.

Immer höher, immer höher
wird der Turm gebaut.
Immer höher, immer höher!
Leute kommt und schaut!
Immer höher, immer höher
bau'n wir Stein auf Stein.
Immer höher, immer höher
soll der Turm noch sein.

4. Wir sind die Herren der Welt
und tun, was uns gefällt.
Wir werden mächtig sein
wie dieser Turm aus Stein.

Immer höher, immer höher
wird der Turm gebaut.
Immer höher, immer höher!
Leute kommt und schaut!
Viele Hände, viele Hände
bauen Stein auf Stein.
Doch am Ende, ja, am Ende
stürzt der Turm dann ein.

Aus: LP IMP 1015 – Biblische Spiellieder zum Misereor – Hungertuch aus Haiti – Rechte beim Impulse-Musikverlag, 4406 Drensteinfurt.

Spielerfahrungen:

Die Geschichte vom Turmbau in Babel wird im Lied erzählt. Allerdings wird der Schwerpunkt nicht auf die Sprachenverwirrung, sondern auf das „zumindest so mächtig werden wie Gott" durch den gewaltigen Turmbau gelegt.
Zunächst bauten wir riesige Türme aus allen möglichen Materialien, bauten so lange, bis sie einstürzten. Zum Bauen setzte ich den Refrain des Liedes „Immer höher, immer höher bau'n wir Stein auf Stein ..." ein. Der Refrain machte den Kindern offensichtlich Spaß, denn sie sangen bereits nach kurzer Zeit sehr intensiv und engagiert mit.
Die Zwischentexte wurden den Kindern sehr schnell vertraut, als ich ihnen die Schallplatte vorspielte. Ludger Edelkötter hat hier ein Arrangement ausgearbeitet, das zwischen Kinderlied und Swing angesiedelt ist und mit entsprechenden

Instrumenten auch aufgenommen wurde. Der Rhythmus sprach sofort an, und die Zwischentexte wurden spontan mimisch und gestisch von den Schülern untermalt.

Einer hatte den Einfall, daß wir aus unseren eigenen Körpern den gewaltigen Turm bauen könnten. Wir zeigten zunächst gestisch zu den Strophen des Liedes an, wie stark wir uns fühlten, rückten dann ganz nah zusammen und streckten uns gemeinsam immer höher. So hoch, daß wir am Ende des Liedes mit den ausgestreckten Händen fast die Decke zu berühren glaubten. Wenn dann der Turm aber unter Gepolter einstürzte, ließen wir uns los und fielen auf den Boden. Das Spiel machte solchen Spaß, besonders wegen der Pointe des Umfallens am Schluß, daß es immer wieder gewünscht, gesungen und gespielt wurde.

Erst danach stellte ich die ganze Geschichte vom Turmbau vor.

Als besonders geeignet hat sich hierfür das Medienpaket „Der große Turm" (avedition, Prinzenstraße 51, 8 München 19) erwiesen. Es bietet einen einfachen Text (auch auf Musicassette gesprochen), ein Textheft mit Arbeitsanregungen (die aber leider so allgemein und naiv gehalten sind, daß man sich bessere Anregungen ausdenken sollte) und 12 Farbdias, die von dem japanischen Künstler Nasahiro Kasuya so fantasievoll gestaltet wurden, daß sie allein bereits zum intensiven Betrachten und zum Darübersprechen anregen. Mit Hilfe dieser Bilder wurde die Geschichte den Kindern schnell verständlich und einsichtig, wobei jetzt auch die Sprachenverwirrung in den Zusammenhang einbezogen wurde. Schon nach zweimaligem Zeigen waren die Kinder in der Lage, zu den Bildern die Geschichte zu erzählen und sie anschließend nachzuspielen, wobei erneut von ihnen selbst die Verbindung zu dem Spiellied geknüpft wurde.

Die Aufgabe, nach solchen ähnlichen Türmen in unserer Umwelt zu suchen, wurde schnell begriffen. So wurden in den nächsten Tagen bereits Bilder aus Illustrierten mitgebracht, die Atomkraftwerke usw. zeigten. Wir haben diese dann in einer Collage aufgehängt.

Mit allen spielerischen Mitteln war es so möglich, auch schwächeren Kindern den Inhalt der Geschichte näherzubringen. Eine Möglichkeit, die sich ohne Schwierigkeiten im Kindergarten oder in der Grundschule nachvollziehen und variieren läßt. Marlies Winkelheide hat während einer Familienfreizeit im Nils-Stensen-Haus in Worpswede das Turmbaulied aufgegriffen und bietet folgende Spielmöglichkeit an, die auch von Jugendlichen gern angenommen wurde:

Material:

keines

Ausgangspunkt:

Wir bilden einen Turm aus den Mitspielern. Die Teilnehmer sitzen im Kreis. Zwei Mitspieler gehen im Kreis herum und untermalen den Text „Auf, Leute! Packt mit an!" pantomimisch, Ärmel aufkrempeln etc.

Beim ersten Singen von „Immer höher, immer höher wird der Turm“ holen sie zwei Teilnehmer in die Mitte, zwei „Bausteine“, die übereinander „gebaut“ werden.

Die Strophen werden pantomimisch von allen im Kreis sitzenden Teilnehmern dargestellt.

2. „Kommt her und schaut euch an“
Die Teilnehmer zeigen stolz auf sich, erhobenen Hauptes, und dann auf den beginnenden Bau.

3. „Stärke, Macht und Geld“
Stärke, Geld werden mit Armen bzw. Fingern gezeigt, für die „Schwachen“ zeigen alle auf den Boden, für die „Starken“ zeigen alle nach oben.

4. „Wir sind die Herren der Welt“
Die Teilnehmer werfen die Hand vor die Brust.

Beim Singen des Refrains holen die beiden Bauherren jeweils die doppelte Zahl der bereits „verbauten Steine“ in die Kreismitte, also 4, 8, 16.

Die Teilnehmer können zuerst noch kniend weiterbauen, zum Schluß nur noch stehend mit ihren Händen den Turm mitbauen. Wichtig ist, daß sie so Kontakt haben mit den zu Anfang „verbauten Steinen“.

Zum Schluß „Viele Hände bauen Stein auf Stein, doch am Ende stürzt der Turm dann ein“ lassen alle los, gehen auseinander, fallen um, rollen aufeinander, übereinander. Ein großes Durcheinander entsteht.

(P. S. Man kann selbstverständlich auch mit üblichem oder unüblichem Baumaterial einen Turm bauen, z. B. aus Kartons, Bauklötzen, Karten, Steinen, Ideen etc.)

** Platzkampf

Eine längere Autofahrt kann für die ganze Familie anstrengend und aufregend werden.

Streitigkeiten unter Geschwistern; Zusammenleben in der Familie.

T: Rolf Krenzer
M: Siegfried Fietz

2. Vorn gurten sich die Eltern fest,
beachten den Verkehr.
Doch hinten gibt es gleich Protest,
denn da geht alles quer.

3. Mein Platz ist hinter Vatis Sitz,
Karl-Heinz sitzt nebendran.
Dazwischen ist ein schmaler Ritz.
Hier fängt der Krach gleich an.

4. Denn dieser Ritz ist immer schon
als Grenze eingesetzt.
Die Grenze scheidet die Fraktion.
Weh dem, der sie verletzt!

5. Mein Bruder lümmelt sich gleich hin
und hängt halb über mir.
Ich sage, höflich wie ich bin:
„Hau ab und bleib bei dir!"

6. Ich merke gleich, beim Brüderlein
hab' ich's damit verscherzt.
Er tritt mir heimlich gegen's Bein,
grad dorthin, wo es schmerzt.

7. Und weil mich so was ärgern kann,
mach' ich es ebenso.
Ich lächle süß wie Marzipan
und zwick' ihn in den Po.

8. Nun kommt er mir ganz wütend nah
und stößt mich immerzu.
Ich rufe aufgeregt: „Papa,
er läßt mich nicht in Ruh!"

9. Jetzt gibt es Ärger, denke ich,
denn Mutti dreht sich um,
und Vati tobt ganz fürchterlich:
„Bald wird es mir zu dumm!

10. Ich halte an dem nächsten Platz
und werf' euch beide raus.
Und macht ihr noch einmal Rabatz,
fahr'n wir zurück nach Haus!"

11. Dann sitzt ein jeder rot vor Wut
in seiner eignen Eck'.
Doch kocht auch noch so heiß das Blut,
wir rühr'n uns nicht vom Fleck.

12. Wir starren eisig vorne raus
und mucksen uns nicht mehr.
Dem Vater geht der Ärger aus,
fährt weiter wie vorher.

13. Ich habe mir nun ein Biskuit
in meinen Mund gesteckt,
damit es auch mein Bruder sieht
und hört, wie es mir schmeckt.

14. Vom Kaugummi den letzten Rest
verschmatzt Karl-Heinz nun laut.
Ich stelle sehr zufrieden fest:
Es ist längst ausgekaut!

15. Nach fünfzig Kilometern dann,
manchmal nach dreißig bloß,
fängt unser Krach von neuem an.
Dann geht es wieder los.

16. Der Vati schimpft, die Mutti tobt.
Wir schweigen voller Haß.
Die Autofahrt sei hochgelobt.
Sie macht uns allen Spaß.

17. Die Autofahrt strengt alle an.
Sie fordert Kraft und Mut.
Doch meistens, das sagt jedermann,
vertragen wir uns gut.

Text aus: Rolf Krenzer, Heute scheint die Sonne, Georg Bitter Verlag, Recklinghausen 1978.

Das hier vorgestellte Negativbeispiel wird von Eltern und Kindern bestätigt, die gemeinsam mit dem Auto längere Fahrten zu bewältigen haben.

Problemstellung:

Wie verhalten sich die Kinder, die Eltern?
Wie ist es bei uns?
Wie können alle versuchen, besser miteinander auszukommen?

Die hier vorgestellte Chansonfassung ist eine Möglichkeit, den Inhalt des Gedichtes zu transportieren. Wer mit der ganzen Gruppe und mit vielen Orff-Instrumenten das Lied erarbeiten möchte, sei auf die Vertonung von Hans-Werner Clasen verwiesen (Liedblatt „Platzkampf/Inge mit dem roten Haar“, mosaik 215, Fidula Verlag, Boppard/Salzburg). Hier werden im Chor- und Orchestersatz auch die Einsätze von Hupe, kleiner Trommel, Pauke, Schnarre usw. genau angegeben.

* * * Jochen

Die Freundschaft zwischen Jochen und Ingo bewährt sich gerade in einer schwierigen Situation und wird dadurch noch gestärkt und gefestigt.

Freundschaft; füreinander einstehen; Zeit haben für den anderen; Verantwortung für den anderen übernehmen; Bewährung einer Freundschaft.

Schon in der Grundschule hatten sie sich angefreundet. Ingo war größer als Jochen und viel stärker.
Sie hatten manchen Streich zusammen ausgedacht, besonders in den Ferien. Und wenn Ingo mit seinen Eltern verreiste, schickte er Ansichtskarten an Jochen. Er war auch immer auf der Jagd nach Bierdeckeln, weil er wußte, daß Jochen sie sammelte. Und Jochen achtete darauf, daß jede Briefmarke, die ihm in die Hände kam, in Ingos Sammlung landete.
Einmal hatte jeder an Weihnachten ein Walkie-Talkie bekommen. Da hatten sie abends zu einer bestimmten Zeit von einem Stadtteil zum anderen miteinander gesprochen. Sie waren Freunde, und einer konnte sich auf den anderen verlassen.
Aber vor ein paar Tagen hatten sie sich gestritten und seitdem nicht miteinander geredet. Und ausgerechnet heute war Ingo mit seinem Fahrrad gestürzt!
Er war mit Achim und Micha unterwegs gewesen. In einer Kurve kam Ingo zu nahe an die Bordsteinkante und verlor das Gleichgewicht. Er stürzte und konnte nicht mehr aufstehen. Ingo preßte vor Schmerz die Zähne aufeinander. Achim und Micha wollten ihm aufhelfen, doch es ging einfach nicht. Ratlos standen die beiden da.
Gerade in diesem Augenblick kam Jochen vorbei.*
Er sah Ingo am Boden liegen, stutzte einen Moment und ging dann schnell zu dem Verletzten. „Laßt Ingo ganz ruhig liegen", sagte er zu den beiden Jungen. „Mit seinem linken Bein scheint etwas nicht in Ordnung zu sein. Ich hole Hilfe!"
Jochen rannte fort, und kurze Zeit später war der Krankenwagen da. Vorsichtig legten zwei Helfer Ingo auf eine Bahre, die in den Wagen geschoben wurde.
„Er ist mein Freund", sagte Jochen und stieg mit in das Krankenauto.
„Wir kümmern uns um Ingos Fahrrad!" rief Achim. Micha half ihm dabei.
Viel später erwachte Ingo im Krankenhaus aus der Narkose. Noch etwas benommen nahm er undeutlich wahr, daß seine Eltern an seinem Bett saßen.

„Es hätte viel schlimmer ausgehen können", sagte sein Vater zu ihm. Und seine Mutter meinte: „Ja, du hattest Glück. Der Arzt hat uns gesagt, daß es ein glatter Bruch ist."
Dann bemerkte Ingo, daß noch jemand im Zimmer war: Jochen. Er saß auf einem Besucherstuhl und spielte nervös mit seinen Fingern. Offensichtlich fühlte er sich nicht besonders wohl.
„Gut, daß Jochen dabei war!" äußerte sich Vater.
Aber Ingo schlief schon wieder.

In der ersten Zeit bekam Ingo viel Besuch; aber bald wurde er spärlicher. Vater und Mutter konnten auch nicht immer kommen. Sie wechselten sich ab.
Nur einer war jedesmal da: Jochen.
An Jochens Arm humpelte Ingo auch durch den Park des Krankenhauses. Ob es Jochen etwas ausmachte, ihn am Ärmel mitzuschleppen? Ingo war schließlich einen Kopf größer als er und viel stämmiger. Aber Jochen ließ sich nichts anmerken.
Als Ingo entlassen wurde, mußte er noch wochenlang zu Hause bleiben. Und jeden Tag war Jochen bei ihm. In der Zeit, in der er sonst zum Schwimmen oder in die Sporthalle gegangen war, saß er bei seinem Freund. Und er war ebenso froh wie Ingo, als sie zum erstenmal wieder zusammen ins Kino gehen konnten. Ein wenig langsamer zwar, aber doch zusammen.
Später schenkten Ingos Eltern Jochen eine Schallplatte.
„Du hast dich so um Ingo gekümmert!" sagte die Mutter. Jochen war verlegen; er wollte die Schallplatte nicht, wagte aber auch nicht, das Geschenk abzulehnen.**
Ingo stand betreten dabei. Jetzt wurde ihm bewußt, was Jochen für ihn getan hatte. Ingo hatte niemals darüber nachgedacht; er hatte das alles einfach als selbstverständlich hingenommen – und sich gefreut, weil Jochen immer gekommen war.
Darüber sprechen konnte Ingo nicht; am allerwenigsten mit Jochen. Aber er nahm sich vor, in den Sommerferien, wenn er mit seinen Eltern nach Österreich fahren würde, alle Bierdeckel zu sammeln, die er nur auftreiben konnte. Für Jochen.

Rolf Krenzer

Aus: Magazin: FREUNDSCHAFT. Zusammengestellt von Dagmar Domina und Rolf Krenzer, Hirschgraben-Verlag, Frankfurt/M. 1980.

Anregungen:

Text bis * vorlesen und darüber diskutieren, wie ich mich verhalten würde, wie sich Jochen wohl verhält. Anschließend Text bis zum Schluß lesen und Gespräch darüber, was eigentlich Freundschaft bedeutet.
Aufschreiben und später diskutieren: Ich suche einen Freund (Beschreibung des Menschen, den man sich wünscht). Was erwarte ich von einem Freund? – Was erwartet ein Freund von mir?
Auch Jesus hatte Freunde (Jünger). Wie haben sie sich verhalten, als die Situation für Jesus immer schwieriger wurde? (Die Jünger liefen weg, Petrus verleugnete Jesus.) Hinweis auf Reue, auf Bitte um Verständnis.
Text ab ** noch einmal lesen.
Ingo spürt, was es bedeutet, einen wirklichen Freund zu haben.
Die Bitte, einen wirklichen Freund zu finden, wird in dem folgenden Gebet formuliert, das der neuen Gebetsammlung für Kinder „Halte zu mir heute, guter Gott!", Lahn-Verlag, Limburg 1983, entnommen wurde:

** Gib mir einen Freund

Gib mir einen Freund,
lieber Gott,
aber einen richtigen:
der mich nicht verpetzt,
der alles versteht,
und alles verzeiht,
der zu mir hält
und mich verteidigt,
der sich an meinen Fehlern nicht stört,
der mir Ratschläge gibt,
ohne sich gleich einzubilden,
er sei der so viel Klügere.
Gib mir einen Freund,
dem ich meine Geheimnisse
anvertrauen kann,
der mir hilft
und sich helfen läßt von mir,
ein Freund, der Zeit für mich hat
und ungefähr
die gleichen Spiele mag wie ich.
Er kann ruhig häßlich sein

und schlecht in der Schule.
Wenn ich mich nur auf ihn verlassen kann!

Gudrun Pausewang

*** Ein Tag

Ein Tag in Deutschland von Jürgen und in Südafrika von Mboma. Zwei Schüler berichten. Zwei Tagesabläufe werden gegenübergestellt. Sie machen deutlich, daß es gravierende Unterschiede gibt, daß aber gerade die gegenseitige Hilfe und Verantwortung im Namen Christi zwingend notwendig ist.

Pfingstgeschichte; Christen in aller Welt; Verantwortung der Christen; Misereor; Diakonie; Brot für die Welt.

Um Viertel vor 7 klingelt der Wecker. Ins Badezimmer, waschen und anziehen.	Es ist 5.30 Uhr. Meine Mutter weckt mich gerade. Es wird Zeit.
Zum Frühstück gibt es Kakao, Brot, Honig, Marmelade, Wurst, Käse und manchmal ein Ei. Mutter hat schon alles vorbereitet. Für die Schule nehme ich noch zwei Schnitten belegte Brote und einen Apfel mit. In der Schule gibt es noch eine Tüte Milch dazu.	Ich gehe gerne zur Schule, aber mit leerem Magen macht der Schulweg keinen Spaß. Ich schlürfe eine Tasse heißes Wasser mit etwas Zucker.
Um halb 8 Uhr fährt der Schulbus. Bis zur Haltestelle sind es nur wenige Meter.	Fünf vor 6 Uhr klopft mein Freund Mxolosi an unsere Tür. Zusammen machen wir uns auf den Weg. Unterwegs treffen wir auf andere Kinder. Wir laufen etwa 1 ½ Stunden bis zur Schule.
Unsere Schule besteht aus mehreren großen, fast neuen	Heute, wie an jedem anderen Tag, freue ich mich am mei-

Gebäuden. Auch eine große Turnhalle, eine Pausenhalle und ein Schulhof gehören dazu. Über 600 Kinder in fast 30 Klassen kommen hier zusammen. Für die einzelnen Fächer haben wir jeweils andere Lehrer. Ich kenne sie nicht alle, so viele sind es. Am liebsten habe ich Sport- und Physikstunden. Für alles, was wir machen, haben wir eine Menge Geräte. Das ist manchmal richtig spannend. Wenn wir nicht so oft Klassenarbeiten schreiben müßten … Deutsch und Geschichte habe ich nicht so gerne.	sten auf die Mittagspause. Dann gibt es nämlich zwei Zwiebäcke. Leider sind sie für mich immer zu klein. Diese Zwiebäcke verteilt der Rektor. Er hat sie nicht vom eigenen Geld bezahlt. Das könnte er gar nicht, er verdient nämlich sehr wenig. – Unser Pfarrer aus Deutschland hat dort liebe Menschen, die schicken Geld für die Schulspeisung. Unsere Schule ist ein langes Haus. Einige Fenster sind kaputt, und es fehlen ein paar Türen. Das ist aber nicht so schlimm. Nur im Winter frieren wir manchmal. 50 Kinder sind in meiner Klasse. In unserer Schule sind 6 Klassen. Mein Vater sagt, unser Unterricht sei viel schlechter als in den Schulen für weiße Kinder. Das sei deshalb so, weil die weißen Lehrer viel besser ausgebildet seien als unsere schwarzen Lehrer. Und in eine weiße Klasse gehörten nur 20 Kinder. Die Weißen hätten auch viel bessere Schulbücher. Und die weiße Regierung zahle für die Ausbildung eines weißen Kindes.
Mittags komme ich meistens kurz nach 1 Uhr nach Hause. Dann habe ich aber auch einen richtigen Kohldampf. Meine Mutter kocht sehr gut. Fast jeden Mittag gibt es außer Kartoffeln und Gemüse oder Reis und Salat ein Stück Fleisch. Besonders gut schmeckt mir der Pudding.	Nachmittags um 16 Uhr gehen wir wieder zu Fuß nach Hause. Meistens laufe ich barfuß, denn ich habe nur ein paar Schuhe.

Wenn ich meine Schularbeiten gemacht habe, spiele ich mit Freunden draußen oder in meinem Zimmer, wo ich viele Sachen zum Spielen, zum Bauen und Experimentieren habe. Zum Geburtstag, zu Weihnachten und manchmal zwischendurch bekomme ich oft Neues dazu. Und meine Freunde haben interessante Sachen. Zweimal in der Woche gehe ich zur Musikschule und zum Sportverein. Manchmal gehen wir ins Kino.	Zu Hause muß ich dann meiner Mutter helfen: Die Ziegen holen, Wasser und Holz herbeitragen, auf die kleinen Geschwister aufpassen. Dann habe ich noch Zeit zum Spielen. Spielzeug haben wir keins, höchstens mal einen alten Autoreifen oder wenn Großvater etwas für mich bastelt.
Mein Vater kommt um 4 Uhr von der Arbeit nach Hause, hin und wieder auch später. Schon mal spielt er mit meiner Schwester und mir. Meistens ist er aber sehr müde oder hat noch was zu tun. Um 19 Uhr muß ich abends zu Hause sein.	Meinen Vater sehe ich nur einmal im Jahr, wenn er für vier Wochen nach Hause kommt. Er arbeitet weit weg in Johannesburg. Darauf freue ich mich immer, denn dann gibt es meist besseres Essen. Vater bringt das aus der Stadt mit.
Dann essen wir zu Abend. Danach wird das Fernsehen angestellt. Wir Kinder dürfen bis 21 Uhr gucken. Dann müssen wir ins Bett. Bevor ich das Licht ausmache, lese ich noch und höre Radio. Meine Eltern sitzen noch länger vorm Fernsehen …	Heute abend gab es nur etwas gekochten Mais und ein paar Bohnen. – Morgen muß ich wieder um 5.30 Uhr aufstehen …

Aus: MISEREOR-Fastenkalender '83

Zwei Tagesabläufe werden gegenübergestellt. Die Aufteilung der beiden Texte und die jeweilige Gegenüberstellung machen deutlich, wie methodisch vorgegangen werden sollte, um wirklich zu einem intensiven Vergleichen zu kommen, das dann bestimmt weiteres Nachdenken auslöst.

Möglichkeiten:

Teile des Textes auf Zettel schreiben und verteilen, dann von den jeweiligen Kindern vorlesen lassen, gegenüberstellen. Rollenverteiltes Lesen.
Die Fragen werden von Kindern erfahrungsgemäß spontan gestellt. Deshalb hier nur einige Schwerpunkte:
Mahlzeiten bei uns – in Südafrika. Schule – Zusammensein mit dem Vater. Kleidung – Freizeit usw.
Hier ist auch die Möglichkeit, über Misereor, Brot für die Welt, über Hungertücher und weitere Aktionen zu sprechen, zu informieren und selbst mit der Gruppe sich mit entsprechendem Tätigwerden zu beteiligen.
Pfingsten bedingte Christen in aller Welt, gleichzeitig aber auch die Verantwortung füreinander.

Weitere Texte zu diesem Bereich:

Jonathan und Lutz, Kap. 1. Christus hat viele Namen, Kap. 4. Jesus in Guatemala, Überfluß, Jedem gibst du deine Hände, alle drei in: „Ich wünsch' dir einen guten Tag", Lahn-Verlag, Limburg 1983.

Misereor 6: Bernhauser/Stockheim: Kinder erleben die Dritte Welt.
Fotobuch für Kinder: Gimka und Golka (Fotos aus Kamerun), Farbposter Golka, 40 Blätter mit Karten, Fotos; Erzählungen, Ausschneide- und Bastelbogen.
Bilderbuch: Unter dem gleichen Regenbogen; alle bei: Bischöfliches Hilfswerk Misereor, Aachen.

7.

Wenn bis zur Nacht die Sonne lacht

Fronleichnam, Sommerfest

* Fronleichnam

Beschreibung der Fronleichnams-
prozession aus der Sicht
eines Kindes, das daran teilnimmt.

Fronleichnam

Am Donnerstag ist ein Feiertag. Da wird Fronleichnam gefeiert.
Vor der Kirche ist ein Altar aufgebaut. Er ist mit vielen Blumen geschmückt. Markus hat heute den Anzug wieder angezogen, den er am Tag seiner Erstkommunion getragen hat. Auch die Mädchen tragen wieder ihre weißen Kleider.
Nach der Messe in der Kirche betet der Pfarrer vor dem Altar, der vor der Kirche aufgebaut ist. Dann geht er zusammen mit den Kaplänen und den Leuten, die in der Messe waren, die Stufen hinunter. Es bildet sich ein langer Zug, dem sich die Erwachsenen und Kinder anschließen. Der Priester schreitet unter einem Baldachin und trägt die Monstranz. Die Leute sagen: „Er schreitet unter dem Himmel."
Ganz langsam gehen alle hintereinander durch die Straße. Laut tönt ihr Singen durch die Stadt. Die Kinder laufen voran und streuen Blumen. Sie gehen bis zu einem anderen Altar, der vor einem Haus aufgebaut ist. Er ist mit vielen Blumen geschmückt. Der Pfarrer betet vor dem Altar und segnet die Menschen. Dann gehen alle singend und betend weiter.
Sie gehen durch die Straßen und über die Feldwege.
Vier Altäre sind im Freien aufgebaut. Alle sind bunt mit Blumen geschmückt. Vor jedem Altar halten sie an und beten.
Zum Schluß gehen sie wieder zurück in die Kirche. Dort versammeln sich alle zu einer Andacht.
Markus hat während des Umzuges seinen Freund, den Uli, gesehen. Er stand neben seinem Vater vor der Konditorei und hat sich auch den langen Zug angesehen. Markus hat ihm ein bißchen zugewinkt. Und Uli hat gelacht und genickt.

Rolf Krenzer

Der Text beschreibt das, was ein Kind an Fronleichnam miterleben kann.

Anregung:

Berichten über eigene Erlebnisse.
Bild von der Prozession malen (Collage, Filzarbeit, Buntpapier, großes Bild, an dem jeder mitgestaltet, usw.).
Erzählen, wie es in diesem Jahr sein wird.

Im Anschluß kann das folgende Prozessionslied gesungen und gespielt werden, gegebenenfalls eine Kinderprozession für Fronleichnam vorbereiten.

* So lang ist unsre Reihe

Prozessionslied für Kinder

T: Rolf Krenzer
M: Ludger Edelkötter

2. Wir tragen bunte Kleider.
Wir werden immer mehr.
Dich, Christus, woll'n wir ehren;
denn du bist unser Herr.
Und so gehen wir dir alle hinterher.

3. Wir haben bunte Bänder.
Wir werden immer mehr.
Dir, Christus, woll'n wir danken;
denn du bist unser Herr.
Und so gehen wir dir alle hinterher.

4. Wir tragen schöne Blumen.
Wir werden immer mehr.
Dich, Christus, woll'n wir grüßen;
denn du bist unser Herr.
Und so gehen wir dir alle hinterher.

5. Wir geben uns die Hände.
Wir werden immer mehr.
Dich, Christus, woll'n wir lieben;
denn du bist unser Herr.
Und so gehen wir dir alle hinterher.

Aus: MC/Liedheft „Wir feiern heut ein Fest“ – Neue Lieder zum Kirchenjahr – Impulse-Musikverlag, 4406 Drensteinfurt.

Spielanregung:

Einige beginnen. Es kommen immer mehr hinzu.
Wir tragen Stäbe mit Buschen und farbigen Bändern, Farnkraut und Blumen. Während des Liedes kann auch immer wieder eine Pause gemacht werden, in der wir zählen, wie viele bereits mitgehen, es können auch die Namen der einzelnen genannt werden. So wird die Zahl derer bewußtgemacht, die Christus nachfolgen.

* Ein schöner Morgen

An irgendeinem Morgen überrascht Susanne ihre Eltern: Sie deckt den Kaffeetisch, schmückt ihn mit Blumen und malt für jeden ein Bild.

Dem anderen eine Freude machen; einem anderen etwas schenken ist nicht an bestimmte Tage (Weihnachten, Muttertag) gebunden, sondern dann besonders ehrlich und echt, wenn es spontan geschieht, wenn es nicht vorgeplant ist.

Susanne erwacht! Es ist Sonntag und noch sehr früher Morgen. Die Eltern schlafen noch. Susanne steht auf, wäscht sich und zieht sich an. Leise geht

sie in die Küche. Heute ist ein schöner Tag, denkt sie, ich werde Mutti eine Freude machen!
Susanne hat schon oft gesehen, wie Kaffee gekocht wird. Sie füllt gemahlenen Kaffee in das Kaffeesieb der Maschine. Ein Filter liegt schon darin. Sie gießt Wasser in den Behälter und drückt auf den Einschaltknopf. Er leuchtet rot auf. Bald blubbert das Wasser über den Kaffee und läuft braun in den Kaffeebehälter. Inzwischen deckt Susanne den Tisch mit Tassen und Frühstückstellern. Sie schneidet Brot mit der Maschine in Scheiben, die sie in den Brotkorb legt, stellt Butter, Marmelade und Honig dazu und vergißt auch die Milch nicht. Dann eilt Susanne in ihr Zimmer und malt dort zwei Bilder. Schön bunt mit Blumen und Herzen. Sie legt die Bilder auf die Frühstücksteller. Alles ist nun fertig, aber die Eltern schlafen immer noch. Susanne nimmt die Hausschlüssel, geht hinters Haus auf die Wiese und pflückt Gänseblümchen und Löwenzahn.
Wieder in der Wohnung, stellt sie die Blümchen in eine Vase, und diese mitten auf den Tisch.
Noch ganz verschlafen kommt dann die Mutter in die Küche. Wie staunt sie, als sie den schön gedeckten Kaffeetisch sieht!
Und als der Vater erfährt, was los ist, da staunt er auch.
„Ist heute denn Muttertag?" fragt er. Aber da lachen ihn Susanne und ihre Mutter laut aus. „Muttertag haben wir doch abgeschafft!" sagt die Mutter. „Wir lassen es uns nicht vom Kalender oder von anderen Leuten vorschreiben, wann wir einem anderen eine Freude machen wollen!"
Ja, Muttertag ist heute bestimmt nicht. Aber als Susanne zum Kindergottesdienst geht, fühlt sie, daß heute ein ganz besonders schöner Tag ist.

Ursula Fack

Gesprächsimpuls:

Was macht das Besondere an einem Tag, an einem Morgen aus? Susanne fühlt, daß heute ein ganz besonders schöner Tag ist.

Ziel:

Herausstellen, daß das gegenseitige Freudebereiten, die Freude über kleine Dinge, die sonst kaum beachtet werden, das Besondere ausmachen können, daß ein schöner Morgen oder Tag wenig oder gar nichts zu kosten braucht. Freude erfahren, weil man Freude schenkt. Anlässe zu einem schönen und guten Tag gibt es jederzeit. Was man braucht, ist zuallererst nur Zeit für den anderen. Auch ein Sommerfest stellt einen solchen Anlaß dar, weil man sich zusammenfindet, um miteinander zu spielen und zu tanzen, zu singen und zu lachen und weil Kinder sich die Mühe gemacht haben, für ihre Eltern und ihre Gäste etwas gemeinsam vorzubereiten. Davon erzählt das folgende Lied zum Sommerfest.

** Lied zum Sommerfest

T: Rolf Krenzer
M: Siegfried Fietz

Wir tanzen immer wieder
und springen durch das Gras.
Wir singen frohe Lieder.
Und das macht allen Spaß.

Wir spielen auch Theater.
Das Stück ist wirklich gut!
Und Peter Janssens Vater,
der lacht sich halb kaputt.

Wer hat denn Lust auf Kuchen
und sonstiges Gebäck?

Das müßt ihr doch versuchen!
Greift zu! Gleich ist es weg!

Wir spielen auch Verstecken.
Und wird es uns zu heiß,
dann lutschen wir und schlecken
ein Riesen-Erdbeereis.

Wir bauen uns ein Häuschen
aus Laub, Gestrüpp und Holz
und sitzen wie die Mäuschen
im Häuschen und sind stolz.

Dann holen wir zum Essen
vom Grill die dicke Wurst
und dürfen nicht vergessen
die Limo für den Durst.

Geht unser Fest zu Ende,
und müssen wir dann gehn,
dann reich ich dir die Hände
und sag: „Auf Wiedersehn!"

** Wolkengucken

Mit etwas Fantasie kann man in den Wolken viele Gestalten und Figuren entdecken.

Bewußtmachung der Schönheit des Himmels, der Sonne und der Wolken. Gottes Schöpfung entdecken.

Hast du schon einmal auf einer Wiese gelegen und dabei in die Wolken geschaut?
Manchmal sind es viele kleine Wolkenschäfchen.
Dann wieder sehen sie aus wie dicke weiche Federbetten, in die man sich hineinkuscheln möchte.
Plötzlich sieht man einen riesigen Kopf mit langem Bart, einer dicken Knollennase und sogar einem Mund. Ein kleines Wolkenloch ist das Auge. Es verschiebt sich und wird zu einem riesigen Hund. Jetzt ist es ein Löwe mit großer Mähne. Der Wind treibt die Wolke auseinander, die Sonne brennt die Wolke fort – sie ist nicht mehr da.
Aber schon kommt eine neue Wolke angesegelt. Sie sieht aus wie ein springendes Pferd und jetzt wie ein Kamel mit Höckern. Bis auch diese Wolke

fort ist. Es kommen aber immer neue. Manchmal sind sie so dick, daß sie die Sonne nicht hindurchlassen.

Ursula Fack

Anregungen:

Gemeinsam Wolken deuten, fantasievolle Dinge in ihnen zu erkennen suchen und den anderen erzählen; Wolkengeschichten und -märchen erfinden.
Wolken malen; Wattewolken auf blauen Karton in unterschiedlichen Formen aufkleben; verschiedene Wolken auf Fotos zeigen; über die Entstehung von Wolken berichten.
Ziel dieses Textes und des folgenden Liedes ist es, auf die Schönheit der Schöpfung Gottes aufmerksam zu machen, anscheinend Selbstverständliches bewußtzumachen, z. B. Wolken, Blätter, Gräser, Regentropfen, aber auch winzige Insekten, z. B. der kleine Käfer auf der Hand, dessen Schönheit man erst dann erkennt, wenn man ihn ganz nahe vor sich sehen und erleben kann.

* Kleiner Käfer

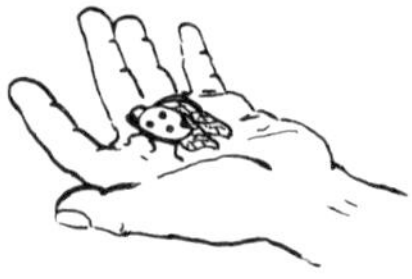

T: Rolf Krenzer
M: Ludger Edelkötter

Aus: MC IMP 1017 – Ich gebe Dir die Hände – Rechte beim Impulse-Musikverlag, 4406 Drensteinfurt.

Spielanregungen:

Der „Käfer“ hockt mitten im Kreis. Wir gehen ganz langsam von allen Seiten auf ihn zu und singen. Der kleine Käfer pumpt und pumpt. Dann breitet er die Flügel aus und fliegt um uns herum. Anschließend darf ein anderer der kleine Käfer sein.
Oder:
Wir hocken alle auf dem Boden und pumpen uns auf. Dann breiten wir unsere Arme weit zu Flügeln aus und fliegen los. Wir fliegen aneinander vorbei, ohne anzustoßen. Abschließend hocken wir uns wieder hin, um zu dem Lied erneut zu pumpen und dann wieder loszufliegen.

** Ein kleines Wunder

Erfahren, daß aus Sonnenblumenkernen nach und nach große Sonnenblumen entstehen.

Eine Blume wächst heran; der Mensch als Beschützer eines Geschöpfs Gottes;
Samen in die Erde geben, auf das Keimen und das Weiterwachsen warten lernen; Ehrfurcht vor der Schönheit der Schöpfung Gottes;
Fürsorge und Pflege.

Es war im Monat Mai. Fünf Sonnenblumenkerne lagen in meiner Hand. Klein und unscheinbar.
Fünf kleine Löcher machte ich in einigem Abstand voneinander in die regenfeuchte Erde. Ich legte in jede Vertiefung einen Kern und bedeckte ihn mit Erde.
Nun wartete ich voller Spannung.
Nach sechs Tagen etwa erschienen fünf kleine zarte Stengel mit je zwei Blättchen aus dem Erdboden.
Langsam wurden die Pflanzen größer und kräftiger.
Ich begoß sie öfter und gab ihnen etwas Blumendünger.
Dann begannen die Sommerferien, und wir fuhren für sechs Wochen an die See. Die Sonnenblumen waren jetzt etwa einen Meter hoch. Oben begannen sich schon die Blütenknospen zu bilden.
Ich mußte die Pflanzen nun sich selbst überlassen.
Als wir Ende August zurückkamen, traute ich meinen Augen nicht. Fünf Sonnenblumen leuchteten uns entgegen.

Die Stengel waren dick und stark und die Blüten groß wie Suppenteller mit braun-gelben Gesichtern, von leuchtend gelben Blütenblättern umrahmt. Fünf kleine Sonnen strahlten Freundlichkeit und Schönheit aus.
Ich stützte sie mit Leisten, damit der Wind sie nicht knicken konnte. Bis in den Oktober hinein hatten wir unsere Freude an ihnen. Die vielen Kerne aus dem Blütenkorb ergeben Futter für die hungrigen Vögel im Winter. Einige Kerne aber hebe ich gut auf, damit wir im nächsten Jahr das gleiche Wunder wieder erleben dürfen.

Ursula Fack

Der Text schließt an die vorherigen Beiträge an und stellt das Wachsen der Pflanzen in den Mittelpunkt. Er regt an, im Blumentopf, im Blumenkasten, im Garten schnellwachsende Pflanzen (Gartenkresse, Bohnen usw.) zu säen, täglich zu beobachten, zu gießen usw.

Lied:

„Ward ein Blümchen mir geschenket".

* Jesus und Zachäus

Jesus findet einen neuen Freund Lukas 19,1–10

In Jericho wohnt der Zolleinnehmer Zachäus.
Die Leute ärgern sich oft über ihn, weil er ihnen viel Geld abnimmt.
Sie sagen: „Zachäus ist ein schlechter Mensch! Er betrügt uns!"
Einmal kommt Jesus nach Jericho. Da laufen viele Leute zu ihm. Auch Zachäus will Jesus sehen. Aber es stehen so viele Leute um Jesus herum, daß Zachäus ihn nicht sehen kann.
Er ist so klein, daß er nicht über die anderen Leute hinwegschauen kann.
Da steigt Zachäus auf einen Baum. Und wirklich! Jetzt kann er Jesus sehen
Aber Jesus sieht ihn auch. Er schaut zu Zachäus in dem Baum hinauf und ruft: „Zachäus, steige schnell herunter! Ich will dich heute besuchen!"
Zachäus freut sich. Er springt vom Baum herunter und führt Jesus zu seinem Haus.

Aber die Leute ärgern sich. Sie sind böse, weil Jesus den schlechten Zachäus besuchen will. Sie schimpfen laut und drohen mit den Fäusten.

Zachäus schämt sich. Er weiß, daß er viele Leute betrogen hat. Mutig sagt er zu Jesus: „Ich habe viele Leute betrogen. Aber ich gebe ihnen alles wieder zurück! Ich gebe ihnen mehr zurück, als ich ihnen abgenommen habe! Von allem, was mir gehört, gebe ich die Hälfte den Armen!" Er schaut Jesus in die Augen und sagt: „Das verspreche ich dir!"
Die Leute schimpfen nicht mehr. Sie drohen auch nicht mehr mit den Fäusten.
Und Jesus? Er blickt Zachäus freundlich an und sagt: „Jetzt hat Gott dich lieb!"

Neu erzählt von Rolf Krenzer

Aus: Rolf Krenzer, Christusgeschichten, Reha-Verlag, Bonn-Bad Godesberg 1981.

Der Text kann im spontanen Spiel oder mit ganz einfachen Mitteln anhand eines Spielliedes in ein Rollenspiel umgesetzt werden, das beispielsweise in den Mittelpunkt eines Sommerfestes gestellt werden kann. Um auch einer Musikantengruppe zur Begleitung des Spiels erprobtes Notenmaterial mitzugeben, wird hier die Umsetzung des Spielliedes in der Form zusätzlich angeboten, die Bärbel Bondesen anläßlich des Kindergottesdiensttages 1982 in Hannover ausgearbeitet und mit vielen Helfern auch gestaltet hat.

* Jesus und Zachäus

Spiellied

Melodie: Hans Werner Clasen, Text und Spielanleitung: Rolf Krenzer.
Aus: Rolf Krenzer (Hrsg.): Ein Regenbogen bunt und schön, Verlag Ernst Kaufmann, Lahr – Kösel-Verlag, München.
Instrumentensatz: Bärbel Bondesen, Am Forstkamp 30 d, 3000 Hannover 61

Zur 1. Strophe (Text und Noten auf den folgenden Seiten)

Zachäus steht an einem Tisch. Alle, die an ihm vorbei wollen, müssen ihren Zoll entrichten. Zachäus hält die Hand auf und läßt sich das Geld hineinlegen. Wer kein Geld hat, wird zurückgeschickt.

2. Zachäus ist ein böser Mann,
   der keinem gut gefällt.
   So sagt ein jeder: „Dieser Mann
   nimmt immer zuviel Geld."

Jesus kommt mit seinen Jüngern in die Stadt. Zachäus erkennt ihn, bleibt ruhig stehen, läßt ihn aber ungehindert an sich vorüberziehen.

3. Ihr Leute, lauft, denn Jesus ist
   bei euch in Jericho!
   Von allen wird der Herr begrüßt,
   und jedermann ist froh.

Die Leute geben Jesus die Hand und scharen sich um ihn. Es kommen immer mehr hinzu.

4. Zachäus ist ein kleiner Mann.
   Drum sieht er Jesus kaum.
   Damit er besser sehen kann,
   steigt er auf einen Baum.

Zachäus geht um die Menschen herum und versucht, Jesus zu sehen. Als ihm das nicht gelingt, steigt er auf den Baum. (Ein Spieler steht vor einem Stuhl mit ausgebreiteten Armen, die die Äste darstellen.)
Zachäus steigt auf den Stuhl und blickt über die Schultern des Spielers.

5. Doch Jesus hat ihn gleich gesehn.
   Er sagt: „Komm her zu mir!"
   Ich will mit dir nach Hause gehn.
   Ich komme heut zu dir!"

Jesus winkt Zachäus vom Baum herunter. Er geht auf Zachäus zu.

6. So lädt Zachäus Jesus ein
   und bietet ihm sodann
   das beste Brot, den besten Wein
   in seiner Wohnung an.

Zachäus führt Jesus und die Jünger zu seiner Wohnung (Tisch und Stühle) und holt zu essen und zu trinken herbei.

7. Die Leut aber stehn und schrein:
   „Das ist bestimmt nicht recht!"
   Warum geht Jesus dort hinein?
   Der Zöllner ist so schlecht!"

Die Leute, die vorher um Jesus herumgestanden haben, nähern sich drohend. Sie drohen mit den Fäusten.

8. Zachäus schämt sich vor dem Herrn.
Er sagt mit ernstem Blick:
„Was ich genommen, geb ich gern
euch allen gleich zurück!"

Zachäus geht auf die Leute zu und leert seine Taschen aus. Er gibt den Leuten alles Geld zurück. Einige gehen danach auf ihn zu und geben ihm die Hand.

9. Da ist ein jeder wieder froh.
Das könnt ihr wohl verstehn!
Ja, so war das in Jericho,
und so ist es geschehn.

Zachäus geht in sein Haus zurück, und Jesus gibt ihm die Hand.

Refrain: (auch beliebig nach den vorherigen Strophen einsetzbar)

So, so, so, so, so war das in Jericho.
Ja, so, so, so, so, so war das in Jericho!

* Jesus und Zachäus

T: Rolf Krenzer
M: Hans-Werner Clasen

1. Begleitform zu »Jesus und Zachäus«

umgesetzt von Bärbel Bondesen

klatschen, patschen – kleines Schlagwerk

2. Begleitform

Baß-Xylophon, Baß-Stäbe, Alt-Glockenspiel d, e, g, a, h

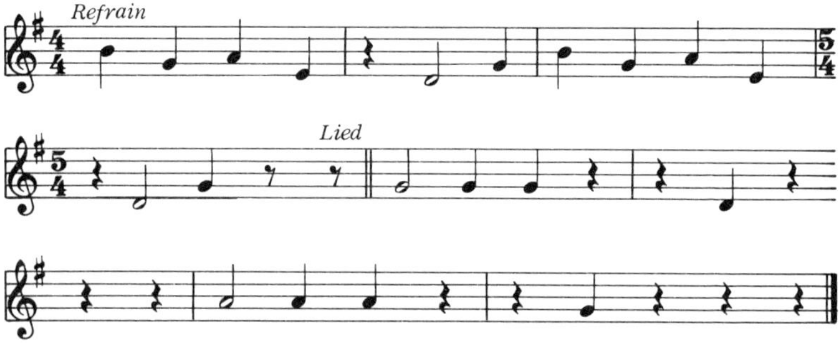

3. Begleitform

Sopran-Glockenspiel, Xylophone, C-Flöten

Begleitform 4a)

Alt-Metallstäbe, Sopran-Metallstäbe a, g

Begleitform 4b)

Alt- und Sopran-Metallstäbe fis, h, c

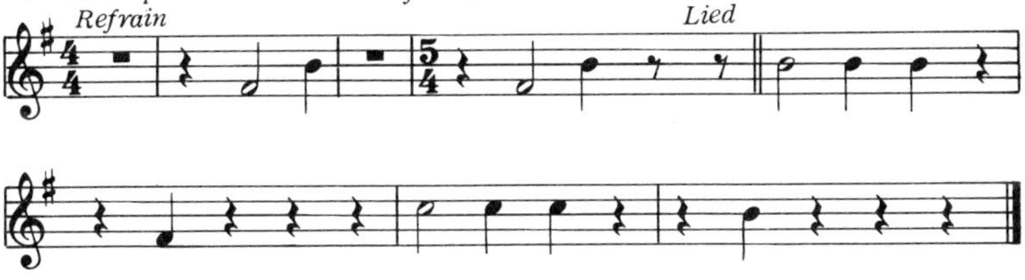

Begleitform 4c)

Alt- und Sopran-Metallstäbe d, e

* * *

Vom störrischen Zachäus

Der Spieler des Zachäus agiert bei der Aufführung des Spiels ganz anders als bei den Proben. Mit Geduld, Verständnis und ehrlicher Zuwendung gelingt es, den behinderten Spieler mitzuführen und mitzutragen.

Lukas 19,1–10

Für den Gottesdienst soll ein Spiel eingeübt werden, und Ingo und seine Gruppe sollen es aufführen. Am Sonntag ist Familiengottesdienst, zu dem die Eltern eingeladen sind.

Diesmal ist Ingo mit seiner Gruppe dran. Die Geschichte von Jesus und Zachäus sollen die behinderten Jugendlichen und Erwachsenen spielen. „Es ist eine einfache Geschichte, die leicht zu spielen ist!" meint der Pfarrer. Zachäus nimmt den Leuten zuviel Zoll ab. Als Jesus in die Stadt kommt, steigt Zachäus auf einen Baum, um ihn besser sehen zu können. Zachäus ist

nämlich klein von Gestalt. So steht es in der Bibel. Aber Jesus sieht ihn auf dem Baum sitzen und lädt sich selbst bei ihm zum Essen ein. Zachäus tischt auf, was Keller und Schränke hergeben. Doch während des Mahls kommen die, die von Zachäus betrogen wurden. Sie murren, sind ärgerlich, böse. „Ich gebe alles zurück, was ich euch zuviel abgenommen habe!" ruft Zachäus, und Jesus freut sich.
Weil alle gern essen, soll nach dem Spiel zum gemeinsamen Mittagessen eingeladen werden, das von den Eltern vorbereitet wird. So ist es schon oft gewesen. Man kann dann länger zusammenbleiben. Und es macht allen Freude, den Eltern und ihren Kindern.
„Eine einfache Geschichte, die leicht zu spielen ist!" meinte der Pfarrer. Doch als Ingo mit seiner Gruppe vor dem Stück steht, hat er Bedenken, schwere Bedenken.
Michael will unbedingt den Zachäus spielen. Er kennt die Geschichte schon und erinnert sich, daß Zachäus viel Geld einnimmt. Michael möchte auch viel Geld haben, damit er sich jeden Tag Hähnchen leisten kann, Hähnchen und Pommes frites. Für Hähnchen gibt Michael alles her. In der Werkstatt verdient er so wenig, daß sein Taschengeld nur dann und wann einmal für ein halbes Hähnchen reicht. Michael setzt sich an einen Tisch, hält die Hand auf und verlangt Geld. Jochen, Sabine, Ilse, Mario und Klaus gehen an ihm vorbei. Sie stellen das Volk dar.
„Geld her oder Leben!" schreit Michael.
Ingo muß sich alle Mühe geben. Er muß ihn überzeugen, daß der Zachäus kein Räuberhauptmann ist. „Tausend Mark! Oder du kommst nicht vorbei!" sagt Michael jetzt. Michael hat keine Ahnung, wieviel tausend Mark sind. Er hat in der Schule gelernt, bis sechzehn zu zählen. Manchmal schafft er es sogar bis neunzehn. Aber tausend Mark ist viel Geld. Sehr viel Geld. Das weiß er. Und er ist unerbittlich. Es kommt keiner an ihm vorbei, der nicht einen Hosenknopf, einen Stein oder einen Fetzen Papier hinlegt. Michael reibt sich die Hände und steckt alles in die Hosentaschen.
Jetzt muß Jesus kommen. Aber wer soll ihn spielen? Mechthild möchte unbedingt Jesus sein. Sie hat es schon ein paarmal gesagt, aber Ingo hat es überhört. Absichtlich überhört. Geht das überhaupt? Kann man in einem Gottesdienst Jesus von einer jungen Frau darstellen lassen? Hinzu kommt, daß Mechthild im Rollstuhl sitzt und keinen Schritt allein gehen kann. Sprechen kann sie auch nicht. Sie kann nur mit ihren Händen deutlich zeigen, was sie will. So deutlich, daß diejenigen, die sie kennen, wissen, was Mechthild sagen will. Und das hat sie Ingo schon mehrmals gezeigt. Doch Ingo hat so getan, als hätte er sie nicht verstanden.
„Mechthild will Jesus sein!" sagt Sven. Da kann man es nicht mehr überhören.

Jesus im Rollstuhl ist für Ingo ein Problem. Ingo glaubt, daß er tolerant ist, daß er in vielen Dingen nachgibt, wenn es die Situation erfordert. Aber jetzt fühlt er sich sehr unsicher. Ob das wirklich in einem Gottesdienst möglich ist?
„Mechthild will Jesus sein!" wiederholt Sven.
„Jesus muß doch gehen können!" meint Ingo.
Doch da deutet Mechthild bereits mit allen ihr möglichen Anzeichen an, daß sie aus dem Rollstuhl heraus will. Sie schaukelt so wild hin und her, daß es gefährlich wird. Im nächsten Augenblick kann der Rollstuhl umstürzen. Ingo springt hinzu. Sven kommt von der anderen Seite. Sie stützen Mechthild, halten sie fest an den Armen und heben sie aus dem Rollstuhl heraus. Und plötzlich dämmert es Ingo: Wenn Mechthild den Jesus spielt, werden gleich die Jünger mitgeliefert. Sie müssen Mechthild ja stützen.
Und wirklich, es gelingt. Ingo und Sven stützen Mechthild und führen sie in den Spielkreis hinein. Sie gehen an Zachäus und seinem Zöllnertisch vorbei. Doch in diesem Falle verzichtet Michael auf den notwendigen Zoll. Mit offenem Mund verfolgt er die Szene.
„Wir brauchen einen Baum", fällt Ingo ein. „Einen Baum, auf den Michael hinaufklettern soll." Zuerst führt er Mechthild zu einem Stuhl, setzt sie so, daß sie nicht umkippen kann, und bittet Susanne, neben ihr sitzen zu bleiben. Sven ist kräftig und überaus liebenswürdig. Er ist sofort einverstanden und belohnt Mechthild mit einem Kuß auf die Wange.
Ingo schaut Kurt an. Kurt ist ein Baum von Mensch. Aber taubstumm. Ob er auch geistigbehindert ist? Niemand hat es bisher herausgefunden. Kurt ist in keine Schule gegangen. Die Schulen für Behinderte wurden erst geschaffen, als Kurt schon erwachsen war. Jetzt ist er fast fünfzig Jahre alt. Ob er überhaupt etwas von dem verstanden hat, was hier probiert wurde? Ingo fragt ihn, ob er den Baum spielen will. Kurt grinst freundlich und nickt, nickt immer wieder und strahlt. Jetzt weiß Ingo genau, daß er nichts verstanden hat. Da nimmt er ihn an die Hand, führt ihn aus dem Raum, geht bis zum Ausgang und auf den Hof hinaus. Im Hof steht eine Linde. Ingo stellt sich vor die Linde und zeigt Kurt, daß er jetzt ein Baum ist. Und Kurt steht vor Ingo und lacht. Ingo breitet seine Arme zu Ästen aus. Da ahmt Kurt die Bewegungen nach.
„Du hast es verstanden!" ruft Ingo glücklich und legt beide Arme Kurt, dem Baum, um den Hals. Kurt drückt zurück, so fest ein Baum nur kann. Im Raum stellt Ingo den Baum an seinen Platz mitten im Spielkreis. Jetzt soll Michael versuchen hinaufzusteigen. Aber Michael ist schwer. Und ungelenkig. Ingo stützt ihn. Es nützt nichts. Michael kommt nicht hinauf. Kurt hat die Situation durchschaut. Er klopft Michael auf die Schulter.

Dann geht er zur Seite und holt einen Stuhl. Er stellt den Stuhl so hinter sich, daß er die Lehne im Rücken hat. Und Michael versteht sogleich, was Kurt meint. So steigt er auf den Stuhl und hebt seinen Kopf über Kurts Schulter.

Das Spiel scheint wirklich zu gelingen.
Jesus winkt Zachäus. Gemeinsam gehen sie zu dem Tisch, auf dem einige Teller und ein Stück Brot sind, die die Mahlzeit andeuten sollen.
Die übrigen Spieler kommen herzu und beginnen, auf Zachäus loszuschimpfen. Sie werden lauter und immer lauter. Darauf leert Zachäus seine Taschen und gibt Papierfetzen, Hosenknöpfe und Steine den Eigentümern wieder zurück.
Sie proben das Spiel noch zweimal. Dann ist Ingo zufrieden.
„Ich freue mich auf euer Spiel!" sagt der Pfarrer vor dem Gottesdienst zu Ingo.
„Ich glaube, es wird schön!" meint Ingo.
Und Michael strahlt: „Wunderschön!" Er streckt die Hand aus und schreit: „Tausend Mark! Oder du kommst nicht vorbei!"
„Später!" lächelt der Pfarrer. „Später, Michael!"

Im Festraum wird ein Kreis aus Stühlen aufgestellt. Vor der breiten Wand stehen gedeckte Tische. Hier wollen alle nach dem Gottesdienst gemeinsam essen.
Nach dem Begrüßungslied soll das Spiel beginnen. Sven und Michael helfen, den Tisch für Zachäus aufzustellen. Kurt hat bereits den Stuhl organisiert, auf den Michael später steigen soll. Doch jetzt steht Michael zunächst an seinen Zöllnertisch und läßt in der Rolle des Zachäus keinen hindurch, der nicht bezahlen will.
„Tausend Mark! Oder du kommst nicht vorbei!" schreit Michael und hält die Hand auf.
Ilse hält ihren Papierfetzen hin, so wie sie es bereits in den Proben getan hat. Doch damit erreicht sie jetzt nichts. Zachäus würdigt den Fetzen kaum eines Blickes.
„Tausend Mark! Kein Papier!" sagt er bestimmt und hält Ilse so fest am Arm, daß sie nicht an ihm vorbei kann. Ein Gottesdienstbesucher, der ganz in der Nähe sitzt, zieht sein Portemonnaie und reicht Ilse ein Markstück hin. „Gib es ihm!" sagt er freundlich.
Doch Zachäus läßt sich nicht täuschen. „Tausend Mark will ich!" schreit er böse. „Keine Groschen!"
Daß es gleich zu Beginn zu solchen Schwierigkeiten kommt, damit hat Ingo nicht gerechnet. Aufgeregt sucht er bei sich selbst nach einem Zehn-

markschein und gibt ihn Ilse. Ilse führt ihn an Michael ab, und Zachäus ist zufrieden.
„Weitergehen!“ schreit er. „Der nächste, bitte!“
Es ist sicher, daß Knöpfe und Steine nicht mehr den Ansprüchen des maßlosen Zöllners genügen. So haben bereits mehrere Eltern in die Tasche gegriffen und die Spieler mit Geldscheinen bestückt, damit sie nun ihren Tribut zahlen können, um anschließend ungehindert das Stadttor und seinen Zöllner zu passieren.
Die Szene ist gut abgelaufen. Noch gut. Nein, doch nicht! Denn jetzt fällt Michael der Pfarrer wieder ein, der ihn vorhin auf später vertröstet hat. „Du auch!“ schreit Zachäus und deutet mit seinem ausgestreckten Zeigefinger so unmißverständlich auf ihn, daß diesem nichts anderes übrig bleibt, als ebenfalls sein Scherflein abzugeben. Es verschwindet mit allen übrigen Scheinen in Michaels Hosentasche.
Ingo und Sven führen nun Mechthild in den Spielkreis hinein. Und wieder läßt Zachäus Jesus und seine Jünger ungehindert passieren. Jesus hebt die Hände, um zu sprechen. Kurt steht bereits als Baum ganz in der Nähe. Er hat den Stuhl hinter sich gestellt und breitet die Arme wie gewaltige Äste nach beiden Seiten aus. Die Menschen strömen herbei. Zachäus schleicht um die vielen Menschen herum und steigt schließlich auf den Baum. Dann winkt ihn Jesus zu sich, und gemeinsam gehen Jesus, Zachäus und die Jünger zu dem Haus des Zöllners. Das Haus wird durch einen Tisch angedeutet, an dem später auch gegessen werden soll.
Die Jünger setzen Jesus an den Tisch, und Zachäus soll den Teller mit Brot herbeibringen. Doch Zachäus ist schon aus dem Raum hinausgelaufen. Er hat die Spielutensilien, die ihm der Pfarrer freundlich zureichen wollte, völlig übersehen. Was hat er jetzt vor?
Gespannt wartet die Gemeinde auf die kommenden Ereignisse. Ingo beginnt zu schwitzen. Soll er jetzt hinterherlaufen? Soll er hier bei den Spielern ausharren und abwarten?
Doch da kommt Michael zurück. Er trägt ein Tablett mit zwei Tellern, die gefüllt sind bis zum Rand: Kartoffeln, Salat, Fleisch. All das, was von den Eltern vorbereitet wurde und im Anschluß an den Gottesdienst aufgetischt werden soll.
„Bitte sehr!“ sagt Zachäus und stellt einen Teller vor Jesus hin. Den zweiten Teller stellt er auf seine Seite und läßt sich gleich gemütlich dahinter nieder. „Guten Appetit!“ sagt er und nickt Jesus freundlich zu. Jetzt ist das Volk aber wirklich ärgerlich. Die Spieler kommen heran und wollen ihr Geld zurück.

Nach dem Text des Neuen Testamentes müßte Zachäus jetzt in seine Hosentasche greifen und alles Geld wieder zurückgeben. Doch Zachäus denkt nicht daran.*
„Zachäus muß das Geld zurückgeben!" flüstert Ingo dem Zachäus zu. Michael tut so, als haben er nichts gehört.
„Daß das ausgerechnet im Gottesdienst passieren muß!" sagt Ingo zu sich selbst. Ihm ist ganz und gar nicht wohl in seiner Haut. Er kann das Spiel nicht abbrechen. Michael darf das Geld nicht behalten. Die ganze biblische Geschichte würde ja auf den Kopf gestellt werden. Auch der Pfarrer wird sichtlich nervös.
„Gib uns doch bitte das Geld zurück!" sagt er freundlich, aber mit einem leicht drohenden Unterton. Er steht in einer Reihe mit dem geprellten Volk, denn schließlich hat er ja auch sein Scherflein in Michaels Hosentasche stecken. Zachäus rührt sich nicht. Eine aufgeregte Stimme meldet sich schließlich aus der Gemeinde: „Michael, gib sofort das Geld zurück!" Aha, jetzt hat sich auch Michaels Mutter eingeschaltet. Hin und wieder ist auch ein leises, unterdrücktes Kichern zu vernehmen. „Michael!" versucht Ingo es noch einmal. Es hilft nichts. Michael greift nach seiner Gabel. Er spießt eine Kartoffel auf und will sie in den Mund stecken. Mechthild hat den ganzen Vorgang beobachtet. Sie hat zunächst versucht, etwas von dem Salat zu essen, hat aber dann die Gabel wieder hingelegt. Jetzt schaut sie unverwandt Michael an. Michael versucht, ihrem Blick auszuweichen. Er tut so, als würde er ihn gar nicht bemerken.
Aber Jesus läßt nicht locker. Jesus blickt Zachäus an. Dann reicht er ganz langsam die Hand zu Zachäus hinüber und öffnet sie.
Zachäus versucht, die geöffnete Hand vor seiner Brust zu übersehen. Dann greift er plötzlich in die Hosentasche und holt einen Geldschein nach dem anderen heraus. Langsam und bedächtig legt er jeden Schein vor sich auf den Tisch, streicht ihn sorgfältig glatt und legt ihn dann in die geöffnete Hand. Und Jesus reicht die Geldscheine weiter. Die Spieler bringen sie denjenigen zurück, die ihnen beim Spiel damit ausgeholfen haben. Der Pfarrer

erhält ebenfalls seinen Schein wieder. Doch er steckt ihn nicht ein, sondern legt ihn hinter sich auf die Fensterbank.
Im Raum ist es still geworden. Eine Stille, die unendlich wohltut. Längst steht Michael nicht mehr im Mittelpunkt, sondern Mechthild. Mechthild hat die Augen geschlossen und lächelt leicht vor sich hin.
Der Pfarrer räuspert sich. „Wir danken euch allen für euer Spiel!" sagt er.

Aus: Rolf Krenzer: Und darum muß ich für dich sprechen, Georg Bitter Verlag, Recklinghausen 1981, vom Autor leicht gekürzt.

Problemstellung:

Umgehen mit Menschen, die behindert sind und in bestimmten Situationen anders und emotionaler reagieren, als man erwartet. Obwohl die Spieler geistig behindert sind, begreifen sie in der Situation des Spiels die Geschichte von Jesus und Zachäus. Die Geschichten von Jesus im Neuen Testament machen deutlich, daß Jesus zu allen gekommen ist, zu Erwachsenen und Kindern, zu intelligenten und weniger intelligenten Menschen, und daß jeder seine Botschaft auch verstehen kann. Die behinderten Menschen in diesem Text begreifen sie durch ihr erlebnishaftes Tun.

Anregung:

Text vorlesen, dann darüber sprechen, wie es Ingo gelingt, die einzelnen Spieler so anzusprechen, daß sie trotz ihrer Behinderung an dem Spiel teilnehmen können und auch verstehen, was in dem Spiel von ihnen verlangt wird.
Der Text kann auch nur bis * vorgelesen werden, so daß darüber diskutiert werden kann, ob und wie es gelingen kann, den Spieler des Zachäus zum textgemäßen Weiterspielen zu veranlassen.
Mechthild kann weder sprechen noch gehen. Trotzdem gelingt es ihr, Michael zu überzeugen. Warum konnte Michael wohl in der geschilderten Weise gerade auf sie so reagieren?
Den Kindern kann auch deutlich gemacht werden, daß es sich hier nicht um eine konstruierte Situation, sondern um einen wirklich so geschehenen Ablauf handelt.
Anregung, das Spiel von Jesus und Zachäus selbst zu spielen.

*** Christophorus

Nach der Legende dient Christophorus nach einem Irrweg Jesus Christus dadurch, daß er die Menschen durch einen Fluß trägt, über den keine Brücke führt. Einmal aber trägt er Christus selbst auf seinem Rücken und wird von ihm getauft.

Legende von Christophorus; Namenstag am 25. Juli; Patron der Pilger, Reisenden, Fuhrleute, Schiffer, Kraftfahrer und Gärtner. Im Mittelalter zählte er zu den 14 Nothelfern. – Dem anderen helfen, ihm dienen.

Es lebte einst ein Heide mit Namen Offerus, das heißt zu deutsch „Träger". Er war zwölf Ellen lang, hatte einen starken Leib, mächtige Glieder und ein großes Antlitz. Einst dachte er bei sich: „Ich will wandern und nach dem größten Herrn fragen." Da wies man ihn zu einem König, der war Herr über viel Land und Leute. Zu dem kam er und gelobte ihm, treu zu dienen. Nachdem er etliche Zeit bei ihm war, sang ein Spielmann vor dem König und nannte dabei den Teufel. Dabei bekreuzigte sich der König, denn er war ein Christ. Offerus wußte nichts von diesem Zeichen, wunderte sich sehr und fragte ihn, was er damit meine. Da antwortete der König: „So will ich dir die Wahrheit sagen: Wenn man den Teufel vor mir nennt, so segne ich mich mit diesem Zeichen, dann flieht er. Das tu ich, damit er keine Gewalt über mich gewinne."

Da sprach Offerus: „Fürchtest du dich vor ihm? Ist seine Kraft so groß, daß sie dir schaden kann? So will ich ihn suchen, bis ich ihn finde. Ich will dem dienen, der gewaltiger ist als du."

Offerus suchte jetzt den Teufel überall. Eines Tages sah er in einer Wildnis eine große Schar Ritter. Unter ihnen gewahrte er einen schwarzen, greulichen Ritter, der sprach zu Offerus: „Wen suchest du?" Der antwortete: „Ich suche den Teufel, denn ich wäre gern sein Knecht." Da rief der Fremde: „Das bin ich." Offerus trat in seinen Dienst.

Einst zogen sie auf einer Straße, da stand ein Kreuz an einem breiten Weg. Der Teufel sah das Kreuz, bog halb nach der Seite ab und wagte nicht, den Weg zu reiten. Das sah Offerus wohl, wunderte sich sehr darüber und sprach zu seinem Herrn: „Sag mir, warum du den krummen Weg reitest." Das hätte ihm der Teufel gern verschwiegen.

Offerus aber drängte: „Du sollst mir die Wahrheit sagen." Da sprach der Teufel: „Da stand das Kreuz am Wege, daran Christus gehangen hat. Das Zeichen fürchte ich sehr und muß es allezeit fliehen." Offerus antwortete: „Da du sein Zeichen fliehen mußt, so ist er auch größer als du. Der soll mein Herr sein."

Danach fragte er überall, wo der Jesus Christus wohl wäre. Durch den Willen Gottes kam er zu einem Einsiedel, der hörte, daß er Christus dienen wollte. Er erzählte ihm, was für ein großer mächtiger König Christus wäre, ein Herr über alle Dinge. Fortan wollte Offerus dienen mit großem Fleiß. Da sprach der Einsiedel: „So sollst du beten, fasten und wachen nach seinem Willen."

„Ich mag weder wachen, fasten noch beten. Weise mich an ein anderes Werk, daß ich ihm damit diene."

Da sprach der Einsiedel: „Dort fließt das Wasser, darüber ist weder Brücke noch Steg. Willst du die Menschen darübertragen, so gefällst du deinem Herrn in diesem Dienst wohl."

Da sagte Offerus: „Das will ich wohl alles gern tun für Christus." Er baute sich selbst eine Hütte nahe bei dem Wasser, nahm einen Stab in die Hand und tat die Arbeit Tag und Nacht.

Eines Nachts war Offerus müde, legte sich nieder und schlief ein. Da rief ein Kind. Rasch stand er auf und suchte, woher die Stimme käme. Er fand aber niemanden, legte sich wieder nieder und schlief. Abermals schrie ein Kind: „Offerus!" Da lief er wieder hinaus und fand niemanden. Er legte sich wieder nieder, da rief es zum dritten Mal. Endlich fand er das Kind. Er nahm es auf seine Arme, packte seinen Stab und schritt in das Wasser. Und das Wasser wuchs und wuchs, und das kleine Kind war so schwer, als ob es Blei wäre, und das Wasser ward so groß, daß Offerus fürchtete, er werde ertrinken. Und da er mitten in das Wasser kam, da sprach er: „Eia, Kind, wie gar schwer bist du! Mir ist, als ob ich die ganze Welt auf mir trüge."

Da sprach das Kind: „Du trägst nicht allein die Welt, du trägst auch den, der Himmel und Erde erschaffen hat." Und das Kind drückte Offerus unter das Wasser und sprach zu ihm: „Ich bin Jesus Christus, dein König und dein Gott, für den du arbeitest. Ich taufe dich im Namen des Vaters und des Sohnes und des Heiligen Geistes. Vorher hießest du Offerus, nun sollst du Christofferus heißen nach mir. Du sollst deinen Stab in die Erde pflanzen, daran wirst du meine Gewalt erkennen. Denn der Stab wird morgen blühen und Früchte bringen." Damit verschwand er.

Da ward Christofferus froh und pflanzte den dürren Stab in die Erde. Der ward in einer Nacht zu einem Baum, blühte und brachte Früchte. Als Christofferus das Wunder sah, gewann er große Treue und Liebe zu Christus und dankte ihm für die Gnade, die er ihm angetan hatte.

(Unbekannter Verfasser)

Die Legende kann vorgelesen oder erzählt werden, wobei der Schwerpunkt auf dem letzten Teil, der Taufe des Christophorus, liegen sollte. Hier wird deutlich, daß die Taufe mit dem Namen etwas zu tun hat. Offerus wird zum Christophorus,

Saulus wird zum Paulus. In ganz einfacher und verständlicher Form wird dies in dem Tauflied „Ich habe einen Namen“ deutlich (Rolf Krenzer, Hrsg.: Ich wünsch’ dir einen guten Tag, Lahn-Verlag, Limburg 1983, Seite 115).

Anregung::

Die Legende von Christophorus als Bildgeschichte, als Comic, als Leporello gestalten.
In dem folgenden Lied stehen wir zunächst im Kreis, zeigen auf unseren Rücken und bücken uns dann ganz tief jeweils zu dem entsprechenden Text der Strophen. Mit unseren Händen zeigen wir, wie Christophorus Christus durch den Fluß getragen hat. Jeweils zum Refrain geben wir uns die Hände und ziehen in einer langen Kette im Kreis herum. Wir können auch zu dem Text des Refrains darstellen, daß wir tanzen und schwimmen.

* * *

Christophorus-Lied

T: Friedrich Karl Barth und Peter Horst
M: Peter Janssens

2. Ich wünscht, ich hätte Hände wie Christophorus,
und trüg auf meinem Rücken,
und müßt mich dabei bücken,
ein kleines Kind durch die Gefahren
durch den großen Fluß.

3. Es gäbe eine Wende, o Christophorus,
wenn wir die stolzen Rücken
für Menschenkinder bücken,
dann kommen sie durch die Gefahren durch den großen Fluß.

4. Wie in der Legende von Christophorus
wird aus den toten Stecken
die Liebe Blüten wecken,
die locken uns durch die Gefahren durch den großen Fluß.

Aus: „Unkraut Leben", 1977. Rechte beim Peter Janssens Musik Verlag, 4404 Telgte.

** Das Floß

Mit seinem Großvater fährt Heiko zu einer fast vergessenen Insel und entdeckt einen Schatz, der etwas ganz Besonderes darstellt: Er bringt dem Großvater die Erinnerung an seine eigene Kindheit zurück und verdeutlicht dem Enkel, daß sein „alter" Großvater einmal ebenso alt war, wie er heute ist.

Sommererlebnis; auch in der Nähe kann man viel erleben; Entdecken des anderen Menschen, eines Menschen, der mit in der Familie lebt; erlebnishafte Reise in die Vergangenheit; etwas mehr vom Innern des anderen Menschen erfahren; liebevolle Verbundenheit zwischen Großvater und Enkel.

Heiko kam aus der Schule heim und rief schon im Flur: „Heute haben wir ein Floß gebaut! Jeder hat ein Floß gebaut. Die ganze große Wasserschüssel war voll Flöße. Flöße aus Streichhölzern. Mein Floß hat ganz gerade auf dem Wasser gelegen, aber Robbis Floß war schief."
„So, so", sagte der Vater hinter der Zeitung, aber der Großvater hob den Kopf und hörte zu.

„Als ich ein bißchen größer war als du, habe ich mir auch ein Floß gebaut", sagte er. „Aus eine alten Kellertür. Damit bin ich auf unserem See herumgefahren. Ich habe sogar eine Insel entdeckt."
„Eine richtige Insel?" rief Heiko begeistert.
„Mit einer Trauerweide drauf", sagte der Großvater.
„Gibt's die jetzt noch, die Insel?" fragte Heiko.
„Sie kann ja schließlich nicht davongeflogen sein", meinte der Großvater.
„Meinst du, du findest sie wieder?" fragte Heiko atemlos.
„Warum nicht? Aber wie kommen wir hin? Sie liegt ganz weit draußen im See. Und der See ist zu flach für Boote. Da kann man wirklich nur mit einem Floß hin."
„Dann laß uns ein Floß bauen, Opa, bitte."
Am nächsten Tag, einem Samstag, bauten sie zusammen ein Floß. Sie brauchten gar nicht so lange dazu, denn der Großvater bekam dafür vom Nachbarn ein Stück Holzzaun. Der Nachbar hatte ein paar Tage zuvor den Holzzaun rund um seinen Garten weggemacht und statt dessen einen Maschendraht hingesetzt, weil die Pfähle durchgefault waren. Aber das Stück, das der Großvater sich aussuchte, war noch gut. Er nagelte eine Lage Bretter darüber, dicke Schwarten, dicht an dicht. Heiko reichte ihm die Nägel zu.
Der Vater kam herangeschlendert, mit den Händen in den Hosentaschen, und schaute zu.
„Da gehören noch zwei Balken auf die Unterseite, wegen der Stabilität", sagt er.
„Stimmt", antwortete ihm der Großvater. „Du kannst sie gleich sägen helfen. Da, halt mal."
Als sie das Floß auf den Dachgepäckträger von Vaters Auto hoben, mußte auch noch die Mutter helfen, weil das Floß so schwer war.
„Ich fahre auch mit zum See", sagte sie. „Das muß ich sehen, wie ihr mit diesem Ding durchs Wasser stakt."
Sie lief wieder ins Haus. Zusammen mit der Großmutter machte sie die Tasche mit dem Badezeug und einen Picknickkorb fertig.
„Ich glaube", sagte die Großmutter, „auch du und ich sollten unsere Badeanzüge mitnehmen, damit wir die Männer retten können, wenn sie von ihrem famosen Floß kippen."

Es wurde ein wunderschöner Nachmittag am See.
„Das sollten wir ruhig öfter mal machen", mampfte der Vater beim Picknick. „Die ganze Familie zusammen im Grünen..."
„... auf Entdeckungsreisen", sagte der Großvater. „Übrigens: Meine Insel ist eine Schatzinsel. Damals habe ich da einen alten Kochtopf vergraben."

„Was war denn im Kochtopf drin?" fragte Heiko gespannt.
„Ein kaputter Wecker", sagte der Großvater. „Den wollte ich vor meinen Brüdern retten. Deshalb. Jetzt bin ich aber gespannt, ob wir den noch finden."
Dann fuhren sie los, die drei Männer. Opa stakte vorn, der Vater hinten. Heiko saß im Schneidersitz mitten auf dem Floß, schaute nach der Insel aus, sah den Fröschen zu, die im Schilf nach allen Seiten davonhüpften, und beobachtete die Schwärme winziger Fische, die unter dem Floß durchzogen.

„Na, lebt ihr noch, ihr Schatzsucher?" kam Mutters Stimme vom Ufer herüber. Es klang, als käme sie vom Ende der Welt.
„Juhu!" rief Heiko. „Das Floß ist so herrlich, der See ist so herrlich, und daß ihr mitmacht, ist herrlich – !"

Der Großvater mußte eine Weile suchen, bis er die Insel fand. Denn die Trauerweide gab es nicht mehr. Statt dessen wuchs jetzt eine Erle auf der Insel, ein ganzes Erlengestrüpp. An einem Ast hing ein hellblauer Handschuh, den wohl das Hochwasser hierher getragen hatte. Dann fingen sie wild an zu graben und zu wühlen, bis Heiko auf etwas stieß, das blechern klang. Es war der eiserne Kochtopf, der jetzt aber voller großer Löcher und ganz verrostet war. Alle drei beugten sich so eifrig darüber, daß sie mit den Köpfen zusammenstießen.
„Da ist der Schatz", sagte der Großvater und beugte sich über ein Häufchen rostiger Brösel, zwischen denen noch eine Spirale und ein paar Schräubchen blinkten. Und er stieß ein solches Indianergeheul aus, daß Heiko lachen mußte.
Auf der Rückfahrt holten sie sich einen Sonnenbrand. Mutter und Großmutter kamen ihnen schon entgegengeschwommen.
„Ich hab dir was mitgebracht, Omi!" rief Heiko und schwenkte den Handschuh.
„Und ich?" fragte die Mutter. „Bekomme ich nichts?"
Da sprang er ihr vom Floß aus in die Arme und drückte sie.
Der Großvater aber zog die Großmutter auf das Floß und sagte: „Sträub dich nicht so, Piratenbraut! Du wirst jetzt entführt, ob du willst oder nicht, und zwar zur Schatzinsel."
Am Abend, bevor sie heimfuhren, versteckten sie das Floß im Ufergebüsch. „Das soll keiner finden", sagte der Vater. „Das ist *unser* Floß. Das haben wir *dir* zu verdanken, Heiko. Ohne dich wären wir nie auf die Idee gekommen, es zu bauen."

„Und am nächsten Samstag kommen wir wieder her", sagte die Großmutter. „Nicht war?"

Gudrun Pausewang

Der Großvater läßt sich auf einen Vorschlag ein, wie er nur von Kindern kommen kann, und entdeckt dabei ein fast vergessenes Stück seiner eigenen Kindheit. Er findet das wieder, was einmal wichtiger Teil seines Lebens war.
Der Enkel aber entdeckt seinen Großvater neu, erfährt plötzlich, daß sein ihm alt erscheinender Großvater einmal ein ebenso unternehmungslustiger und abenteuerfreudiger Junge war wie er selbst, ja, daß der betagte Großvater sogar in ein wildes Indianergeheul ausbrechen kann, weil er sich so freut. Es ist schon ein wirkliches Fest, wenn einer den anderen findet, wenn von Menschen zusammen etwas von dem erlebt wird, was mit dem Wort „Glück" umschrieben wird.

Anregung:

Den Text lesen und abwarten. Gesprächsimpuls: Ob dein Großvater (Großmutter, Vater, Mutter) auch irgendwo noch einen Schatz vergraben hat?
Wir berichten von besonderen Erlebnissen, die einen Tag, eine Stunde zu einem Fest machten. Was kann ein solches Fest auslösen?
Etwas gemeinsam entdecken, einen anderen Menschen entdecken, sich selbst entdecken, etwas innen drin spüren, erleben.
Vielleicht kann man Kinder dazu anregen, etwas mitzubringen, was für sie etwas ganz Besonderes darstellt, was sie auch mit auf eine Insel nehmen würden.
Wir malen und zeichnen Erlebnisse, Situationen und Dinge, die uns so stark berühren, in „festlichen" Bildern. Diese festlichen Erlebnisse brauchen nicht in der Ferne gesucht zu werden, sondern ereignen sich dort, wo wir „mit dem Herzen suchen".
Hierzu kann das Festlied „Wir feiern heut ein Fest" eingesetzt werden (in: Rolf Krenzer, Hrsg., „Ich wünsch' dir einen guten Tag" und auf der gleichnamigen LP/MC, Lahn-Verlag, Limburg 1983, S. 103).

Die Reise in die Erinnerung bringt neue freudig empfundene Erlebnisse hier und heute. Ebenso kann eine Ferienreise jetzt neue Erlebnisse für alle bringen, wenn Erinnerungen und Erfahrungen wieder eingebracht werden, so daß alle daran teilhaben können, z. B. in dem folgenden Tanzlied (zu jeder Strophe wird ein entsprechender Tanz getanzt).

* Souvenirs aus aller Welt

T: Rolf Krenzer
M: Ludger Edelkötter

Was bringen wir aus Spanien
denn mit nach Haus?
Ein ritzaratzerotes Tuch,
das packen wir jetzt aus.
Der Stier läßt seine Hörner sehn.
Zeigt, wie der Stier aussieht!
Dideldei, dei, dei,
dideldum, dum, dum.
Und alle tanzen mit.

Was bringen wir aus Rußland
denn mit nach Haus?
Ein stolzes Stulpenstiefelpaar,
das packen wir jetzt aus.
Wir tanzen den Kosakentanz
und singen unser Lied.

Dideldei, dei, dei,
dideldum, dum, dum.
Und alle tanzen mit.

Was bringen aus Italien
wir mit nach Haus?
Spaghetti hier, Spaghetti da,
die packen wir jetzt aus.
Sie ringeln sich und kringeln sich,
ja, guten Appetit!
Dideldei, dei, dei,
dideldum, dum, dum.
Wir kringeln alle mit.

Was bringen aus Amerika
wir mit nach Haus?
Den Tomahawk, den Tomahawk,
den packen wir jetzt aus.
Wir tanzen den Indianertanz
zu dem Indianerlied.
Dideldei, dei, dei,
dideldum, dum, dum.
Und alle tanzen mit.

Was bringen aus den Bergen
wir mit nach Haus?
Tirolerhut und Lederhose
packen wir jetzt aus.
Wir machen einen Watschentanz
und jodeln unser Lied.
Dideldei, dei, dei,
dideldum, dum, dum.
Und alle tanzen mit.

8.

Wir danken für die Ernte

Erntedankfest

** Teilst du mit mir dein Brot

Kanon vom Miteinanderteilen

Erntedank; Verantwortung für den anderen.

Der Kanon kann beim Brotteilen im Gottesdienst, aber auch als Tischlied gesungen werden.
Er kann auch als Reigenlied gesungen werden: Wir gehen in vier Kreisen – jeweils zwei in entgegengesetzter Richtung –, wobei sich diejenigen, die sich jeweils am Ende der vierten und der achten Zeile des Kanons gegenüberstehen, die Hände reichen.

T: Rolf Krenzer
M: Siegfried Fietz

* Sabine hilft Äpfel pflücken

Sabine hilft ihren Eltern bei der Ernte.

Ernte; Erntedank; Vorsorge für den Winter; Mithilfe aller wird benötigt.

„Mir ist langweilig!“ sagt Sabine. „Was soll ich nur tun?“
„Du kannst dem Vater im Garten helfen“, meint die Mutter. „Er pflückt Äpfel.“
Sabine hatte gar nicht bemerkt, daß ihr Vater in den Garten gegangen war.
„Ja, das mache ich!“ schreit sie und rennt aus der Tür.
Am großen Apfelbaum in der Ecke des Gartens lehnt die hohe Leiter. Der Vater steht ganz oben auf der letzten Sprosse. Er hat einen Korb an einen dicken Ast gehängt und legt vorsichtig die reifen Äpfel dort hinein.
„Gleich ist er voll!“ sagt er. „Rufst du mal Mutti, daß sie ihn abnimmt!“
Die Mutter ist schon da. Sie nimmt vorsichtig mit beiden Händen den Korb an, den ihr Vater herunterreicht. Dann gibt sie ihm einen leeren Korb. Ganz behutsam muß sich der Vater auf der Leiter bewegen, damit er nicht herunterfällt. Jetzt hängt er den leeren Korb wieder an den dicken Ast und pflückt weiter.
„Wollen wir den vollen Korb zusammen ins Haus tragen?“ fragt Mutter.
„Der ist ganz schön schwer!“ meint Sabine und hilft beim Tragen. Sie tragen den Korb durch die Tür und dann die Treppe hinunter in den Keller. Achim, Sabines großer Bruder, legt die reifen Äpfel auf ein Regal.
Dann darf Sabine den leeren Korb wieder in den Garten zu Vater bringen. Das kann sie natürlich ganz allein.
Aber beim Tragen des vollen Korbes müssen Achim oder Mutter immer helfen. Der ist so schwer. Das schafft keiner allein.
Abends ist der Baum leer und Sabine sehr müde.
„Dieses Jahr haben wir viele Äpfel von dem Baum in der Ecke!“ sagt der Vater. Dann nickt er Sabine zu: „Wenn du nicht geholfen hättest, wären wir immer noch nicht fertig!“
„Und was machen wir morgen?“ fragt Sabine.

Elinor Lange und Rolf Krenzer

An einem Beispiel wird gezeigt, wie Kinder beim Ernten mithelfen können. Ähnliche Beispiele können nach dem Anhören des Textes von den Kindern selbst gebracht werden.

Zu diesem Thema gibt es zahlreiche Lieder und Spiellieder, die hier eingesetzt werden können, z. B. „Mitten auf der Wiese steht ein großer Baum“ (in: Inge Lotz/Rolf Krenzer: Hast du unsern Hund gesehen?, Verlag Ernst Kaufmann, Lahr – Kösel-Verlag, München); „Hilfst du mir beim Kirschenpflücken“ (in: Rolf Krenzer (Hrsg.), Ich wünsch' dir einen guten Tag, Lahn-Verlag, Limburg, S. 188 f.), oder das bekannte Kinderlied „Spannenlanger Hansel, nudeldicke Dirn“.
Zu einem lustigen Tanz zum Erntedankfest kann der folgende Blumentanz erarbeitet werden, wobei die Tanzschritte von den Kindern selbst entwickelt werden können.

* Blumentanz (Ländler)

Den Blumentanz können wir auf die verschiedensten Blumenarten, auf Obst und auf alle Dinge, die Gott uns schenkt und die wir gern haben, erweitern. Dank für alles, was Gott uns täglich gibt.

T: Rolf Krenzer
M: Peter Janssens

2. Diesen schönen Apfel
hab ich dir mitgebracht.
Diesen Apfel schenk ich dir,
weil du mir zugelacht.
Ich schenke dir den Apfel
mit seinem Duft und Glanz
und lad dich ein und lad dich ein
zu einem Erntetanz.

Rundherum, ja rundherum,
der Erntetanz ist schön.

Aus: Kommt alle und seid froh, 1982. Rechte beim Peter Janssens Musik Verlag, 4404 Telgte.

Jeder Tänzer hat eine Blume. Einer beginnt, geht in den Kreis, zeigt seine Blume und geht auf eine Tänzerin zu und tanzt mit ihr den Blumentanz. Bei jeder weiteren Strophe kommt ein anderer Tänzer mit einer Blume hinzu. Wenn alle tanzen und die Tänzerinnen ihre Blumen haben, beginnt alles von vorn. Jetzt gehen die Tänzerinnen mit ihren Blumen los und suchen sich einen Tänzer, mit dem sie den neuen Blumentanz beginnen. Der Tanz kann auch als Erntetanz eingesetzt werden, z. B. mit Äpfeln, Birnen, Pflaumen, Tomaten.
Sogar ein Weihnachtstanz oder Adventstanz kann daraus werden: „Diesen schönen Tannenzweig hab ich dir mitgebracht“ oder „Diese schöne Kerze hab ich dir mitgebracht“.

** Wer bläst den Kürbis auf?

David möchte hinter das Geheimnis kommen, wer den dicken Kürbis aufgeblasen hat. Deshalb schleicht er eines Nachts in den Garten und entdeckt etwas, was das Geheimnis aber nur noch größer macht.

Ernte; Erntedankfest; Gottes Schöpfung; Staunen vor Gottes wunderbarer Schöpfung; Wachsen und Reifen.

Die Mutter kniete im Gemüsebeet. David sah ihr zu. Die Sonne erwärmte die herbstliche Luft, es roch schon ein wenig nach Ernte. Verstohlen sah David auf den großen Kürbis. Wie riesig er geworden war! Zuerst war es

nur eine große gelbe Blüte gewesen, aber jetzt ...! „Wie ein gelber Riesenluftballon!“ dachte David, und plötzlich fragte er laut:
„Mama, wer bläst den Kürbis auf?“

Der große Bruder war mit der kleinen Schwester auf dem Gartenweg hin- und hergegangen. Er blieb stehen und rief:
„Hör den Spinner! Aufblasen, ’nen Kürbis! Der hört seinen eigenen Piepser da oben!“
„Was soll das?“ fragte die Mutter und richtete sich auf.
„Ja, wie wächst der Kürbis?“ Sie sah den großen Bruder an.
„Der wächst eben!“ brummte er und scharrte mit dem Fuß auf dem Weg herum. „Sonnenschein und Wasser, klar, wächst er. In der Erde“, erklärte er. Die Mutter zeigte auf den Kürbis und schüttelte den Kopf.
„Ja“, meinte sie, „und weshalb sind dann die anderen Blüten eingetrocknet und die beiden Kürbisse dort so winzig klein geblieben?“
„Weiß ich doch nicht“, knurrte der Bruder und ging schnell mit der kleinen Schwester der Katze nach.
„Nein, David, ich kann dir nicht sagen, wer den Kürbis aufbläst.“ Sie lachte.
„Was meinst du, hast du eine Idee?“
„Der liebe Gott“, sagte David. Mama nickte und arbeitete weiter. „Morgen werden wir ihn ernten“, meinte sie, „Sonntag ist Erntedankfest.“
Aber David beschäftigte sich weiter mit der Frage: „Wer bläst den Kürbis auf?“ Auch noch, als er schon im Bett lag. Er konnte gar nicht einschlafen. Der Mond schien groß und gelb in das Fenster. Die Mutter kam noch einmal in sein Zimmer.
„Warum ist der Mond so groß, wer hat ihn aufgeblasen?“ flüsterte er.
„Niemand, David“, antwortete die Mutter, „es ist Vollmond.“ Dann erklärte sie ihm, weshalb der Mond einmal ganz schmal wie ein Apfelsinenschnitzchen zu sehen sei und dann wieder so groß und rund wie heute.
David nickte.
„Aber ...“, flüsterte er, „der Kürbis, Mama. Wie kommt es ...?“
Und er fragte wieder danach, wer ihn wachsen ließ.*

Im Haus war alles still geworden. Alle schliefen, auch Mama und Papa waren ins Schlafzimmer gegangen. Vorsichtig schlich sich David in das Treppenhaus. Ja, überall war das Licht gelöscht. Nun wollte er in den Garten gehen und sich zum Kürbis setzen. Er mußte herausfinden, wie der liebe Gott es machte, daß der Kürbis immer größer werden konnte. Die Eltern erzählten immer, der liebe Gott habe alles geschaffen. Also mußte er auch den Kürbis wachsen lassen.
„Ist ja klar, das mit dem Mond, aber der Kürbis? Warum sieht er so aus wie

ein Riesenluftballon?" fragte er. Aber der Garten lag geheimnisvoll still. Die Pflanzen warfen lange Schatten. Hoch über ihm war ein unendlicher Himmel zu sehen. Die Katze sah ihn fragend an und strich wie zur Antwort um seine bloßen Beine herum.
Der Kürbis lag immer noch da auf den grünen Blättern. Morgen also sollte er ins Haus geholt werden, und wenn er heute nacht nicht sehen konnte, weshalb er wuchs, dann würde er es nie erfahren. So setzte David sich auf einen Stein nahe bei dem Kürbis. Aber mit einem Mal wurde er sehr müde. Es war mühsam, wach zu bleiben. Da stand er auf und ging ein paar Schritte. Die kleinen Steine stachen ein wenig. Plötzlich hörte er ein zartes Geräusch. Woher kam es? David lauschte. Sein Herz klopfte rascher. Aber weglaufen? Nein! Die Katze hatte sich auf den Weg gelegt. Sie schlief. Ja, jetzt hatte er doch Angst, aber gleichzeitig war er auch neugierig.
„Ich werde sehen", dachte er, „wie der liebe Gott den Kürbis aufbläst."
Dieses merkwürdige Geräusch dauerte eine Weile, hörte auf und begann wieder von vorn. David war hellwach! Er war dem großen Geheimnis auf die Spur gekommen! Er hielt den Atem an, um besser lauschen zu können!
Und plötzlich sah er es! Ein Igel stand neben dem großen Kürbis!
Aber ehe David nun richtig schauen konnte, was der Igel tat – nein, es war wirklich zu dumm! –, kam Mama in den Gemüsegarten. Sie lächelte, hob David auf den Arm und trug ihn ins Haus. Der Kürbis lag geheimnisvoll im Mondenschein, groß und gelb. Wie ein aufgeblasener Luftballon.

Heike Hagenmaier

Es ist ein Wunder, daß der große dicke Kürbis im Garten wächst. Menschen aber möchten gern das Wunder erklären und hinter sein Geheimnis kommen. Auch der kleine David will wissen, wer es ist, der den Kürbis aufbläst, daß er so dick wird. Manche Dinge kann ihm die Mutter erklären, z. B. die Sache mit dem Mond. Aber es gibt auch Wunder, die Erwachsene nicht erklären können, über die sie nur immer wieder staunen können und für die sie Gott danken.

Anregung:

Text bis * lesen und die Kinder selbst nach Erklärungen suchen lassen. Dann den zweiten Teil der Geschichte lesen. Frage: Hat der Igel etwas damit zu tun?

Ziel:

Gottes Wunder seiner Schöpfung offenbart sich in jedem seiner Geschöpfe. Keine Frucht, kein Gras und kein Kraut kann von den Menschen nachgeschaffen werden. Gott läßt alles so wachsen, und wir dürfen dankbar annehmen, was er uns zur Ernte schenkt.

Wir sehen uns die verschiedenen Früchte an, schneiden sie auf und stellen fest, daß jede Frucht anders aussieht, anders wächst und anders schmeckt, z. B. Apfel, Birne, Pfirsich, Pflaume, Apfelsine, Banane.
Wir wiegen, wie schwer ein Apfel, eine Kartoffel, ein Kürbis ist.

Gemeinschaftsarbeit:

Viele unterschiedliche Früchte in bunten Farben in der Form einer Collage, aus Buntpapier, buntem Filz usw. ausschneiden und aufkleben. Erntedankkorb mit vielen Früchten (vorgegeben in Erste Arbeitsblätter Religion: Das Kirchenjahr, Verlag Ernst Kaufmann, Lahr – Kösel-Verlag, München). Hinweis auf das Misereor-Hungertuch aus Haiti: Der Baum, an dem Christus hängt, trägt viele große und prächtige Früchte.

*** Brot

Gedanken über das Brot
als Mittel zum Leben
für mich und alle auf
der Welt.

Erntedank; Brot – Brot mit anderen teilen; Brot als Grundnahrungsmittel; Bitte des Vaterunsers: Unser tägliches Brot gib uns heute.

Brot füllt uns mit Wohlbehagen,
wir fühlen uns wohl und warm,
ein warmer Laib,
Brot und Mensch.
Brot – Korn, aus der Erde wie ich.
Leben und Sterben –
Brot und Mensch,
Mensch und Brot.

Brot zum Leben, Lebensmittel,
Mittel zum Leben.
Leben – Brot ohne Not,
Not – Leben ohne Brot.

Brot wird gebrochen,
wird geteilt,
mitgeteilt.
Brot, das wir brechen,
verbindet uns,

schafft Gemeinschaft,
schenkt Vertrauen,
schließt Frieden.
Mit dem anderen uns teilen,
uns dem anderen mitteilen,
der andere teilt mit uns,
er teilt sich uns mit
durch Brot, das wir brechen

Brot zum Leben –
glücklich zu preisen,
wer es sich bricht;
glücklicher,
wem es gebrochen wird;
am glücklichsten,
wer mit anderen es bricht.

Brot zum Leben,
ich brauche es,
du brauchst es,
er, sie und es brauchen es,
Brot zum Leben;
ich hab es,
hast du es,
haben er, sie und es
Brot zum Leben?

* Mein tägliches Brot,
unser tägliches Brot,
aller tägliches Brot
gib heute
morgen
immer
mir
uns
jedem.

Geben und Nehmen,
Brot zum Leben.

Paul Kluge

Aus: Zeitschrift „In Sachen Spiel und Feier“ Nr. 3/32. Jahrg., Weinheim 1981.

Anregung:

Ein frisches Brot mitbringen, es von allen riechen lassen, es von allen anfassen, in den Arm nehmen lassen, aufschneiden oder brechen, davon essen. All das, was in dem Text verbal ausgedrückt wird, kann von Kindern zunächst erlebt und erfahren werden, bevor der Text eingebracht wird.
Text vervielfältigen und in einzelnen Teilen ausgeben, so daß ein Kind oder mehrere Kinder jeweils nur einen Vers haben. Den Text in Stillarbeit zunächst zu deuten versuchen, anschließend den gesamten Text von verschiedenen Sprechern vorlesen lassen.

Gesprächsimpuls:

Brot ist nicht für jeden selbstverständlich.
Anschließend ab * als gemeinsames Gebet sprechen. Zusammen das Vaterunser sprechen und bewußt auf die Bitte „Unser tägliches Brot gib uns heute" achten. Früher segnete die Mutter das Brot, bevor es angeschnitten wurde, indem sie mit dem Messer ein Kreuz auf die Unterseite des Brotlaibes ritzte.

*** Selbstgebackenes Brot

Im Rahmen einer Familienfreizeit backen Kinder und Erwachsene Brot. Es gibt Schwierigkeiten, als sie es mit anderen teilen sollen.

Erntedank; Brot teilen; dem anderen auch etwas von dem abgeben, woran man selbst besonders hängt.

Über hundert Eltern mit ihren Kindern waren der Einladung der Kinderakademie gefolgt und verbrachten eine Wochenendfreizeit zusammen. Weil es das Wochenende am Erntedankfest war, wollten alle gemeinsam erfahren und erleben, wo und wie Menschen Gottes Gaben aufnehmen, annehmen und weiterverarbeiten. So wurden Gruppen gebildet. Jede Gruppe sollte etwas Besonderes erleben dürfen und später den anderen darüber berichten.
Klaus führte seine Gruppe zum Bauernhof des alten Bauern Kollmar. Viele Stadtkinder waren zum erstenmal dabei, als die Kühe gemolken wurden. Am lustigsten wurde es aber dann, als jeder einmal versuchen durfte, eine Kuh zu melken. Und als dann in dem alten Butterfaß die Sahne zu Butter geschlagen wurde, da waren sich alle einig: Das Butterfaß wollten sie den anderen zeigen und auch vorführen, wie wirklich aus Sahne Butter geschlagen werden kann.

Cornelia führte ihre Gruppe zu Förster Rink in den Wald. Einen ganzen Tag waren sie mit dem Förster unterwegs und brachten anschließend viele schöne Dinge mit, die sie den anderen zeigen wollten: Blätter, seltsam geformte Wurzeln, ganz besonders schönes Moos ... und viele Erlebnisse.
Ute besuchte mit ihrer Gruppe die große Molkerei. Da konnten alle sehen, wie Milch und Sahne erhitzt, sterilisiert und zu Butter und Käse verarbeitet wurden. Spät am Nachmittag kam die Gruppe schwer beladen zurück: Sie hatte für jeden in den anderen Gruppen einen Beutel Buttermilch mitgebracht. Das hatten die Leute von der Molkerei mitgegeben.
Rolf war mit seiner Gruppe beim Bäcker. In der großen Backstube hatte Bäcker Stoll nach einem Rundgang jedem ein Stück Teig in die Hand gedrückt. „Backt euch selbst ein Brot!" hatte er gesagt und den Teig verschenkt. So entstanden an diesem Tag die herrlichsten Brote. Die Großen wetteiferten mit den Kleinen. Wer hatte schon jemals vorher in einer Backstube sein eigenes Brot backen dürfen? Kein Wunder, daß immer kunstvollere Figuren und Muster in den Brotlaib eingedrückt wurden und ein Brot origineller und schöner als das andere wurde. Spät am Nachmittag zogen alle noch einmal zur Backstube, um das inzwischen braungebakkene Brot abzuholen. Wie glückliche Kinder trugen die Erwachsenen ihr Brot auf dem Arm und konnten sich nicht sattriechen.
Am Abend berichteten die einzelnen Gruppen über ihre Erlebnisse. Als es dann wirklich gelang, aus der Sahne einen großen Klumpen Butter zu bereiten, da wollte natürlich jeder probieren.
„Jetzt könnten wir von dem Brot essen, das ihr heute gebacken habt!" rief Klaus und hielt den dicken Butterballen mit beiden Händen hoch. „Selbstgebackenes Brot mit frischer, selbstgebutterter Butter!" Begeistert stimmten die anderen ein. Ja, das sollte ein ganz besonderes Festmahl werden.
Die Gruppe der Brotbäcker aber blickte sich betreten an. Es war doch ihr eigenes Brot, das sie mit soviel Mühe und Freude selbst gebacken hatten. Viele Erwachsene hatten beabsichtigt, es mit nach Hause zu nehmen, den anderen dort zu zeigen, aufzubewahren ..., aber doch nicht jetzt hier mit den anderen zu essen.
„Habt ihr euer Brot hier?" fragte Klaus und zeigte auf ein großes Brotmesser, das er vorsorglich mitgebracht hatte.
„Mein Brot ist schon im Koffer!" sagte Frau Meinsinger und bekam ganz kalte und harte Augen. „Mein Brot will ich auch noch nicht anschneiden!" fügte Herr Kern etwas leiser hinzu. „Es ist das erstemal in meinem Leben, daß ich überhaupt einmal Brot gebacken habe."
Frau Gernhard blickte nur unter sich. Und Claudia, die sich nicht von ihrem Brot hatte trennen können, drückte es so fest an sich, daß es ihr wohl niemand entreißen konnte.

„Dafür haben wir unser Brot nicht gebacken!" sagte Herr Gehring. Und sein Sohn fügte etwas lauter hinzu: „Nein, dafür nicht!"
Im Raum breitete sich eine peinliche Stille aus. Betreten sahen sich Kinder und Erwachsene an. Die Kälte, die von der Gruppe der Brotbäcker ausging, war fast nicht zu ertragen. Und Klaus hielt noch immer den dicken Butterballen in seinen Händen. Jetzt warf er ihn mit einem lauten Klatsch in die große Holzschüssel, die neben dem Butterfaß stand. „Dann eben nicht!" sagte er. Und man merkte ihm an, wie sehr er sich ärgerte.
Jetzt versuchte Rolf zu vermitteln. „Den Teig hat uns doch der Bäcker geschenkt!"
„Aber es ist jetzt unser Brot!" jammerte Claudia und drückte den Laib noch fester an sich.*
„Man könnte Brot in der Küche holen!" schlug jetzt Cornelia vor. Sie wollte so schnell wie möglich diese schreckliche Situation zu einem Ende bringen.
Der kleine Tilo gehörte auch zu der Gruppe der Brotbäcker. Er war noch so klein, daß er sein Brot nicht ganz allein geformt hatte. Seine Mutter hatte ihm dabei geholfen. Sie hatten zusammen aus einem Teig ein kleines lustiges Tier geformt, das einem Schäfchen, einem Schwein, einem Igel und einem Frosch oder allen zusammen ähnlich sah. Alle hatten sein kleines Tier bewundert, das von ihm als ein Schäfchen bezeichnet wurde.
Und dieses Schäfchen hatte der kleine Tilo während der ganzen Zeit auf seinem Arm gehalten und liebevoll hin- und hergewiegt.
Jetzt aber hielt er plötzlich sein gebackenes Tierchen mit beiden Händen hoch und rief: „Ich gebe mein Schäfchen!"
Die kleine, dünne Stimme machte den Raum wieder warm, ließ die Menschen aufatmen, andere noch beklommener werden.
Tilo trippelte nach vorn, um Klaus sein Schäfchen zu bringen.
„Du darfst es schlachten!" sagte er leise.
„Nein, das nicht!" rief Frau Meinsinger. „Wartet! Ich hole mein Brot aus dem Koffer!" Sie verbesserte sich sogleich: „Ich hole unser Brot! Es dauert nicht lange!"
Da liefen die anderen hinter ihr her, holten das Brot, da sie gebacken hatten, wollten anbieten, abbrechen und aufschneiden. Aber es war viel zuviel Brot. Jetzt wollte jeder sein Brot den anderen geben. Und Klaus mußte wieder vermitteln. Schließlich waren es drei Brote, die aufgeschnitten wurden, so daß jeder ein kleines Stück mit frischer Butter probieren konnte.
„Wir brauchen auch morgen noch Brot für den Gottesdienst!" meinte Rolf. Und die Brotbäcker nickten ihm dankbar zu. Ja, auch für den Gottesdienst am Erntedankfest würde noch Brot gebraucht werden!**
Spät am Abend, als die Kinder schon im Bett waren, saßen die Eltern

zusammen. Der heutige Tag wurde besprochen. Da hielt es Herr Gehring nicht mehr aus. „Bevor wir jetzt über all das, was wir heute erlebt haben, sprechen, möchte ich etwas sagen!" Seine Stimme zitterte ein bißchen vor Aufregung. „Im Namen der ganzen Gruppe will ich sagen, daß uns das, was heute geschehen ist, sehr leid tut. Wir haben vorhin noch einmal miteinander gesprochen. Da ist es uns deutlich geworden, was es eigentlich heißt, mit anderen etwas zu teilen. Da, wo es uns um etwas ging, das wir ganz persönlich behalten wollten, da waren wir nicht mehr bereit zu teilen. Wir sind über uns selbst erschrocken. Jeder von uns hat an sich selbst entdeckt, wie hart und egoistisch er ist. Wenn nicht der Tilo gewesen wäre, was wäre dann nur passiert! Wir möchten uns alle bei euch entschuldigen."
Klaus nickte. Er brauchte Zeit, um eine Antwort zu finden. Schließlich sagte er: „Ich glaube, wenn wir aus den anderen Gruppen bei den Brotbäkkern gewesen wären, hätten wir uns sicher genauso verhalten. Ja, ich bin da ganz sicher. Ich hätte mich genauso verhalten. Denn das Brot, das man einmal selbst gebacken hat ..."
Viele nickten und stimmten ihm zu.
„Und dann sprechen wir von unserer Verantwortung für die Menschen in der Dritten Welt, für die Hungrigen in Afrika, in Mittelamerika ..."
Herr Kern schüttelte den Kopf, als er daran dachte, wie er sich vorhin verhalten hatte.
„Wir haben es aber doch selbst bemerkt!" fügte Frau Meinsinger hinzu. „Wir haben es *noch* selbst bemerkt. Der kleine Tilo hat uns geholfen!"
Später sprachen alle darüber, wie sie gemeinsam den Gottesdienst vorbereiten und feiern wollten. Aber alle waren sich in einem einig: Das Schäfchen des kleinen Tilo durfte auf keinen Fall geschlachtet werden.

Rolf Krenzer

Die hier niedergeschriebene Situation ist authentisch. Sie macht deutlich, wie schwer jedem von uns das Teilen fällt. Sie macht aber ebenso deutlich, daß Christen auch eine solche Situation durchstehen müssen, um sich selbst zu erkennen, um sich dann anders zu verhalten. Teilen mit dem anderen heißt nicht: ETWAS VOM EIGENEN ÜBERFLUSS ABGEBEN.
Was geben wir als „Opfer"? Verdient das, was wir geben, überhaupt diesen Namen? Was fordert Christus von uns? Wie können wir beispielsweise Menschen in der Dritten Welt wirklich verantwortungsbewußt unterstützen, wenn wir nicht in unserem engsten Kreis zum wirklichen Teilen bereit sind?
Der Text wirft viele Fragen in bezug auf aktuelle Ereignisse und Erlebnisse auf.

Vorschlag::

Den Text bis * lesen, darüber diskutieren, wie es weitergehen kann. Auch im Rollenspiel kann eine mögliche Lösung erarbeitet werden. Danach den Text bis zum Ende vorlesen und die von den Kindern angebotenen Lösungen mit dem hier wirklich Geschehenen vergleichen; darüber sprechen. Auch bei ** kann der Text noch einmal unterbrochen werden, um darüber zu sprechen, wie die Gruppe der Brotbäcker wieder in die Gemeinschaft mit allen kommen kann.

** Josef und seine Brüder

Josef wird von seinen Brüdern verkauft. Er wird ein reicher Mann in Ägypten und verzeiht seinen Brüdern. Er rettet seine Familie vor der Hungersnot.

Genesis 37 (Auszug)

T: Rolf Krenzer
M: Peter Janssens

2. Der Josef hat viel mitgemacht,
verkauft, ins fremde Land gebracht.
Der Josef hat viel mitgemacht,
ins fremde Land gebracht.

3. Man sperrt ihn ins Gefängnis ein,
doch Gott ließ niemals ihn allein.
Man sperrt ihn ins Gefängnis ein,
Gott ließ ihn nicht allein.

4. Er gab ihm Liebe, Mut und Kraft.
So hat es Josef dann geschafft.
Er gab ihm Liebe, Mut und Kraft.
So hat er es geschafft.

5. Ein angesehner, feiner Mann
war Josef in Ägypten dann.

Ein angesehener, feiner Mann,
das war der Josef dann.

6. Und als im Land herrscht Hungersnot,
gibt Josef jedem Korn für Brot.
Und als im Land herrscht Hungersnot,
gibt Josef Korn für Brot.

7. Auch seine Brüder kommen jetzt,
die ihn verkauft und so verletzt.
Auch seine Brüder kommen jetzt,
die ihn so schwer verletzt.

8. Doch Josef hat nicht rumgeschrien.
Er hat den Brüdern bald verziehn.
Doch Josef hat nicht rumgeschrien.
Er hat sehr bald verziehn.

9. Er sagt:„ Ist erst mein Vater hier,
dann lebt ihr allezeit bei mir.“
Er sagt: „Ist erst mein Vater hier,
lebt ihr mit ihm bei mir!“

Aus: Josef zwischen Wohlstaat und Armewelt, 1980

Das Lied kann im Anschluß an die Josefsgeschichte gesungen und in ein kleines Rollenspiel umgesetzt werden. Es macht deutlich, daß Josef in der entscheidenden Situation richtig handelt, sich auch denen zuwendet, die einst an ihm schuldig geworden sind. Er gibt den Hungrigen zu essen und verzeiht ihnen.
Die einzelnen Szenen des Liedes können auch als einzelne Bilder gezeichnet werden, so daß diese nebeneinander aufgehängt werden können und die Strophen des Liedes verdeutlichen. Die Bilder können nach und nach entstehen, wenn die Josefsgeschichte erzählt wird.

** Dem lieben Gott sein Kürbis

Der Kürbis, der zum Erntedankfest auf den Altar gelegt werden soll, wird aus dem Garten gestohlen.

Erntedank; Abgeben von dem, was geerntet wurde; Erntedankaltar; Diebstahl; einen anderen bestehlen; Stehlen und nicht wissen, was man sich selbst und dem anderen damit antut.

Im Garten hatten sie schon die Bohnen gepflückt, die Kartoffeln ausgegraben. Und die Apfelbäume standen mit kahlen Ästen. Nur ein Kürbis leuchtete gelb und rund aus dem Laub wie ein Mond, wie der Mond, den sie vom Himmel gepflückt haben.
„Den lassen wir liegen", sagte Vater. „Der kann bleiben bis zum Erntedankfest. Wir bringen ihn in die Kirche und legen ihn auf den Altar."
Die Kinder schauten jeden Tag nach, ob der Kürbis wohl noch gewachsen war. Er wurde immer schöner. Über der gelben Schale bekam er ein feingeflochtenes weißes Netz, einen zarten Schleier.
„Kürbis, Kürbis, ich gebe bekannt, du bist der Dickste in unserem Land!" sangen die Kinder. Und „Wachse noch ein bißchen", redeten sie ihm zu.
Drei Tage vorm Erntedankfest leuchtete nichts mehr im Garten. Kein dikker Kürbis mehr. Jemand hatte ihn in der Nacht mitgenommen. Man konnte noch die Fußspuren sehen.
„Schlimme Geschichte!" schalt Vater. „Jetzt haben sie doch dem lieben Gott den Kürbis gestohlen."

Sonja Matthes

Wahrscheinlich werden Erwachsene auch über Diebstahl wieder zur Tagesordnung gehen und eben etwas anderes auf den Altar zum Erntedankfest legen. Aber der Vater in dem Text drückt vor seinen Kindern das aus, was diese auch empfinden: „Schlimme Geschichte! Jetzt haben sie doch dem lieben Gott seinen Kürbis gestohlen!"

Gesprächsimpuls:

Ob der Dieb gewußt hat, für wen der Kürbis bestimmt war? Ob er ihn dann auch gestohlen hätte?

** Das lustige Erntedankfest

Der kleine Ingo sagt auf seine Weise Gott für alles, was er ihm gegeben hat, dankeschön. Pfarrer und Gemeinde freuen sich mit.

Dank sagen; Gott etwas schenken; kindliches Vertrauen; Erntedank. Hinweis auf Jesus und die Kinder. Markus 10,13–16; Matthäus 19,13–15; Lukas 18,15–17

„Dürfen nur die Menschen Erntedank feiern, die einen Garten haben?" fragte Ingo seinen Vater.
„Warum meinst du das?"
„Weil – ernten kann man doch nur im Garten. Äpfel und Birnen und Gurken und Kohl, das kann man ernten."
„Weißt du, Ingo, Erntedank ist ein altes Fest. Und früher, in alten Zeiten, hatten alle Menschen einen Garten oder ein Feld. Jetzt gibt es viel mehr Menschen. Sie können nicht alle einen Garten haben, so viel Platz gibt es gar nicht. Aber dankbar für das Essen und Trinken sind wir alle."
„Kann man auch etwas anderes auf den Altar legen? Vielleicht etwas Gekauftes?"
„Warum nicht? Wenn wir Geld verdienen, ernten wir ja auch den Lohn für unsere Arbeit. Nicht im Garten oder auf dem Acker oder im Weinberg, vielleicht im Büro oder in einer Fabrik."
Ingo war mit der Antwort zufrieden. Warum, das ahnte sein Vater nicht.
Sonntag war Erntedanktag. Die ganze Familie ging zum Gottesdienst. Am Erntedanktag hatten die Frauen die Kirche herrlich geschmückt. Die schönsten Früchte lagen auf den Altarstufen oder in Körben und Schalen. Wenn man nur hinsah, lief einem das Wasser im Munde zusammen. Das alles war gewachsen aus kleinen Samen und Blüten.
Ingo hatte heute einen Plan. Aber er verriet ihn nicht. Damit wurde er besser alleine fertig. Die Großen brauchten manchmal so lange Erklärungen, und dann hatten sie es immer noch nicht verstanden. Sie konnten einem gründlich die Überraschung und die Freude verderben. Hätten Vater oder Mutter ihren jüngsten Sohn etwas genauer angesehen, dann wäre ihnen schon etwas aufgefallen. Er trug etwas unter seiner zugeknöpften Jacke. Es sah aus, als habe er ein Brett auf der Brust. Aber niemand merkte etwas.
Ingo blieb absichtlich ein wenig zurück. Im Gedränge an der Kirchentür konnte er dann ganz verschwinden. Ein paar Schritte brauchte er ja nur allein zu gehen. Ob er's schaffte? Wenn ihn nur niemand verriet.
Als Ingo auf dem langen Läufer im Mittelgang der Kirche auf den Altar zuschritt, öffnete er vorsichtig die Jacke. Er streifte eine Schnur über den Kopf. Dann hielt er sein großes Lebkuchenherz vom letzten Jahrmarkt in

den Händen. – Es dauerte nur einen Augenblick, da stand es zwischen den Kohlköpfen.
Still und zufrieden betete Ingo neben der Mutter und setzte sich. Der Gottesdienst begann. Der Pfarrer erschien. Die Gemeinde sang das erste Lied. Es klang heute besonders fröhlich.
Der Pfarrer predigte. Er wunderte sich im stillen: Ich erzähle den Menschen doch an jedem Erntedankfest so ziemlich dasselbe. Warum sind sie dabei heute so vergnügt? Warum lachen sie zu meinen Worten? Er wurde unsicher, tat aber so, als ob er nichts merke.
Schließlich fiel ihm auf, daß die Menschen sich anstießen, auf den Altar deuteten, dorthin, wo die Früchte und Blumen aufgebaut waren, und dann schmunzelten.
Dort mußte etwas Besonderes zu sehen sein. Aber was? Der Pfarrer wurde so kribbelig vor Neugierde, daß er sich in seinen Worten verhaspelte. Seine Gedanken waren nicht bei der Sache.
Zum Schluß der Feier trat der Pfarrer vor und spendete den Segen. Er schritt heute ein wenig weiter vor und lugte dahin, wohin alle schauten. Jetzt mußte auch er lachen. Da stand doch wahrhaftig zwischen dem Weiß- und Rotkohl ein großes Lebkuchenherz. Und auf der blanken braunen Fläche stand mit breitem Zuckerfaden aufgespritzt: Dickerle.
Der Segen des Pfarrers kam noch nie so fröhlich über seine Lippen. Verstohlen blickte er an seinem Talar hinab, unter dem sich sein runder Bauch wölbte. Dickerle? dachte er. Ob ich damit gemeint bin oder unser Herrgott?

Sonja Matthes

Nach dem Vorlesen der Geschichte, die erfahrungsgemäß so viel Spaß macht, daß Kinder einzelne Situationen wiederholen, erneut belachen und wieder vorgelesen haben wollen, kann die Frage aufgeworfen werden, ob Gott dieses Lebkuchenherz zwischen den vielen Erntegaben annimmt.
Hier ist die direkte Verbindung zum Neuen Testament und zu der Geschichte von Jesus und den Kindern gegeben. Dort sagt Jesus zu den Jüngern: „Wer Gott wie ein Kind vertraut, der wird immer seine Liebe erfahren!"
Vielleicht haben die Gottesdienstbesucher auch etwas davon erfahren, als sie das Lebkuchenherz entdeckten.

Ziel:

Wir können uns mit allem an Gott wenden. Gott hört uns zu. Und es ist ihm nichts zu gering, wenn es uns selbst wichtig ist.

* Wir danken für die Ernte

Wir danken Gott für alles,
was wir geerntet haben.

Erntedank

T: Rolf Krenzer
M: Siegfried Fietz

Trauben bringen wir zu dir,
und wir danken dir dafür.
Danken für deine Gaben,
daß wir zu trinken haben.

Äpfel bringen wir zu dir,
und wir danken dir dafür.
Danken für deine Gaben,
daß wir zu essen haben.

Alles bringen wir zu dir,
und wir danken dir dafür.
Danken für deine Gaben,
daß wir zu leben haben.

Zu dem Lied kann jedes Kind eine Frucht, Gemüse, Salat, eine Pflanze usw. auf den Erntedanktisch legen. Dann wird jeweils die erste Zeile in der Strophe entprechend geändert (Birnen bringen wir zu dir ... usw.).
Das Lied kann auch in einem einfachen Schreit- oder Reigentanz getanzt und gesungen werden. Wir können um den Tisch mit den vielen Gaben herumschreiten, tanzen und dazu singen.

9.

Oh seht, wie die Laterne strahlt

Martinstag

** Martin von Tours

Aus der Sicht eines jungen Zeitgenossen wird eine Begegnung mit dem heiligen Martin geschildert.

Martinstag; der heilige Martin; dem anderen Menschen helfen; Nothelfer.

Man schreibt das Jahr 380.
Ein heißer Sommertag geht zu Ende. Der Abend bringt ein wenig kühle Luft. Den ganzen Tag über sah man in der Stadt Tours kaum einen Menschen auf der Straße. Aber nun am Abend gehen viele Leute spazieren. Sie erholen sich von der Hitze des Tages.
Drüben auf der anderen Seite der Straße gehen zwei Menschen. Es ist ein Vater mit seinem Jungen. Sie sind fremd hier. Niemand grüßt sie. Nur manchmal sieht jemand ihnen neugierig nach. Sie tragen staubige, zerrissene Kleider. Sie haben einen langen Weg hinter sich.
Der Junge fragt: „Vater, ist es noch weit? Ich bin hungrig und müde!" Sein Vater legt den Arm um ihn. Dann sagt er: „Wir werden bald da sein. Du wirst dich satt essen können, und dann wirst du auch eine Schlafstelle bekommen!"
„Und wenn er uns wegschickt?" fragt der Junge ängstlich. Sein Vater tröstet ihn: „Er wird uns helfen. Er hat allen geholfen, die seine Hilfe brauchten." Dann hält der Vater einen Mann an. Er fragt höflich: „Freund, könnt Ihr uns sagen, wie wir zum Bischof Martin kommen?" Der Mann erklärt es ihnen: „Geht diese Straße weiter! Dort am Brunnen stehen viele Leute. Stellt euch dazu! Sie warten alle auf den Bischof."
Nun gehen beide schneller. Sie werden bald bei dem Bischof von Tours sein. Als sie am Brunnen ankommen, setzen sie sich auf die Erde. Sie wollen ein wenig ausruhen und hier warten, bis der Bischof kommt.
Viele Menschen warten schon: Alte Leute, die sich mühsam auf ihren Stock stützen. Arme Leute, die hungrig sind. Junge Leute, die krank sind und nicht arbeiten können; Kinder, die niemanden haben, der für sie sorgt. Ein Junge setzt sich zu ihnen auf die Erde. Er fragt höflich: „Ihr kommt sicher von weit her. Wollt ihr auch zu unserem Bischof?" Der Vater nickt und sagt: „Wir sind seit drei Tagen unterwegs. Wir sind gekommen, um hier Hilfe zu finden. Unser Haus ist abgebrannt. Wir haben all unser Hab und Gut verloren. Wir sind in einer Nacht zu Bettlern geworden."
Der Junge hat aufmerksam zugehört. Nun fragt er: „Meint ihr, daß der Bischof euch helfen wird?"
Da erzählt ihm der Vater die Geschichte, die überall im Land bekannt ist: „Früher war der Bischof Martin ein ganz einfacher Soldat. Er war so mutig

und tapfer, daß er bald Offizier wurde. Aber schon damals kümmerte er sich um die Armen. Von seinem Sold behielt er nur das, was er unbedingt für sein Leben brauchte. Alles andere verschenkte er.
Einmal begegnete ihm an einem kalten Winterabend ein Bettler, der nur noch Lumpen auf seinem Leib trug. Er wimmerte vor Kälte. Als Martin ihn sah, nahm er sein Schwert und schnitt damit seinen eigenen Mantel mitten durch. Die eine Hälfte gab er dem Armen. Die andere Hälfte legte er sich selbst wieder um.
In der folgenden Nacht soll dem Martin Jesus Christus im Schlaf erschienen sein. Er soll jenes Mantelstück getragen haben, das Martin dem armen Bettler am Abend geschenkt hatte."
Der fremde Junge kennt die Geschichte schon. Er weiß, daß Martin in jener Nacht ein Christ wurde. Er weiß auch, daß er später Mönch wurde und sogar ein Kloster gründete. Er erzählt den beiden, daß er heute mit dem Bischof sprechen will. Er möchte auch gerne Mönch werden und in das Kloster eintreten. Er möchte auch Gott dienen und armen Menschen helfen.
Nun springt er plötzlich auf und ruft: „Seht, dort kommt der Bischof mit den Mönchen. Kommt mit, wir wollen ihm entgegengehen!" Der Vater und sein Junge müssen lange warten, bis sie endlich an der Reihe sind. So viele Leute wollen ja mit dem Bischof sprechen. Aber er hat für alle Zeit. Als sie schließlich vor Bischof Martin stehen und ihm ihre Not klagen, da wissen sie: Er wird auch ihnen helfen.

Aus: Rolf Krenzer: Helfer in der Not – Geschichten von Helfern der Menschheit – Hirschgraben-Verlag, Frankfurt/M. 1966.

Martin von Tours wurde 316 in Ungarn geboren. Mit 18 ließ er sich taufen und verließ das Heer, um als Mönch zu leben. Er gründete das erste Mönchskloster in Gallien (Frankreich). 371 wurde er Bischof von Tours.
Eine andere immer stärker ins Bewußtsein tretende Dimension der Persönlichkeit des heiligen Martin wird mit der folgenden Ballade angesprochen. Martin wurde Christ und ließ sich taufen, als er bereits Soldat war. Später (etwa um 356 nach Christus) verweigert er in Worms dem römischen Kaiser Julian den Kriegsdienst und lehnt es ab, einen Extra-Sold anzunehmen. Nach Sulpicius Severus sagt Martin zu dem Kaiser: „Bis heute habe ich dir gedient. Gestatte nun, daß ich jetzt Gott diene. Dein Geschenk mag annehmen, wer in die Schlacht ziehen will. Ich bin ein Soldat Christi. Es ist mir nicht erlaubt zu kämpfen." Die Ballade, vertont von Ludger Edelkötter, liegt in der Musicassette „Wir feiern heut ein Fest" – Neue Lieder zum Kirchenjahr – im Impulse Musikverlag, 4406 Drensteinfurt, vor.
Die Beziehung zu der Legende mit dem Bettler wird deutlich: Das Schwert nicht zum Töten, sondern zum Teilen!

St. Martin oder: Die Ballade vom Soldaten und dem Schwert

Soldat, was hast du dir gedacht?
Was hast du mit dem Schwert gemacht?
Die Waffe legt zum Kampf man an.
Was hast du mit dem Schwert getan?
Was sollte diese Tat?
Soldat! Soldat!

Du rittest fort von der Armee
und fandest dort im tiefen Schnee
den Bettler mit dem grauen Haar,
der fast im Frost erfroren war.
Er hockte an dem Pfad.
Soldat. Soldat.

Soldat, du hieltest an dein Pferd.
Du sahst den Mann und zogst dein Schwert,
nahmst deinen Mantel und schlugst zu.
Den Mantel teiltest du im Nu
so in zwei Hälften grad.
Soldat. Soldat.

Den einen Teil des Mantels dann
legtest du selber wieder an.
Dann stiegst du ab und hängtest stumm
den andern Teil dem Armen um.
War das dein Kamerad?
Soldat. Soldat.

Soldat, im Kampf nur liegt das Glück!
Gib doch die Waffe nicht zurück!
Du wirst Major und Kommandant!
Leg doch das Schwert nicht aus der Hand!
Was du tust, ist Verrat!
Soldat! Soldat!

Und bin ich auch des Hauptmanns Sohn,
so lauf ich aus dem Heer davon.

Zum Teilen diente mir das Schwert.
Zum Töten ist es mir nichts wert.
Ich diene Krieg und Heer
nie mehr, nie mehr!

Rolf Krenzer

Als Martin 397 starb, trauerten viele Menschen um ihn, denn er hatte immer den Armen und Notleidenden geholfen. Heute spricht man nur von dem „heiligen Martin“ und feiert am 11. November seinen Namenstag, den Martinstag.
Die Legende von Sankt Martin und dem Bettler kann im Rollenspiel oder in der Pantomime gestaltet werden. Ein einfaches Spiellied, zu dem spontan die Begegnung mit dem Bettler dargestellt werden kann, ist auf der LP/MC und Singheft/Klavierauszug „Kommt alle und seid froh“ im Peter Janssens Musikverlag, Telgte erschienen.
Neben dieser Legende hat sich aber auch die Legende von der Martinsgans erhalten.

** Die Legende von der Martinsgans

Überall im Land erzählte man von dem heiligen Martin. Die Geschichte von dem armen Bettler hatte sich weit herumgesprochen. So war Martin ein bekannter Mann. Viele Menschen liebten und verehrten ihn. Ja, sie wollten Martin sogar zum Bischof machen. Aber Martin wollte nicht Bischof werden. Dafür war er viel zu bescheiden. Er hatte auch Angst vor diesem Amt und meinte, er würde nie ein guter Bischof werden.
Als die Leute kamen und ihn zum Bischof machen wollten, versteckte er sich in einem Gänsestall. Hier werden sie mich bestimmt nicht suchen, dachte er. Die Gänse im Gänsestall aber schnatterten so laut und waren so aufgeregt, daß Martin schließlich doch entdeckt wurde. So wurde Martin Bischof. Und er wurde ein guter Bischof. Die Gänse aber müssen seitdem dafür büßen, daß sie den heiligen Martin verraten haben. Sie werden geschlachtet und kommen als Gänsebraten auf den Tisch. So heißt es in dem bekannten Kinderlied „Was haben wir Gänse für Kleider an“ in der letzten Strophe:

Was machen wir Gänse am Martinstag? Gigagack!
Man führt uns aus dem Stall heraus

zu einem fetten Martinsschmaus –
Gigagack – und bricht uns das Genick.

Neu erzählt von Rolf Krenzer

Besonders auf dem Lande war früher der Martinstag von besonderer Wichtigkeit. An diesem Tag erhielten Knechte und Mägde ihren Lohn, da jetzt die Ernte eingebracht und der Wein gekeltert war. Der Martinstag bedeutete somit den Abschluß eines Wirtschaftsjahres. Gleichzeitig mußten aber auch die Abgaben an Zinsen und Pacht bezahlt werden. Viele Bauern leisteten ihre Abgaben nicht finanziell, sondern bezahlten mit den landwirtschaftlichen Produkten, die sie hatten, z. B. mit einer Kuh, mit einem fetten Schwein oder mit einer Gans.

Weil die Gänse oft vorher geschlachtet wurden, um den Gutsherren einen fetten Gänsebraten zu servieren, erhielten diese Gänse den Namen des Tages des heiligen Martin, also Martinsgans.
In vielen Gegenden erhielten die Kinder zum Dank für die gute Ernte auch am Martinstag Geschenke, z. B. Martinshörner, Martinsbrezel, Pfefferkuchen, Nüsse und sonstige Süßigkeiten. Der Brauch, am Vorabend herumzuziehen und Laternenlieder zu singen, reicht weit zurück.
Die Geschichte der Martinsgans ist auch in die Legende und in einige Kinderlieder eingegangen.

*** Martin und der Bettler

Inhalt:

Der Bettler geht im Winter von Haus zu Haus, doch niemand hilft ihm oder nimmt ihn bei sich auf. Als er nicht mehr weiterkann und frierend in den Schnee fällt, kommt Martin dahergeritten, teilt mit ihm seinen Mantel und gibt ihm zu essen.

Mitspieler:

Bettler, Martin, Pferd des Martin, Leute, die den Bettler davonschicken, Kinder. Es können auch Spieler als Bäume und als Häuser eingesetzt werden.

Spieldauer:

bis 15 Minuten.

Mögliche Spielform:

Spiel im Kreis – Spiel im Halbkreis – Spiel auf der Bühne – Puppenspiel – Schattenspiel – Menschenschattenspiel.

Bühnenbild:

Große Winterlandschaft als Gemeinschaftsarbeit an der Rückwand. Die einzelnen Häuser können aus Tischen gebaut werden. Es können auch große Pappehäuser gebaut und angemalt werden. Ebenfalls können mehrere Spieler ein Haus bilden. Umgedrehte Tische können ebenso Häuser darstellen.

Requisiten und Kostüme:

Es kann ganz ohne Requisiten gespielt werden. Dann wird das Teilen des Mantels auch pantomimisch dargestellt.
Wer einige Kostüme mit den Kinden erproben will, kann dem Martin einen einfachen Umhang geben, der leicht zu teilen ist. Der Bettler kann dünne und ärmliche Kleidung tragen. Die Leute, die den Bettler von ihren Türen weisen, können als unterschiedliche Berufe gekennzeichnet sein (Bäcker, Metzger, Kaufmann, Förster usw.).
Das Pferd kann auch von einem Spieler (auch zwei Spieler möglich) dargestellt werden, dem eine braune Decke übergelegt ist. Wenn zwei Spieler das Pferd darstellen, bildet der erste Spieler das Vorderteil, der zweite, sich bückend und an dem ersten Spieler anklammernd, das Hinterteil. Eventuell können Pappohren an einem Stirnband befestigt werden. Martin hat ein Holz- oder Plastikschwert. In seiner Tasche trägt er ein eingewickeltes Butterbrot, das er im Verlauf des Spiels dem Bettler schenkt.

Praktische Vorbereitungen:

Das Hintergrundbild einer Winterlandschaft kann auf Tapetenrollen mit Fingerfarben oder sonstigen Farben gezeichnet werden. Auch Bettücher können aufgehängt werden und so eine Winterlandschaft darstellen. Ebenfalls läßt sich blauer Plakatkarton mit Watte bekleben, so daß der Eindruck von Schneeflocken entsteht.
Zum Erzählen der Legende können die einzelnen Szenen spontan angespielt werden. Der Text stellt nur einen Vorschlag dar, der beliebig erweitert oder gekürzt werden kann.

Noten und Spieltext:

Das Lied stellt die Verbindung zu den einzelnen Szenen her. Es kann von einem kleinen Chor oder von allen Mitspielern gesungen werden. Mit dem Orff-Instrumentarium läßt sich eine einfache Begleitung gemeinsam mit den Kindern erarbeiten.

* Kommt und seht

T u. M: Rolf Krenzer

Auf der Bühne sind verschiedene Häuser aufgebaut, in denen Menschen wohnen. Sie stellen eine Straße dar. Es ist kalt. Man hört den Wind heulen.

Zwei Kinder kommen mit ihren Schlitten.

Erstes Kind: Meine Finger tun so weh! Es ist viel zu kalt zum Schlittenfahren!
Zweites Kind: Ich habe ganz kalte Füße.
Erstes Kind: Gut, daß wir wieder zu Hause sind!
Zweites Kind: Hoffentlich hat meine Mutter etwas Warmes zum Essen für mich. Eine Suppe oder heiße Waffel.
Erstes Kind: Oder heißen Tee oder heißen Zitronensaft.
Zweites Kind: Oh, ich friere! Ich gehe schnell nach Hause!
Erstes Kind: Mach's gut! Bis morgen! Kommst du wieder mit deinem Schlitten?
Zweites Kind: Wenn es nicht wieder so kalt ist.
Erstes Kind: Es wird aber auch bald dunkel. Und abends ist es immer kälter als am Tag.
Zweites Kind: Mach's gut! Bis morgen!

Die Kinder verabschieden sich und gehen auf zwei Häuser zu. Ihnen wird geöffnet, und sie werden von den Spielern in den Häusern herzlich empfangen. Man hört wieder deutlich den Wind heulen.

Durch die Straße kommt ein Mann. Er ist sehr dünn angezogen, trägt nur Lumpen auf dem Körper und stützt sich auf einen Stock. Er geht sehr langsam und mühsam. Er geht auf das erste Haus in der Straße zu und klopft an.

Bettler: Hallo! Hallo! Macht mir doch auf!

Er wartet und klopft dann erneut.

Hallo! Hallo!

Ein Spieler kommt aus dem Haus heraus.

Spieler: Was willst du?
Bettler: Ich habe Hunger! Mich friert so!
Spieler: Tut mir leid! Wir haben gerade den Tisch abgeräumt.
Bettler: Dann laß mich doch zu euch hinein, damit ich mich aufwärmen kann.
Spieler: Das fehlte gerade noch! Du schleppst uns noch die Läuse ins Haus! Und überhaupt, wir haben keinen Platz!
Bettler: Hilf mir doch!
Spieler: Tut mir leid! Es geht nicht!

Er geht in sein Haus zurück und schlägt die Tür hinter sich zu.

Alle singen: Kommt und seht,
wie's dem armen Mann ergeht.
Schaut's euch an, schaut's euch an!
Sagt, wer hilft dem armen Mann?

Der Bettler geht mühsam weiter zum nächsten Haus und klopft an.

Bettler: Hallo! Hallo! Macht mir doch auf!

Er wartet wieder und klopft erneut.

Hallo! Hallo!

Er wartet.

Stimme von innen: Wer ist da?
Bettler: Ich habe Hunger. Ich friere. Laßt mich doch zu euch hinein!
Stimme von innen: Bist du ein Bettler?
Bettler: Ja, ein Bettler!
Stimme von innen: Geh weiter. Wir haben nichts für dich!
Alle singen: Kommt und seht, kommt und seht,
wie's dem armen Mann ergeht.
Schaut's euch an, schaut's euch an!
Niemand hilft dem armen Mann.

Der Bettler geht mühsam weiter zum nächsten Haus. Er reibt sich die Hände und schlägt die Arme um seinen Oberkörper, weil er so friert. Dann klopft er an.

Bettler: Hallo! Hallo!

Er wartet und klopft erneut.

Hallo! Hallo! Helft mir doch! Ich friere so! Ich habe solchen Hunger!

Er wartet wieder. Im Haus rührt sich nichts. Er klopft erneut.

Hallo! Hallo! Es ist draußen so kalt! Laßt mich doch zu euch hinein.

Er wartet. Dann klopft er noch einmal. Im Haus bleibt alles still. Da resigniert er und geht langsam weiter zum nächsten Haus.

Alle singen: Kommt und seht, kommt und seht,
wie's dem armen Mann ergeht.
Schaut's euch an, schaut's euch an!
Niemand hilft dem armen Mann.

Der Bettler geht zum nächsten Haus und klopft an.

Bettler: Hallo! Hallo!

Die Tür wird geöffnet. Ein Spieler kommt heraus.

Spieler: Fort mit dir! Geh weiter! Wir geben nichts! Wir haben selbst nicht genug!

Der Spieler geht ins Haus zurück und schlägt die Tür hinter sich zu. Traurig wendet sich der Bettler ab. Er geht mühsam nach vorn zur Mitte der Bühne. Dort läßt er sich nieder, reibt sich die Hände und zeigt deutlich, daß er friert. Ein Spieler kommt dick vermummt herbei. Der Bettler streckt ihm die Hände entgegen.

Spieler: Tut mir leid! Ich habe keine Zeit!
Bettler: Ich friere so!
Spieler: Ich habe kein Geld bei mir!

Der Spieler geht weiter, ohne sich noch einmal umzusehen.

Alle singen: Kommt und seht, kommt und seht,
wie's dem armen Mann ergeht.
Schaut's euch an, schaut's euch an!
Niemand hilft dem armen Mann.

Vater, Mutter und Kind kommen vorbei. Sie sind warm angezogen. Vater und Mutter wollen an dem Bettler vorbei, doch das Kind bleibt stehen.

Kind: Warum gehst du nicht nach Hause?

Der Bettler ist in sich zusammengesunken.

Kind: Es ist doch viel zu kalt! Komm, steh auf! Du erfrierst sonst noch!

Der Vater geht zurück, packt das Kind am Arm und zieht es hinter sich her. Der Wind pfeift. Der Bettler hockt zusammengesunken auf der Erde und streckt hilflos seine Hände aus.

Alle singen:
Kommt und seht, kommt und seht,
wie's dem armen Mann ergeht.
Schaut's euch an, schaut's euch an!
Sagt, wer hilft dem armen Mann?

Martin kommt auf seinem Pferd angeritten. Als er den Bettler sieht, hält er sein Pferd an.

Martin: Brr! Hallo, wer bist du?

Der Bettler rührt sich nicht.

Warum gehst du nicht nach Hause?

Der Bettler gibt keine Antwort.

Es ist doch viel zu kalt! Komm steh auf!

Martin steigt vom Pferd herunter, geht auf den Bettler zu und versucht, ihn vom Boden hochzuziehen.

Du bist ja halb erfroren.

Er betrachtet sich die Kleidung des Bettlers.

Das sind ja nur Lumpen.

Er greift in seine Manteltasche und holt ein Butterbrot heraus.

Da iß!

Bettler: Danke!

Der Bettler packt das Brot aus und beißt hinein.

Martin: Wo wohnst du?
Bettler: Ich habe kein Haus.
Martin: Du zitterst ja vor Kälte. Warte!

Er zieht sein Schwert heraus, teilt seinen Mantel in zwei Teile und hängt ein Mantelstück dem Bettler um die Schultern.

Na, geht es so besser?

Der Bettler wickelt sich in den warmen Mantel ein. Martin hängt das andere Mantelstück um sich. Dann winkt er dem Bettler zu, steigt auf sein Pferd und reitet davon. Der Bettler schaut hinter ihm her, hebt die Hand, winkt ihm nach.

Bettler: Martin, das wird Gott dir nie vergessen.

Während der Bettler langsam davongeht, singen alle:

Kommt und seht, kommt und seht,
wie's dem armen Mann ergeht.
Schaut's euch an, schaut's euch an:
Einer hilft dem armen Mann.
Schaut's euch an, schaut's euch an:
Martin hilft dem armen Mann.

Rolf Krenzer

Aus: Rolf Krenzer: Weihnachten im Kindergarten, Edition Kemper, Verlag Ernst Kaufmann, Lahr. Textrechte beim Autor.

* Der neue Mantel

Karin lernt, mit anderen ihren Mantel zu teilen, wenigstens für eine kurze Zeit. So können alle mit dem neuen roten Mantel ein Spiel spielen.

Martinstag; mit dem anderen teilen; Freude durch gemeinsames Teilen und Tun erleben.

Karin geht ins erste Schuljahr. Sie hat einen neuen Mantel, einen roten. Sie ist stolz darauf. Rita will ihn einmal schnell anziehen.
Karin erlaubt es nicht. „Aber ich bin doch deine Freundin", sagt Rita. „Trotzdem nicht", sagt Karin und hängt den Mantel auf. Nicht einmal anfassen dürfen ihn die anderen Kinder. Fritz und Paul finden das blöd. Sie reißen den Mantel vom Haken und werfen ihn auf den Boden. Mit ihren schmutzigen Schuhen wollen sie darauf herumtrampeln. Karin weint, sie will auf die beiden losgehen. „Hilf mir doch, Rita!" Aber Rita schüttelt den Kopf. „Du tust auch blöd mit deinem dummen Mantel. Meine Jacke gefällt mir viel besser." „Dann bist du nicht mehr meine Freundin", schluchzt Karin und gibt ihr einen Puff.
Die Lehrerin kommt. „Was ist das für ein Streit?" fragt sie. „Macht schnell, wir wollen doch heute Laternen basteln." Der blöde neue Mantel", schreien

die Kinder. „Jacken sind besser!“ Karin hebt ihn auf und will ihn an den Haken hängen. „Er gehört mir allein“, sagt sie, „ihr braucht ihn nicht.“
„Martin hat nicht so gesagt. Erinnerst du dich?“ fragt die Lehrerin. „Er hat seinen Mantel mit einem armen Mann geteilt.“
„Aber ich will ihn doch nicht zerschneiden“, wehrt sich Karin.
„Das wollen deine Eltern auch nicht, und es ist auch nicht nötig“, lacht die Lehrerin. „Aber wenn du deinen Mantel so mit uns teilst, daß andere Kinder ihn auch einmal schnell anziehen dürfen, können wir damit etwas Lustiges spielen.“
Karin ist einverstanden. Die andern Kinder freuen sich. Der Streit ist vergessen. Alle bilden einen Kreis. Mitten drin steht Karin im roten Mantel auf einem Bein. Sie spielen: „Ein Männlein steht im Walde“. Jetzt kommt Rita an die Reihe, dann Fritz und dann Paul. Natürlich wollen die anderen Kinder auch, jedes will einmal das Männlein sein. Aber die Laternen für den Martinstag? Wie sollen die fertig werden, wenn niemand Zeit hat zu arbeiten?
„Wißt ihr was?“ sagt die Lehrerin, „wir spielen morgen weiter vom Männlein, übermorgen und jeden Tag, bis alle einmal dran waren. Dann hat Karin mit uns allen ihren Mantel geteilt. Aber jetzt schnell an die Arbeit!“
Und nun geht es los. Wie fleißig heute alle Kinder sind!

Ursula Burkhard

Weil Karin sich den Wünschen ihrer Klassenkameraden verschließt, erlebt sie Verärgerung und Aggression. Als sie mit Hilfe der Lehrerin aber ihren Mantel wenigstens für ein Spiel teilt, erfährt sie selbst Freude und Zuwendung. Der Text eignet sich vorwiegend für Kindergarten und 1. Schuljahr, weil er die Legende vom heiligen Martin auf die Erlebnisebene dieser Kinder überträgt.

Anregung:

Spiel vom Martin und dem Bettler spielen. Spiellied in LP/MC, Liedheft/Klavierauszug „Kommt alle und seid froh“, Peter Janssens Musikverlag, Telgte.

* * * Uwe

Klaus entdeckt an sich selbst, daß er durch nähere Bekanntschaft mit einem Schwächeren lernt, ihm zu helfen, und daß diese Hilfe zur Selbstverständlichkeit werden kann.

Martinstag; Verantwortung für den anderen Menschen; einander helfen; füreinander einstehen.

Es war ein herrlicher Sommertag. Klaus und Peter waren schon den ganzen Nachmittag im Freibad. Sie waren ein paar Runden geschwommen und dösten jetzt in der warmen Sonne ein bißchen vor sich hin. „Guck dir den mal an!“ sagte Klaus plötzlich und zeigte auf einen Jungen, der sich mit zwei Krücken mühsam auf eine Bank am Rande des Schwimmbeckens zubewegte.

„Wie ein Storch im Salat!“ lachte Peter und sprang auf. „Komm, laß uns wieder ins Wasser gehen. Es wird zu heiß.“ Er lief an dem Jungen vorbei und machte einen eleganten Kopfsprung ins Wasser.

„Was der wohl hier will?“ dachte Klaus, rannte hinterher und hoppste ins Schwimmbecken.

Als sie nach einer Weile wieder aus dem Wasser kletterten, saß der Junge auf der Bank, neben sich die Krücken, und betrachtete glücklich die Kinder, die wie die Fische schwammen, tauchten, spritzten und planschten.

„Sitzt hier herum und kann doch nicht schwimmen. Verstehst du das?“ fragte Klaus. Peter zuckte die Schultern und trocknete sich ab.

Da sahen sie eine Frau mit einem Rollstuhl kommen. Sie fuhr auf den Jungen zu und half ihm hinein.

„Na, wie war's, Uwe?“ fragte sie.

„Prima, Mutti! Und ich habe es ganz allein von der Treppe bis zur Bank geschafft.“

„Das ist schön“, sagte die Frau und schob ihn fort.

In den nächsten Tagen war Uwe wieder da. Stets brachte ihn der Bademeister zur Treppe. Dann mühte er sich verbissen ab, bis zur Bank zu kommen. Und jedesmal holte ihn seine Mutter nach einiger Zeit mit dem Rollstuhl wieder ab.

Peter und Klaus hatten sich an Uwes Anblick allmählich gewöhnt. Eines Tages aber kam Uwe doch tatsächlich in einer Badehose angehumpelt!

„Ein Storch in der Badehose!“ grinste Peter.

Aber Klaus lachte nicht. „Hör doch auf damit“, sagte er nur.

Sie beobachteten, wie sich Uwe langsam und stockend bis zur Dusche tastete. Dort ließ er sich vorsichtig am Fußbecken nieder, legte seine Krükken ins Gras und hielt seine Füße ins Wasser. Wenn jemand duschte,

streckte er strahlend seine Hände unter den Wasserstrahl und spritzte. Nach einer Weile wollte er wieder aufstehen. Aber es gelang ihm nicht.* Peter wollte sich halbtot lachen. „Guck mal, wie ein Mehlsack!" prustete er. „Ein Mehlsack gehört eben nicht in die Badeanstalt. Das hat er nun davon." Aber Klaus sagte ärgerlich: „Quatsch nicht so ein dummes Zeug, du Blödmann." Damit sprang er auf, lief zur Dusche und half Uwe wieder auf die Beine.
„Danke", sagte der und strich sich das Gras von der Badehose. Da entdeckte Klaus etwas Unglaubliches: Ein Freischwimmerabzeichen! Uwe bemerkte sein verblüfftes Gesicht und lachte: „Da staunst du, nicht? Voriges Jahr habe ich das gemacht. Aber dann hatte ich ja den Unfall." „Ach so. Kannst du darum nicht laufen?"
„Ja, aber Zugucken macht auch Spaß. Das ist jedenfalls besser, als zu Hause herumzuhocken. Zuerst wollte Mutti nicht, daß ich hier herkomme, und der Bademeister auch nicht. Aber als ich immer weitergebettelt habe, durfte ich doch. Warum auch nicht?"
„Hm, ja, warum auch nicht. Wenn es dir doch solchen Spaß macht", erwiderte Klaus und hatte irgendwie ein schlechtes Gewissen. Er überlegte, und dann fügte er hinzu: „Und wenn du wieder mal zur Dusche oder so willst und nicht aufstehen kannst, rufts du mich, und ich helfe dir. Klar?"

Gisela Schütz

Möglichkeit:

Den Text bis * vorlesen und dann im Rollenspiel weiter gestalten, Lösungsmöglichkeiten (eventuell in verscheidenen Gruppen) im Spiel suchen. Auch im Gespräch kann die Geschichte weiterentwickelt werden. Anschließend den zweiten Teil des Textes vorlesen und darüber diskutieren.
Wie verhält sich Klaus? Wie verhält sich Peter? Ist Peter über sein Verhalten am Ende glücklich? Wie kann es weitergehen?
Was hat die Geschichte mit dem Martinstag zu tun?

** Eine Gansgeschichte

Stefanie will auf keinen Fall, daß die Gans, die sie aufgezogen und gepflegt hat, geschlachtet wird. Und sie findet eine Lösung.

Liebe zu einem Tier; Verantwortung für ein Tier, das man liebgewonnen hat; Verbindung zur Legende von der Martinsgans.

Ich soll meine Gans schlachten! Morgen wollen wir zum Schlachter gehen. Wir ziehen um, und ich kann sie nicht mitnehmen. Ich weiß noch genau, wie ich sie damals gekauft habe. Ich sah, daß sie in einem sehr engen Stall eingesperrt war, und fragte: „Wieviel nehmen Sie für diese Gans?" Ich kaufte sie mir für zehn Mark.
Zu Hause gab es eine Debatte mit meinen Eltern. Ich durfte die Gans behalten, mußte aber das Futter von meinem eigenen Taschengeld bezahlen. Mein Vater baute einen Stall und legte einen kleinen Teich im Garten an. Um den Teich und ein Stück Rasen wurde ein hoher Zaun gebaut. Nun habe ich die Gans schon ein Jahr lang. Inzwischen ist sie einmal eine ganze Nacht weg gewesen. Das war eine Aufregung! Sie schlüpfte durch ein Loch im Zaun und kam erst am nächsten Morgen zurück.
Einmal fraß sie tagelang nichts, und wir fuhren sie zum Tierarzt. Sie hatte etwas mit dem Darm und bekam eine Spritze. Im Winter schlief sie im Keller. Wir sägten ein Loch in die Tür, damit sie in den Garten konnte. Einmal war sie in die Waschküche gelaufen und hatte sich in einem Laken verfangen.
Jetzt ziehen wir um, und ich soll sie schlachten lassen! Nein, das kommt gar nicht in Frage, nach dem, was wir alles erlebt haben. Ich werde sie meiner Freundin geben. Ihr Vater hat einen Bauernhof. Meine Freundin hat auch zwei Gänse. Ja, dort wird sie sich wohlfühlen.
Aber schlachten, nein, das bringe ich doch nicht übers Herz! Schließlich haben meine Gans und ich doch zu viel miteinander erlebt!

Stefanie Müller

Stefanie war 13 Jahre alt, als sie dieses Erlebnis aufschrieb. Der Text macht deutlich, welche Umstellung der Umzug aus einer ländlichen Umgebung in die Stadt mit sich bringen kann. Die Gans, die in der natürlichen Umgebung mit einigen Schwierigkeiten doch als „Haustier" angenommen wird, ist ein unüberwindliches Hindernis für den Bezug der Stadtwohnung.
Man sollte, weil es im Text nur zwischen den Zeilen steht, den Kindern erklären, daß Karin auf dem Land wohnt. Sie können dann selbst herausfinden, wo dies in der Beschreibung der jungen Autorin deutlich wird.
Problemstellung: Verantwortung für ein Tier.
Welches Haustier kann wo gehalten werden? Worauf muß ich achten? Wie muß ich mich dem Tier gegenüber verhalten?

* Das Märchen von der Laternenkerze

Eine übriggebliebene Weihnachtskerze wird sorgsam verwahrt und kann im nächsten Jahr in Traudels Laterne beim Laternenumzug brennen.

Martinstag; Laternenumzug; Laternen basteln; Laternenlieder

Die Mutter hatte zwei Packungen Weihnachtskerzen gekauft, und alle Kerzen durften in der Weihnachtszeit am Weihnachtsbaum brennen. Die Kinder sangen, und die Kerzen schmolzen vor lauter Freude dahin.
Als nach Weihnachten die Mutter die leeren Schachteln wegwerfen wollte, lag armselig und allein in eine Schachtel noch eine einzige Kerze. Die Mutter wurde richtig traurig, als sie sie dort erblickte. Sie nahm sie behutsam aus der Schachtel und legte sie in eine Schublade.
„Was machst du da?“ fragte Traudel, die alles beobachtet hatte.
„Sie ist von Weihnachten übriggeblieben. Ich habe sie einfach übersehen“, meinte die Mutter.
„Die arme Kerze!“ sagte Traudel. „Jetzt hat sie nicht am Weihnachtsbaum brennen dürfen!“
Die Mutter lächelte. „Wir heben sie auf!“ meinte sie. „Paß auf, einmal darf sie doch brennen. Und wenn sie brennt, ist es fast so schön wie Weihnachten!“
So sehr Traudel auch bettelte, mehr verriet ihr die Mutter nicht. „Warte nur ab!“ sagte sie. „Ich erinnere dich ganz bestimmt daran!“

Das Jahr ging ins Land. Zuerst fragte Traudel noch manchmal nach der Kerze. Als es aber immer wärmer wurde, hatte sie die Kerze vergessen. Aber als der Martinstag heranrückte und im Kindergarten die schönsten Laternen gebastelt wurden, da brauchte Traudel auch eine Kerze für ihre Laterne. Die Mutter ging zur Schublade und suchte ein wenig darin herum. Als sie dann die Kerze hervorkramte und sie Traudel zeigte, erinnerte sie sich gleich daran.
„Ist das die Kerze vom letzten Weihnachten?“ fragte Traudel ganz aufgeregt.
Die Mutter lächelte. „Du weißt es also noch!“ sagte sie.
Traudel packte die Kerze vorsichtig ein. „Morgen abend wollen wir die Kerze zum Laternenfest anzünden!“ rief sie. „Wenn dann meine Laterne ganz hell leuchtet, wissen wir beide, daß es die vergessene Weihnachtskerze ist!“ Und wirklich! Am Martinstag brannte die Kerze in Traudels Laterne, als sie mit ihrer Mutter und vielen anderen Kindern und Eltern durch die

Straßen zog. Vorn vor dem Zug ritt der heilige Martin auf seinem Pferd. Die Kinder und die Erwachsenen sangen Laternenlieder. Traudel hielt ihre Laterne ganz hoch. Die Kerze leuchtete hell. Und wirklich! Es war fast so schön wie Weihnachten.

Rolf Krenzer

Aus: Rolf Krenzer: Weihnachten im Kindergarten, Edition Kemper, Verlag Ernst Kaufmann, Lahr. Textrechte beim Autor.

Gesprächsimpuls:

Manchmal freut man sich ganz besonders, wenn man plötzlich etwas wiederentdeckt, was man längst vergessen hatte.
Ähnliche Erlebnisse berichten; Bilder von der Laternenkerze malen; einen großen Laternenumzug malen, mit Buntpapier kleben (Einzel-, Partner- oder Gemeinschaftsarbeit); bunte Laternen auf schwarzen Karton malen oder kleben. Gemeinsam ein Laternenlied singen.

* Laternenumzug

T: Rolf Krenzer
M: Siegfried Fietz

2. Wir woll'n zusammen gehn,
damit uns alle sehn.
Ihr Leute, kommt, ihr Leute, schaut:
Wir haben sie uns selbst gebaut,
damit uns alle sehn.
Laßt uns gehn,
laßt uns gehn!

3. Wir woll'n zusammen gehn,
damit uns alle sehn.
Oh, seht, wie die Laterne strahlt.
Wir haben sie selbst bunt bemalt,
damit uns alle sehn.
Laßt uns gehn,
laßt uns gehn!

4. Wir woll'n zusammen gehn,
damit uns alle sehn.
Ihr Leute, kommt und zieht doch mit,
singt mit uns das Laternenlied,
damit uns alle sehn.
Laßt uns gehn,
laßt uns gehn!

10.

Ist meine Oma schon bei dir, lieber Gott?

Allerheiligen, Allerseelen, Totensonntag

** Der Vogel im Schuhkarton

Elke und ihr Bruder begraben ihren toten Wellensittich, der ihr Freund war und ein Stück glücklicher Kindheit bedeutete.

Tod eines Tieres, das man lieb hatte; Tod der Eltern; Tod als etwas, was das Leben der übrigen entscheidend verändern kann.

Grau lag die Luft über den Häuserblocks. Kalt kroch sie am Körper entlang. Es war der erste Herbst, den Elke und ihr Bruder in dieser Stadt erlebten. Seit ihre Eltern tot waren, wohnten sie bei dem alten Onkel und der Tante. Elke trug einen kleinen Schuhkarton. Vorsichtig drückte sie ihn mit beiden Händen gegen die Brust. Ab und zu blieb sie stehen und öffnete vorsichtig den Deckel. Sie schaute um sich, niemand war zu sehen. Der Bruder ging ein Stück voraus und blickte sich nicht um.

Dann hob sie ganz sanft den blauen Vogel heraus und drückte ihn an die Wange. Es war Hansel, der Wellensittich, und er war tot. Elke weinte nicht. Sie weinte nie mehr, seit die Eltern tot waren. Früher, dann, wenn sie traurig war, oder sich abends im Bett vor der Dunkelheit fürchtete, hatte Mama oft gesagt: „Weine nicht, ich bin doch bei dir."

An Hansel konnte Elke sich erinnern, solange sie überhaupt denken konnte. Der Wellensittich war auch mit in die Stadt gezogen, nachdem die Eltern nicht wiederkamen. Sie waren bei einem Autounfall gestorben. Elke seufzte und ging weiter. Wie grau die Häuser, die Straßen aussahen. Hier gab es keine Gärten wie zu Hause. Mama und Papa hatten einen schönen Garten, und sie hatte zusammen mit ihrem Bruder und den Nachbarskindern in der großen Sandkiste gespielt. Papa hatte sie gebaut. Nein, hier gab es so etwas nicht. Der Onkel und die Tante hatten nur einen kleinen Balkon.

Deshalb hatte die Tante auch gesagt:

„Aber wo sollen wir Hansel denn begraben? Wir haben doch keinen Garten, Kind." Der Bruder und sie hatten überlegt, aber sie waren ratlos. Elke hatte an zu Hause gedacht. Da, wo sie das erfrorene Spätzchen im letzten Winter beerdigt hatten und auch die alte Katze ihr Grab hatte, dort sollte Hansel liegen. Er gehörte doch nach Hause.

Das alles geschah heute früh. Später dann, Elke und ihr Bruder waren im Kindergottesdienst gewesen, war der tote Hansel nicht mehr da. Auch sein Bauer war fort.

„Wo ist Hansel?" hatte der Bruder bei Tisch gefragt. Der Onkel hatte nicht geantwortet, und die alte Tante war schnell aufgestanden. Elke hatte gesehen, daß sie weinte. Da fragten sie nicht mehr.

Elke hatte den kleinen Schuhkarton geholt, und als der Onkel und die Tante zu Mittag schliefen, holten sie Hansel aus der Mülltonne. Sie gingen lange. Eigentlich hatten sie gar nicht besprochen, was sie tun wollten. Keiner hatte etwas gesagt, sie waren einfach auf diese lange Straße gegangen. Immer weiter liefen sie. Alles war grau und feucht. Aber sie weinten nicht. Schließlich kamen sie zum Stadtpark, und es war fast so wie zu Hause. Unter dem großen Schneebeerenbusch hinter der Sandkiste begruben sie Hansel. Als das Grab schön festgeklopft war, da legten sie ein rotes Muster mit Vogelbeeren in die dunkle feuchte Erde. So hatten sie es auch auf dem Grab der alten Katze gemacht.
Schließlich gingen sie wieder schweigend zurück. Der alte Onkel und die alte Tante waren in der Küche. Es roch gut nach Kaffee und Kuchen. Die alten Leute hatten nichts bemerkt. Alle schwiegen, und Elke dachte an Mama und Papa, auch daran, daß Hansel nun zu Hause sein konnte.

Heike Hagenmaier

Zwei Kinder begraben ihren Wellensittich. Es sind Kinder, die ihre Eltern verloren haben und dadurch ihre gewohnte Umgebung aufgeben mußten und neue Bezugspersonen fanden. Der Wellensittich war ein Stück dessen, was vorher gewesen war. Obwohl die Kinder bei ihren Verwandten gut versorgt und geliebt werden, wird durch den Tod des Vogels alles Leid noch einmal so schwer, daß es in dieser Stunde kaum Trost von außen geben kann.

Gesprächsimpuls:

Onkel und Tante können die beiden Kinder in ihrem Schmerz wohl kaum trösten, obwohl sie sie liebhaben. Aber war es für sie vielleicht ein Trost, als sie ihrem Hansel das Grab mit Vogelbeeren schmückten?

Problemstellung:

Tod eines Menschen. Tod eines Tieres. Warum schmücken wir die Gräber der Menschen, die wir sehr liebgehabt haben? Sie merken doch nichts mehr davon. Warum schmücken die beiden Kinder das Grab ihres Wellensittichs?

Hinweis:

Als Jesus gestorben war, gingen Frauen zum Grab, um seinen Körper mit kostbaren Salben einzureiben.
Es können Bilder und Fotos von unterschiedlichen Gräbern, Friedhöfen – auch in den verschiedenen Kulturen – gezeigt werden, die Gespräche über Totenehrung auslösen können, z.B. japanischer Friedhof, Ahnenschrein – Soldatenfriedhof – Hügelgräber – Gräber mit Grabsteinen oder mit Kreuzen – Licht auf dem Grab zu Allerseelen.

* * * Gedanken

Ein sehr krankes Kind macht sich Gedanken über den Tod, über seinen eigenen Tod, der vielleicht eintreten wird. Tod; sterben, wenn man noch jung ist; erleben, wie die Kräfte des eigenen Lebens nachlassen; Trost; Ostern.

Heute ist der siebte Tag. Gestern sagte der Arzt zu Mutter, am neunten Tag sei die Krise, und dann sagte er: „Nicht transportfähig!" Mutter hat geweint. Sie weint jetzt sehr viel. Ob sie um mich weint? Ich mache ihr doch keine Sorgen. Schon lange habe ich nichts mehr zerrissen, ich mache keinen Lärm, ich bin nur krank. Ob ich schwer krank bin? Ob ich vielleicht sogar sterben muß? Aber nein, Kinder sterben noch nicht, nur alte Leute – wie Hennings Großmutter – sterben. Ich habe sie gesehen, als man sie hinaustrug. Sie hatte ein spitzes weißes Gesicht.

Gleich bringt mir die Nachbarin ein Glas Milch. Mutter sagte es mir, als sie ins Büro ging. Dabei weinte sie wieder. Ich werde die Nachbarin fragen, was eine Krise ist. Oder soll ich selbst in dem großen grauen Buch nachsehen? Aber nein, dazu bin ich zu müde. Meine Beine und mein Kopf sind schwer, aber das Denken geht leicht.

Mein Schlafanzug ist hübsch. Er sieht aus wie eine blühende Wiese, wie die Wiese am Stadtrand, zu der Mutter und ich manchmal mit dem Fahrrad hinausfahren. Wir legen uns dann in die Sonne und suchen Bilder in den Wolken. Neulich habe ich das schönste Bild gesehen: Mutters liebes Gesicht. Ich habe gewonnen, und Mutter mußte mir einen Kuß geben. Wenn sie gewinnt, gebe ich ihr einen Kuß.

Das Gras sticht mich immer in die Waden, und manchmal krabbelt eine Spinne über meinen Arm. Ich beobachte sie und warte, ob sie nicht einmal ihre Beine verwechselt.

Nun ist das Blatt vor unserem Fenster auch abgefallen. Gestern war es noch grün, heute sah es ganz gelb aus, und nun hat der Wind es abgeweht. Was sie nur mit den vielen abgefallenen Blättern machen? Sie sollen doch ein großes Loch graben und die Blätter hineinfegen, aber wenn sie die Erde wieder auf die Blätter schütten, bleibt ein Sandhügel, und das sieht häßlich aus.

O wie schön die Musik spielt! Ich will mit den Kindern singen: „Herrliche Berge, sonnige Höhen", aber ich werde so müde, so müde, müde …

Antonie Meyer

Erster Preis beim Wettbewerb der Pädagogischen Hochschule Neuß zum Thema „Lesebuchgeschichten“.

Der Text schildert eindringlich und betroffen machend die Situation eines Kindes, das vielleicht sterben muß und sich Gedanken über den Tod, über sein eigenes Sterben macht.

Möglichkeit:

Von einer selbst erlebten schweren Krankheit berichten – berichten, wie es war, als jemand, den man liebte oder kannte, gestorben ist; Tod eines Kindes.
Keiner von uns weiß, wann und wie er sterben wird. Wir meinen, wenn wir jung sind, daß der Tod zu dem Altern gehört. Aber wenn wir nachdenken, fallen uns auch die Namen junger Menschen und Kinder ein, die gestorben sind. Ursachen des Todes, z. B. Krankheit, Unfall, Krieg, Hunger …
Wir wissen, daß jeder Mensch einmal von Gott aus dieser Welt genommen wird. Dieser Tod ist schlimm für alle Angehörigen. Aber Gott ist der Herr über den Tod. Gott selber ist es, der uns aus dieser Welt holt. Und wir dürfen uns in Gott geborgen wissen, denn dieser Tod ist nicht das Ende, sondern erst der Anfang des neuen Lebens.
Hinweis auf die Ostergeschichte, auf das Glaubensbekenntnis. Christus hat den Tod überwunden. Mit Christus haben wir den Tod überwunden. Im Neuen Testament, im Buch der Offenbarung des Johannes, wird etwas von dem neuen Leben erzählt.
Mögliche Lieder im Anschluß: Ich lebe und ihr werdet leben, in: Rolf Krenzer (Hrsg.): Regenbogen bunt und schön – Einfache Lieder zur Bibel –, Verlag Ernst Kaufmann, Lahr – Kösel -Verlag, München.
Wir malen Gottes Paradies, Kap. 10, Lebenslied, Kap. 10, und das folgende Lied zu Offenbarung 21,1–7:

** Ich weiß eine Stadt

T: Rolf Krenzer
M: Peter Janssens

2. Ich weiß eine Stadt ohne Lärm und Gestank.
   Man braucht kein Benzin und kein Geld auf der Bank. In der Stadt dort
   gibt's keine Angst, keinen Streit.
   Und der Große hat für den Kleinen Zeit.

3. Ich weiß eine Stadt, in der lebt jeder frei.
   Kein Schloß vor der Tür, keine Stadtpolizei.
   In der Stadt dort vertraut jedermann jedermann.
   Und der Starke nimmt sich des Schwachen an.

4. Ich weiß eine Stadt, komm und schau sie dir an.
   Kein Kraftwerk gibts dort, keine Stadtautobahn.
   In der Stadt dort lebt jeder froh wie ein Kind,
   weil wir alle bei unserm Vater sind.

5. Ich weiß eine Stadt, und die wird einmal sein.
   Wir stehen davor und wir gehen hinein.
   In die Stadt dort wollen wir alle gern gehn,
   und wir wollen uns dort gern wiedersehn.

*** Kristinas Oma

Kristina erlebt, daß ihre Großmutter an Krebs erkrankt ist.
Sie erlebt, wie diese Krankheit einen Menschen zeichnet. Sie erlebt Leiden und Tod, aber auch die Fürsorge all derer, die die Großmutter liebhaben.

Krankheit; Leiden; Tod eines lieben Menschen; Liebe über den Tod hinaus; trösten und getröstet werden.
Totensonntag; Allerheiligen; Allerseelen.

Sie hatte es nicht wahrhaben wollen. Obwohl ihre Eltern mit Kristina lange gesprochen hatten, obwohl sie selbst bemerkte, daß die Oma immer schmaler wurde und immer weniger essen konnte, hatte sie nicht wahrhaben wollen, daß der Krebs ihr die Oma wegnehmen würde.
Vor fünf Jahren war sie zum erstenmal in der Klinik gewesen. Von einem Tag zum anderen war es geschehen. Die Oma hatte eine Geschwulst an ihrer Brust gefühlt. Der Opa hatte sie getröstet. Bestimmt wäre es eine gutartige Geschwulst, die durch eine Operation zu entfernen sei. Dann würde alles wieder gut werden.
Damals hatte Kristina zum erstenmal ganz bewußt für ihre Oma gebetet. Und seither tat sie es jeden Abend. „Hilf, daß die Oma wieder gesund wird!"
Seither hatte sich viel verändert. Sie hatten in der Klinik der Oma eine Brust abgenommen, auch die Lymphknoten unter dem Arm. Jeden Tag war der Opa zur Klinik gefahren. Und Kristina fuhr mit ihren Eltern jeden Sonntag zu ihr. Zuerst hatte die Oma viel geweint und immer wieder vom Sterben gesprochen. Aber alle hatten sie getröstet. Der Opa, die Eltern und die Ärzte. Es wird bestimmt wieder besser werden. Es werden immer bessere Medikamente eingesetzt. Bestimmt wird die Oma nicht sterben.
Als die Oma dann aus der Klinik wieder nach Hause kam, war Kristina glücklich. Aber es hatte sich vieles verändert. Regelmäßig mußte der Opa die Oma mit dem Auto zur Klinik fahren. Sie erhielt Bestrahlungen. Sie klagte oft danach über große Schmerzen. Auch die Hausarbeit machte ihr viel zu schaffen. Was ihr früher ganz einfach von der Hand ging, bereitete ihr jetzt Schwierigkeiten. Es war nur gut, daß die Großeltern mit im Haus wohnten. Da konnten Kristina und ihre Mutter der Oma helfen. Aber die Oma wollte nicht. „Ich kann noch!" sagte sie immer wieder. „Wenn ihr mich die Arbeit macht, was soll ich denn da noch hier?" So ließ sich die Oma nicht helfen. Nur der Opa packte mit zu, viel mehr als früher.
Die Untersuchungen und Bestrahlungen wurden seltener. Wirklich, es schien so, als würde alles wieder gut werden. Jeden Tag nach der Schule

ging Kristina zuallererst zu ihrer Oma. Früher war es so selbstverständlich gewesen, daß die Oma immer da war. Aber jetzt empfand Kristina das Zusammensein mit ihr ganz bewußt. Und die Oma freute sich, wenn Kristina kam. Sie wartete jeden Tag nach der Schule auf sie.
Dann mußte Oma wieder zur Untersuchung in die Klinik. Der Opa brachte sie mit dem Auto dorthin. An solchen Tagen kochte die Mutter für alle.
Aber an diesem Tag kamen sie nicht zum Mittagessen nach Hause, obwohl sie schon früh am Morgen losgefahren waren. Später kam der Opa allein. Sie hatten die Oma untersucht und gleich im Krankenhaus behalten. Der Krebs war weiter fortgeschritten. Sie mußten wieder operieren. Die Mutter packte im Schlafzimmer der Großeltern alles zusammen, was die Oma im Krankenhaus brauchte. Und der Opa fuhr noch einmal los.
Kristina war dabei, als der Opa am Abend mit ihren Eltern über die Krankheit der Oma sprach. Sie sah auch, daß der Opa heimlich weinte.
Seit diesem Abend betete sie: „Lieber Gott, laß die Oma noch nicht sterben! Hilf uns, daß sie noch lange bei uns ist!"
Wieder fuhr der Opa jeden Tag in die Klinik. Wieder waren sie jeden Sonntag alle zusammen bei ihr. Als Kristina die Oma zum erstenmal nach der Operation sah, erschrak sie. Die Oma war alt geworden.
„Ich will so schnell wie möglich wieder nach Hause!" sagte die Oma und weinte. In dieser Zeit besuchte Kristina jeden Tag nach der Schule ihren Opa. Ihre Mutter hatte vorgeschlagen, daß sie jetzt immer für alle kochen wolle. Aber das wollten die Großeltern nicht. „Sie kommt ja bald wieder nach Hause!" sagte der Opa und aß nur manchmal nach langem Bitten mit. Sonst kochte er sich Tütensuppen oder bereitete sich selbst etwas zu, was nicht allzu schwer und umständlich war. Ausgerechnet der Opa, der früher sich selbst noch kein Ei gekocht hatte.
„Sie will doch wieder unseren Haushalt führen!" sagte er. „Sie muß doch spüren, daß sie gebraucht wird!" Er ließ alles so, wie es war, bevor die Oma in die Klinik gekommen war.
Und dann durfte sie wieder nach Hause. Kristinas Vater nahm einen Tag Urlaub, um mit dem Opa zusammen die Oma abzuholen. Als dann das Auto vor ihrem Haus anhielt, mußten der Vater und der Opa die Oma zwischen sich stützen. Sie konnte nicht allein gehen. So schwach war sie geworden. Aber ihren Haushalt gaben die Großeltern nicht auf. Die Arbeiten, die früher die Oma ausgeführt hatte, erledigte jetzt der Opa. „Das geht gut!" sagte er zufrieden. „Die Oma sagt mir genau, was gemacht werden muß und wie ich es machen muß." Und stolz zeigte er die Fenster, die er unter Anleitung der Oma zum erstenmal in seinem Leben geputzt hatte. Nein, helfen lassen wollten sie sich nicht. Nur den Garten, der einst Omas Stolz

gewesen war, gaben sie ab. Und die Oma nahm es hin, daß Kristinas Eltern ihn ganz anders bearbeiteten, als das die Oma ein Leben lang getan hatte. Durch die vielen Bestrahlungen, die jetzt immer wieder sein mußten, um den Krebs im Körper einzudämmen, begann das Haar der Oma schütter zu werden. Immer mehr Haar fiel aus. „Du gefällst mir auch so!" lachte der Opa und nahm sie in seine Arme. Und die Perücke, die sie sich anfertigen ließ, zog sie nur dann auf, wenn sie mit dem Auto zur Untersuchung fuhr. Oft packte der Opa die Oma auch in sein Auto, um ein Stückchen mit ihr zu fahren, an einem Waldrand zu parken, ein paar Schritte zu gehen, wobei er sie ganz behutsam mit seinem Arm stützte. Kristina fuhr oft mit.
Aber dann wurden auch die kleinen Ausflüge seltener. Als dann der Oma eine Kur verschrieben wurde, wollte sie nicht fahren. „Laß mich zu Hause!" bettelte sie. „Ich komme dort vor Heimweh um!" Da bestürmten alle die Oma, doch zu fahren, weil durch den Kuraufenthalt bestimmt vieles besser würde. Nur zögernd gab die Oma schließlich nach. Wieder brachte sie der Opa mit seinem kleinen Wagen selbst zu dem Sanatorium, in dem die Oma nun sechs Wochen bleiben sollte. Das waren über einhundertfünfzig Kilometer zu fahren. Aber in der ersten Woche fuhr der Opa dreimal los, um die Oma zu besuchen. „Es schmeckt ihr nichts mehr!" sagte er, als er am Samstag zurückkam.
„Seit Tagen ißt sie nichts!"
Als Kristina mit ihren Eltern am Sonntag die Oma besuchte, erschraken sie, wie schlecht die Oma aussah. „Holt mich doch wieder nach Hause!" weinte die Oma. „Hier werde ich nie wieder gesund!" Drei Tage blieb die Oma noch fort. Dann holte der Opa sie wieder mit dem Auto ab.
Wieder kamen die regelmäßigen Untersuchungen. Wieder ein kurzer Aufenthalt in der Klinik. Und wieder der einzige Wunsch der Oma, so schnell wie möglich nach Hause zu kommen. Als sie dann endlich wieder da war, war sie noch schwächer geworden. Aber die Haare waren wieder nachgewachsen. „Vielleicht wird alles doch wieder gut!" sagte Kristina und dachte an die Haare, die ihr scheinbar bewiesen, daß es der Oma wieder besser ging.
Nach und nach gewöhnten sich alle daran, daß die Oma so wenig aß und so wenig vertragen konnte. Alles, was sie früher gern gegessen hatte, verschmähte sie jetzt. Manchmal hatte sie große Lust auf ein ganz bestimmtes Essen. Wenn die Mutter es dann gekocht hatte, hatte sie bereits keinen Appetit mehr darauf. Trockenes Brot, etwas Milch, manchmal einen Brei ... das war alles, was die Oma noch wollte. Hin und wieder gelang es der Mutter, ihr überraschend etwas anzubieten, was sie vielleicht doch zu sich nehmen würde: frische Waffeln, Kartoffelpuffer, Rührei. Ein paar Bissen nahm sie, aber nicht mehr. Vor allem kein Fleisch. Schon vor dem Geruch

ekelte sie sich. Nur ab und zu Kaffee. Der war immer Omas Lieblingsgetränk gewesen.
Zum Schluß waren die schlimmen Tage gekommen, an denen die Oma nicht mehr aus ihrem Bett aufstehen konnte. Jetzt kam die Hausärztin oft. Sie wollte die Oma noch einmal in die Klinik überweisen. Ein Blutaustausch könnte helfen.
„Lieber Gott, hilf meiner Oma!" betete Kristina und wußte selbst nicht, wie diese Hilfe aussehen sollte. War es besser, wenn Gott sie jetzt einschlafen ließ, daß sie keine Schmerzen mehr zu erleiden brauchte? Aber Kristina wünschte sich doch so sehr, daß sie noch lange bei ihnen bleiben sollte, daß die Schmerzen wieder erträglicher würden, vielleicht sogar einmal ganz aufhörten. In dieser Zeit hörte Kristina eines Nachts die Oma laut weinen. Die Großeltern schliefen in dem Zimmer unter ihr. Da schluchzte Kristina in sich hinein und preßte ihre Hände fest zusammen. „Lieber Gott, hilf meiner Oma!" flehte sie. „Hilf, daß sie nicht solche Schmerzen hat!"
Noch einmal mußte die Oma in die Klinik. Diesmal fuhr sie der Opa nicht mit dem Auto. Die Fahrt wäre viel zu anstrengend für die Oma gewesen. Diesmal wurde sie von dem Krankenwagen abgeholt. Aber der Opa fuhr mit und saß während der ganzen Fahrt neben ihr und hielt ihr die Hand. „Wir holen dich wieder nach Hause! Ganz bestimmt! Ich verspreche es dir!"
„Ich will nicht im Krankenhaus sterben!" sagte die Oma leise.
Als sie dann wieder zu Hause war, kam die Ärztin täglich. Jetzt ließ es die Oma auch zu, daß sie von der Mutter und von dem Opa gewaschen wurde und daß die Mutter für alle kochte.
„Aber dein Haar wird doch immer dichter!" sagte Kristina, als sie neben ihr am Bett saß. „Es wird bestimmt wieder besser!" In diesen Tagen schaute Kristina auch morgens noch einmal bei der Oma ins Schlafzimmer hinein, bevor sie zur Schule ging.
Wie erschrak sie, als ihr Vater sie am Mittwoch von der Schule mit dem Auto abholte. „Ist was mit der Oma?" fragte sie und erkannte auch ohne Antwort in Vaters Gesicht, daß die Oma gestorben war.
„Willst du sie noch einmal sehen?"
Sie schüttelte verzweifelt den Kopf. Dann stürmte sie in ihr Zimmer und vergrub ihr Gesicht in ihrem Kopfkissen. Sie hörte nicht, daß der Sarg gebracht wurde. Sie hörte auch nicht, wie der Leichenwagen kam, um den Sarg zur Friedhofskapelle zu bringen. Nur als später ihre Mutter sie in den Arm nahm und ihr sagte: „Du mußt zum Opa gehen. Er wartet auf dich. Er braucht dich jetzt!", da stand sie auf und spülte sich im Badezimmer unter dem kalten Wasserstrahl das Gesicht ab.
Der Opa saß in der Küche vor dem Tisch und packte die Medikamente

zusammen, die die Oma genommen hatte. „Ich packe alles in diesen Karton!" sagte er.
„Ich habe sie so lieb gehabt!" schluchzte Kristina und drängte sich in seinen Arm.
„Ich weiß!" sagte der Opa ganz ruhig und drückte Kristina fest an sich. „Die Oma hat es auch gewußt!"
Seltsam, plötzlich spürte Kristina, daß es einen Trost gibt, wenn man auch noch so traurig ist.

Rolf Krenzer

Der hier aus der Sicht eines Kindes geschilderte Krankheitsverlauf und schließlich der Tod eines lieben Menschen, der Großmutter, macht deutlich, daß Leid und Krankheit nicht nur den verändern, der davon betroffen wird, sondern alle, die mit ihm zusammen leben, die ihn liebhaben.

Möglichkeiten:

Nachdenken und darüber sprechen, wie diese schlimme Krankheit die Großmutter verändert. Plötzlich kann der Großvater etwas tun, was er vorher nicht konnte, weil er es nicht brauchte. Kristina verändert sich, ihre Beziehung zu der Großmutter wird enger; die Eltern verändern sich.
Nach dem Tod der Großmutter wird Kristina von dem Großvater getröstet. Der Großvater, für den dieser Tod wohl am allerhärtesten ist, ist in der Lage, seine Enkeltochter zu trösten.
Hinweis auf Ostern, auf die Zusicherung Gottes auf ein ewiges Leben; Trost durch das Evangelium.
Hierzu Text: Der Opa lächelt, Kapitel 5.
Gedicht: Meine Oma ist gestorben, in: Rolf Krenzer: Heute scheint die Sonne, Georg Bitter Verlag, Recklinghausen.
Gebete für Menschen, die wir liebhaben; Gebete für die Toten.

** Gebet

Ist meine Oma schon bei dir, lieber Gott?
Sie ist heute nacht gestorben.
Sie haben sie gleich fortgebracht.
Jetzt ist ihr Zimmer so leer.
Heute nacht ist Vollmond.

Lieber Gott,
du mußt unbedingt die Wolken
vom Mond weghalten.
Meine Oma schaut so gern in den Vollmond
und ich auch.
Dann werden wir beide in den Mond schauen,
sie von dort und ich von hier,
und es wird fast so sein,
als ob wir wieder beisammen wären.
Hilf mir wachzubleiben,
die ganze Nacht, so lange der Mond scheint!
Und grüß sie schön von mir.

Gudrun Pausewang

Aus: Rolf Krenzer (Hrsg.): Halte zu mir heute, guter Gott. Lahn-Verlag, Limburg 1983.

** Lebenslied

T u. M: Hans Baumann

2. Ist's eine Brücke, weit ausgespannt?
Eine Brücke, ja! Eine Brücke, ja!
Und wir alle, alle gehen über sie ins Anderland,
Und wir alle, alle gehen über sie ins Anderland.

Vor Advent

Es war die trübe, graue Zeit um Volkstrauertag, Bußtag und Totensonntag. In den anderen Jahren hatte sie sich immer gefreut, daß danach der 1. Advent kam. Immer hatte sie es geschafft, das Haus zu schmücken, Plätzchen zu backen (der Duft des Gebäcks stimmte sie fröhlich) und Mandarinen und Süßigkeiten einzukaufen.
In diesem Jahr war es anders, ihr Herz war voll Trauer. Sie stand in der Mitte des Lebens und immer häufiger kreisten ihre Gedanken um den Tod. So ist es nun einmal, dachte sie, das gehört zum Leben. Alle werden geboren, um zu sterben.
Aber nun der letzte Mensch, der sie noch mit der alten Heimat verband, ihr Vater! Sie beschäftigte sich in Gedanken mit ihm, dem Leben in der Familie mit den Geschichten, als sie ein Kind war, dem Leben, als der Vater der Großvater ihrer Kinder wurde. Hatte sie ihn nicht immer zu wenig verstanden?
Jetzt stand sie am Bett des Vaters. Sie wußte, daß unwiderruflich auch die ganze Kindheit im Osten, alle Erinnerungen, alles miteinander Erzählen – „weißt du noch?" – verblassen würde. Alles das würde der Vater mit sich nehmen, denn die Geschwister waren zu klein gewesen, damals bei der Flucht. –
Sie grübelte, ob nicht ihre ganze Bedrücktheit und Trauer dem Selbstmitleid entsprangen. Aber war es nicht auch so, daß jetzt, da der Vater es merkte, daß 55 kg Gewicht nicht mehr lange vorhalten würden, daß jetzt Gespräche möglich waren, die jahrelang nicht gesprochen wurden, verschüttet waren, ja daß es oft nicht einmal mehr der Worte bedurfte zwischen ihnen?
Da verspürte sie solche Wärme tief in sich drinnen, sie fühlte seine Güte, die doch wohl immer vorhanden war. –
Nun sah sie auf einmal wieder den Anschluß an Advent, ein Stückchen daran. Wie das gemeint war mit der Krippe, über der gleichzeitig das Kreuz steht. Sie hatte Hoffnung gefunden, die Gewißheit in sich gespürt: „Was sucht ihr den Toten im Grab, es ist leer, den ihr sucht, der ist auferstanden."

Sie merkte, daß *so* vielleicht doch auch Advent und Weihnachten werden könnte und was sie ihren Kindern sagen würde.

Inge Müller

In diesem Text werden die Gedanken eines erwachsenen Menschen zum Tod seines geliebten Vaters angesprochen. Es handelt sich um eine Frau, die selbst Mutter ist und weiß, daß sie mit ihrer Hoffnung und ihrem Trost auch ihre Kinder trösten kann.
Bewußt wird dieser Text dem Text von Kristinas Oma, Kap. 10, gegenübergestellt, weil hier Kinder etwas von dem erfahren, was Erwachsene denken und fühlen, warum sie sich so verhalten und wie sie selbst voller Angst, aber auch voller Hoffnung sind.

Möglichkeit:

Nach dem Vorlesen die Krippe mit dem Kreuz darüber an die Tafel malen.

Gesprächsimpuls:

Warum steht über dieser Geschichte ausgerechnet der Titel „Vor Advent“? – Was hat der Tod mit Advent und Weihnachten zu tun? Eine Adventsgeschichte zum Totensonntag?
Die Frau erinnert sich an das, was sie mit ihrem Vater erlebt hat. Sie durfte ihren Vater so lange behalten. Aber jetzt beginnt sie, sich selbst zu bemitleiden, weil sie weiß, daß sie ihn verlieren wird. Aber sie findet aus diesem Mitleid mit sich selbst heraus und kann sich wieder auf Weihnachten freuen.

Weiterführende Gespräche:

Wie war das, als jemand, den du lieb hattest, gestorben ist?

Von dem Trost und der Hoffnung, die uns Christus gegeben hat, handelt das folgende Lied, das ebenso ein Lied zu Totensonntag wie zum Advent sein kann.

*
**
*

Wir malen Gottes Paradies

T: Rolf Krenzer
M: Detlev Jöcker

2. Da könnt ihr bunte Vögel sehn
mit wunderschönen Schwingen.
Und auf der Wiese Kinder stehn,
die frohe Lieder singen.
Die Bäume sind so groß und breit
und tragen grüne Blätter.
Sie spenden Schatten jederzeit
und Schutz vor jedem Wetter.

3. Die Luft ist sauber und gesund,
und klar sind Fluß und Tümpel.
Kein Abgasrohr, kein Kraftwerk und
auch nirgendwo Gerümpel.
In Frieden leben Mensch und Tier,
die Großen und die Kleinen.
Und wenn wir malen, seht ihr hier
nicht einen Menschen weinen.

4. Und Geld und Streß sind abgetan
und wird es nie mehr geben.
Mit Liebe hält ein jedermann
den anderen am Leben.
Die großen Leute haben Zeit
für das, was sie gern machen.
Sie sind von allem Zwang befreit
und können wieder lachen.

5. Und Kriege sind hier abgeschafft
und können nichts vernichten.
Wir finden Bomben ekelhaft
und wollen gern verzichten.
Ein jeder hat für jeden Zeit
und hat nichts zu versäumen
und wird dann ohne Angst und Leid
nur gute Träume träumen.

6. Und jeder bleibt heut bei uns stehn,
weil ihm das Bild gefallen,
und will dann nicht mehr weitergehn

und schaut uns zu beim Malen.
Dann teilen wir noch Farben aus
und sagen froh und heiter:
Kommt raus aus eurem Schneckenhaus
und malt doch mit uns weiter!

Erschienen auf MC „Und sie fingen an fröhlich zu sein“, Sing- und Mitmachspiel zur Geschichte vom verlorenen Sohn, MOD Verlag, Am Hagen 5, 4400 Münster.

*** Und nun?

Auf dem Friedhof nach der Beerdigung seines besten Freundes erzählt die Mutter ihrem Sohn die Geschichte von dem Töchterchen des Jairus und vermittelt dadurch Trost und Hoffnung.

Tod; Totensonntag;
Markus 5,21–24; 35–43
Matthäus 9,18,19,23–26
Lukas 8,40–42; 49–56

Die Menschen waren alle schwarz gekleidet. Eine große Menge war in der Kirche gewesen und dann auf dem Friedhof. Freunde und Bekannte hatten der trauernden Familie die Hand gegeben. Die Menge zerstreute sich. Auch die Schulklasse ging heim, – bedrückt, traurig und erschrocken.
Hans war mit seiner Mutter gekommen. Hermann war sein bester Freund gewesen und sein Klassenkamerad. Jeden Tag waren sie zusammen, vormittags in der Schule und nachmittags beim Spielen. Und dann war der Unfall geschehen. Mit dem Fahrrad war Hermann vom Grundstück seiner Eltern auf die Straße gefahren. Der Autofahrer hatte nicht mehr bremsen können. So war es passiert, und nun hatten sie Hermann beerdigt. Hans verstand das alles nicht. „Der Pastor hat gesagt, daß Hermann nun bei Gott geborgen ist. Meint er damit, daß er im Himmel ist?“
„Ja“, sagte die Mutter, „ das meint er wohl damit.“ Und Hans sagte: „Aber er liegt doch nun in der Erde, im Grab.“
„Komm“, sagte die Mutter, „wir gehen noch einmal über den Friedhof. Ich will dir etwas zeigen.“ Sie gingen über den alten Friedhof des Marschendorfes zu einem Grabkeller. Eine Sandsteinplatte lag darauf. Man konnte die Jahreszahl noch erkennen: 1741. Die eingemeißelte Schrift konnte Hans nicht lesen, aber die Mutter half ihm:

Hier wartet auf die Auferstehung
Metta Gesine Janssen,
ehrbarer Bürger Töchterlein,
von Gott gerufen im 12ten Jahr ihres Lebens.

Unter der Schrift war ein Bild in den Stein gemeißelt. Es war nicht mehr sehr gut erhalten, aber man konnte noch erkennen, was es bedeuten sollte.

„Schau", sagte die Mutter, „dieses Bild stellt eine Geschichte dar. Ich will sie dir erzählen:

Jesus redete zum Volk von Gottes Reich. Da kam ein Mann gelaufen. Jairus war es, ein frommer Mann. Aber jetzt war er voll Angst. Er lief zu Jesus. Er warf sich vor ihm nieder und rief: ‚Herr, hilf mir! Ich habe Angst um meine Tochter. Sie ist so krank. Sie wird sterben, wenn du mir nicht hilfst. Komm doch, Herr, laß sie leben!'

Da ging Jesus mit ihm. Aber auf dem Weg kamen ihnen schon Leute aus dem Haus des Jairus entgegen. Die sagten: ‚Es ist zu spät. Deine Tochter ist gestorben!' Aber Jesus sprach zu Jairus: ‚Höre nicht auf sie. Du brauchst keine Angst zu haben. Glaube nur!'

Sie kamen zu dem Haus. Von weitem schon hörten sie die Totenklage. Und Jesus ging hinein. Er sprach zu den Frauen, die die Totenklage hielten: ‚Hört auf zu jammern und zu klagen. Dieses Kind ist nicht tot. Es schläft!' Aber die Frauen lachten ihn aus. Sie verstanden nicht, daß Jesus sagen wollte: Der Tod ist ein Schlaf zur Auferstehung bei Gott.

Und dann ging Jesus in das Totenzimmer. Nur die Eltern des Kindes und seine Jünger nahm er mit sich. Und er rief das Mädchen aus dem Tod ins Leben. Er faßte es an. Er sprach: ‚Ich sage dir, stehe auf!' Und das Mädchen stand auf und ging umher."

Als die Mutter diese Geschichte erzählt hatte, war sie einen Augenblick still. Dann sagte sie: „Hermann war genauso alt wie das Kind, das vor über zweihundert Jahren hier unter dieser Steinplatte beerdigt wurde: Zwölf Jahre, – wie die Tochter des Jairus. Und die Eltern haben dieses Bild in den Grabstein meißeln lassen, weil sie an die Auferstehung glaubten. Als Jesus Tote ins Leben rief, wollte er zeigen, daß wir auch auferstehen werden von den Toten, so wie später Jesus selbst auferstanden ist. Ich denke, wir müssen auch hören, was Jesus zu Jairus sagte: Habe keine Angst. Glaube nur!"

Wilhelm Beneker

Wenn es darum geht, die Frage nach dem Tod vor Kindern zu behandeln, entwikkeln wir meist eine merkwürdige Scheu. Je stärker diese Scheu ausgeprägt ist, je mehr deutet sie darauf hin, daß wir Erwachsenen selbst es verlernt haben, mit dem

Tod zu leben, – ihn als selbstverständliches Ende des Lebens, aber zum Leben gehörend, zu verarbeiten.
Auch Kinder sind ganz unmittelbar betroffen. Schließlich begegnen sie dem Tod genauso wie Erwachsene. Wir sollten uns auch hier davor hüten, das Problem auf die Ebene „das verstehst du noch nicht" abzuschieben oder noch schlimmer, einfach zu verschweigen. Unsere Kinder haben Anspruch auf eine Antwort, auch dann, wenn uns das Antworten schwerfällt, – auch dann, wenn wir selbst um gültige Antworten ringen.
Wir haben die kleine Geschichte im Kindergottesdienst des Ostersonntags gelesen, sozusagen als Kontext zur Ostergeschichte. Unsere Absicht war, verständlich werden zu lassen, daß die Auferstehung Jesu Christi kein im Raum der Geschichte stehendes (an ein historisches Datum festgebundenes) Ereignis „war", sondern im Glauben der Gemeinde Ereignis „ist".
Meinen Helfern und mir erschien es wichtig, daß Ostern als Befreiung begriffen und angenommen werden kann, die heute wirksam ist.
Wir begannen den Kindergottesdienst mit dem Einsingen des Osterrufes: „Freut euch, freut euch, Ostern ist da". (Christa Linke in „111 Kinderlieder zur Bibel", Kaufmann Verlag, Lahr).
Die Ostergeschichte nach Markus 16 wurde erzählt und im Gespräch mit den Kindern vertieft (Erzählhilfe: Wilhelm Beneker, Die Jesusgeschichte, Agentur des Rauhen Hauses, Hamburg).
Die Geschichte „Und nun?" schloß gut an das Gespräch an. Sie wurde in der vorliegenden Fassung im Erzählton vorgelesen.

Wilhelm Beneker

Der Text „Und nun?" sowie die religionspädagogischen Hinweise aus Zeitschrift: In Sachen Spiel und Feier, Nr. 1/28. Jahrg., S. 27 f., Weinheim 1977. Textrechte beim Autor.

*** Kokeln

Aus dem Spiel mit Streichhölzern wird ernst, als ein Bahndamm zu brennen beginnt. Tiere verlieren ihr Leben. „Das habe ich nicht gewollt!"

Tod; Todesqualen; schuldig werden am Tod eines anderen Lebens; Schuld und Reue. Gebot: Du sollst nicht töten!

Schon seit einiger Zeit zogen ihn Streichhölzer magisch an. Er konnte einfach an keiner Schachtel vorbeigehen, ohne nicht mindestens ein Holz anzureißen. Er hielt es in der Hand, zwischen Daumen und Zeigefinger, bis es ihm die Fingerkuppen verbrannte. Einmal hatte Bille ihn an Mutter verraten. Die hatte alle seine Taschen durchsucht und sein Zimmer bis in alle Winkel umgedreht. Sie fand dabei Geld, von dem er ihr nicht erklären konnte, woher er es hatte, ein rostiges Fahrtenmesser (es schnitt aber noch gut), ein Fernrohr mit noch einem heilen Glas und jede Menge Comic-Hefte, die er sich von Peter ausgeliehen hatte. Und zehn Schachteln Streichhölzer. Mutter sagte nur: „Warte, ich zeige das alles heute abend Vater. Du wirst schon sehen, was er mit dir macht!"

Aber der Vater machte nichts mit ihm, weder an diesem Abend noch an dem folgenden. Mutter ärgerte sich darüber; sie wollte die „Last der Erziehung", wie sie es nannte, nicht immer alleine tragen, und sie ließ es durch ihre schlechte Laune alle merken.

Aber an jenem Abend, als sie halb triumphierend, halb anklagend all die Dinge aus seinem Zimmer vor Vater ausgebreitet hatte, brummte der nur: „Nun laß doch mal den Jungen in Ruhe. Alle sammeln so'n Zeug. Ich hab' das früher auch gemacht." Aber das Schlimme an Vater war, daß er nie offen für einen Partei bezog; man konnte sich nicht auf ihn verlassen. War Mutter dabei, gab er stets ihr Recht.

Mutter fand nie wieder etwas bei ihm, so sehr sie auch suchte. Und daß sie suchte, wußte er, denn sie legte nicht immer alles wieder an seinen alten Platz zurück. Alle seine Schätze wanderten in ein neues Versteck. Das war draußen im Schuppen unter den alten Obstkisten. Die wurden seit Jahren nicht mehr benutzt. Niemand sah sie überhaupt richtig.

Hier saß er nun an diesem Nachmittag und hielt die Streichhölzer in der Hand. Vorsichtig zündete er ein Holz nach dem anderen an und blies es erst aus, wenn der Schmerz an den Fingerspitzen zu stark wurde.

Ein größeres Feuer müßte man machen, dachte er, ein bißchen größer, vielleicht ein ganz großes ... Er dachte den Gedanken nicht zu Ende, weil er Angst hatte. Aber zugleich nagte die Idee in ihm und ließ ihm keine Ruhe.

Er nahm die Streichhölzer, verbarg sie tief in seiner Hosentasche und ging durch den Garten, kletterte hinten über den Zaun und stand auf der Wiese.

Auf der Wiese grasten Kühe, sie waren weit entfernt, so daß er sich nicht zu fürchten brauchte. Er behielt sie aber scharf im Auge, für den Fall, daß er schnell weglaufen müßte. Die Kühe glotzten und wedelten heftig mit ihren Schwänzen nach den Fliegen.

Auf der anderen Seite wurden die Wiesen vom Bahndamm begrenzt, der sich hier etwa ein bis zwei Meter über die Wiesen erhob.

Er kletterte über den Stacheldrahtzaun, der Wiesen und Damm trennte, und legte sich auf die Schrägseite des Dammes in die Sonne. Es war warm und still hier: Bienen summten, Grillen zirpten – das war alles, was er hörte. Als er sich wohlig reckte, knackte es unter ihm. Und dieses Knacken von trockenen Zweigen und Gras gab ihm eine Idee: Er würde das Gras hier

anzünden. Das Gras war nichts wert, man durfte es ruhig tun. Es gehörte keinem. Und hier am Bahndamm sah ihn niemand.
Er sah sich rasch um: Nein, da war weit und breit kein Mensch zu sehen. Nur die Kühe glotzten. Er streckte ihnen die Zunge 'raus. Er holte die Streichhölzer aus der Tasche und öffnete die Schachtel ganz. Sie war noch halb voll. Er riß ein Hölzchen an und hielt einen trockenen Stengel in die Flamme. Es brannte für einen Augenblick lichterloh, verlöschte dann aber rasch wieder. Er sah sich suchend um. Da vorne war ein Holunderstrauch mit vielen trockenen Ästen. Er legte alles beiseite, stand auf und lief hinüber. Riß einen Zweig ab. Und noch einen Zweig. Und noch einen ... Er drehte sich um, weil es hinter ihm so merkwürdig knackte. Seine Augen weiteten sich vor Entsetzen. Das konnte doch nicht möglich sein! Der Bahndamm brannte lichterloh in seiner ganzen Breite, hellgelb und laut knackend. Der Wind trieb die Flammen rasch über den ausgedörrten Boden dem Strauch und ihm entgegen. Sehr schnell, viel zu schnell, um noch etwas zu tun.
Er begann zu weinen, während er wie festgenagelt stand und in das Feuer starrte. Seine Lippen bewegten sich: „Nein, Mama, nein, das wollte ich nicht ...“ Aber da kam schon die Hitze ganz nah an sein Gesicht und nahm ihm die Luft weg. Er sprang zwei, drei Schritte zurück. Mit einem Geräusch, das wie Aufstöhnen klang, fing der Holunderstrauch Feuer, und die Flammen schlugen hell auf. Er ging noch ein paar Schritte zurück, und da war das Feuer auch schon an ihm vorbei.
Er seufzte, wischte sich die Augen mit dem Hemdsärmel und schnüffelte. Er fühlte sich schlecht. Das Feuer verursachte ihm nun Unbehagen und kein Hochgefühl mehr. Weg, dachte er, bloß schnell weg hier, bevor mich jemand sieht und mich verpetzt! Er drehte sich um. Etwas erregte seine Aufmerksamkeit. Da kroch etwas über die Erde auf ihn zu, von dem abgebrannten Bahndamm 'runter auf ihn zu. Ganz langsam kam es näher, und dann erkannte er es: Es war ein halbverbrannter Igel.
Mit einem Aufschrei drehte er sich um, rannte über die Wiesen und durch den Garten bis in den Schuppen. Dort warf er sich auf die alten Kartoffelsäcke und weinte, weinte.

Karin Bolte

Aus: Karin Bolte, Wie Alfred berühmt wurde und andere Erzählungen für Kinder. Beltz Verlag, Weinheim und Basel, Programm Beltz & Gelberg.

Sorglosigkeit, Unachtsamkeit und Unüberlegtheit entschuldigen nicht den Tod eines Geschöpfes, eines Lebens. Da bleibt am Ende nur Verzweiflung und Reue,

Einsicht und das sich selbst gegebene Versprechen, niemals wieder an einem anderen Leben schuldig zu werden und gegen Gottes Gebot „Du sollst nicht töten!" zu verstoßen.
Wenn Kinder die Tragweite dieses Gebotes verstehen sollen, dann können ihnen auch Texte wie dieser nicht erspart bleiben, weil hier ein Identifizieren mit dem Jungen, der den Igel qualvoll sterben ließ, möglich wird.
Auf dieser Erlebnisbasis ist es vielleicht möglich, darüber zu sprechen, wie erwachsene Menschen andere verfolgen, quälen und töten, was die Begriffe „Gefängnis", „Folter", „Mord", „Totschlag", „Krieg" beinhalten.

Gesprächsimpuls:

„Du sollst nicht töten!" an die Tafel schreiben. Dann Zeit lassen, darüber nachzudenken und zu sprechen. Anschließend darunterschreiben: „Gott will, daß ..."
Positive Aussagen sammeln, z. B. Gott will, daß alles Leben beschützt wird,
daß keine Menschen erschossen werden,
daß keine Tiere ausgerottet werden ...

Gott hat versprochen, niemals wieder die Erde im Wasser untergehen zu lassen und die Menschen zu bestrafen. Er hat einen Bund mit dem Menschen geschlossen. Das Zeichen dieses Bundes, den Regenbogen, sehen wir oft am Himmel. Gott hält diesen Bund mit den Menschen. Er hält, was er verspricht. Und wir?

* Noahs Arche

Genesis 6 bis 8,
Genesis 9,8–17

Als Gott die große Flut schickt, fordert er Noah auf, ein Schiff zu bauen. Noah lädt die Menschen ein, mit in das Schiff hineinzukommen. Als diese nichts davon wissen wollen, kommen die Tiere. Die große Flut überspült die Erde, doch das Schiff fährt sicher über das Wasser. So werden alle gerettet. Der Regenbogen erinnert an den Bund Gottes mit den Menschen.

* Die Tiere kommen

T: Rolf Krenzer
M: Peter Janssens

Die braunen Bären kommen …
Die wilden Löwen kommen …
Die frechen Affen kommen …
Und die Kamele kommen …
Die schnellen Pferde kommen …
Die flinken Katzen kommen …
Die kleinen Mäuse kommen …
Die Schmetterlinge kommen …
Und auch die Käfer kommen …

Nach der großen Flut kommen die Tiere alle wieder aus der Arche heraus.

Kommt heraus, kommt heraus,
denn die große Flut ist aus.
Kommt heraus, kommt heraus,
steigt aus Noahs Arche aus.

Die Elefanten gehen.
Das könnt ihr alle sehen.
Sie kommen aus dem Schiff heraus
und suchen sich ein Haus.

Die braunen Bären gehen …
Die wilden Löwen gehen …
usw.

* Ein bunter Regenbogen

T: Rolf Krenzer
M: Peter Janssens

2. Ein bunter Regenbogen
ist übers Land gezogen.
Und alle bleiben stehn,
um ihn sich anzusehn.

3. Ein bunter Regenbogen
ist übers Land gezogen,
damit ihr's alle wißt,
daß Gott uns nicht vergißt.

Spieldauer:

10 bis 20 Minuten.

Mitspieler:

Beim Schattenspiel sind nicht so viele Spieler notwendig, es können aber alle Spieler einer großen Gruppe auch Figuren herstellen und später zum Lied zeigen. Beim Kreisspiel und spontan entwickelten Spiel können beliebig viele Spieler, auch sehr viele, mitspielen.

Mögliche Spielformen:

Schattenspiel – Menschenschattenspiel – Spiel im Kreis oder im Halbkreis – Spiel auf der Bühne, drinnen und draußen – Spiel mit Stabpuppen, Pappfiguren usw.

Orchester:

Zu dem Spiellied lassen sich alle Orff-Instrumente einsetzen, dazu Klavier, Akkordeon oder Gitarre. Auch selbstgebastelte Instrumente haben wir eingesetzt. Bei einer größeren Gruppe kann man zwischen Orchester und Chor und Spieler aufteilen. Es können auch alle Strophen, die später in ein Spiel umgesetzt werden sollen, auf Tonband oder Musicassette aufgenommen und dann adäquat zum Spiel abgespielt werden. Im letzten Teil kann eine Schallplatte mit dem Regenbogenlied, z.B. beim Schattenspiel, eingesetzt werden.

Vom Text zum Spiel:

Im *Spiel im Kreis oder im Halbkreis* kann ein Teil des Spielkreises Noahs Schiff darstellen. Dabei fassen sich viele Mitspieler an den Händen und bilden so das Schiff, das später, wenn es über das Wasser fährt, auch entsprechende Bewegungen macht. Das Schiff kann aber auch als Ellipse mit Kreide auf den Fußboden gezeichnet oder mit einem Seil gelegt werden. Wir haben auch das Schiff aus vielen Stühlen, Tischen, Pappkartons und Decken gebaut. Besonders Kindern machte es viel Spaß, in diese Arche hineinzukriechen und später aus einem zweiten Ausgang wieder hinaus.
Zuerst lädt Noah die Menschen ein, doch die lachen ihn aus und gehn davon. Dann kommen die Tiere.
Jeweils zwei Spieler stellen ein Tierpaar dar. Die Tiere können entweder pantomimisch vorgestellt werden, es können aber auch entsprechende Requisiten und Kostüme von den Spielern selbst hierzu angefertigt werden: z.B. Pappohren für die Hasen, Decken und lange Rüssel für die Elefanten, braune Trainingsanzüge, selbstgebastelte Masken für die Bären, schwarze Fräcke für die Pinguine usw.
Für das *Spiel mit Stabpuppen oder Pappfiguren* können die einzelnen Tiere aus Pappkarton ausgeschnitten, ausgemalt oder mit Buntpapier beklebt werden.
Auch die Arche kann aus Plakatkarton oder sonstigem Karton ausgeschnitten und entsprechend bemalt oder mir Buntpapier beklebt werden.

Ein umgekippter Tisch (Beine nach vorn) kann schon als Bühne ausreichen. Man kann auch in eine Türöffnung oder zwischen zwei kleinere Schränke ein Tuch spannen, das den Spielern als Bühne dient und sie beim Führen der Puppen vor den Augen der Zuschauer verbirgt.

Der Regenbogen zum Schluß kann mit einem farbigen Dia (Dia mit Fett- oder Filzstiften bunt bemalen, farbiges Transparentpapier in einen Diarahmen usw.) an die Wand projiziert werden. Er kann auch aus Buntpapier ein bunter Regenbogen gestaltet werden, der zum Schluß von den Spielern über die Spielfläche gehalten wird. Im Spiel mit jüngeren Kindern können selbstverständlich auch Stofftiere eingesetzt werden.

Für das *Schattenspiel* werden die Figuren zunächst aus Karton ausgeschnitten und dann mit farbigem Tranparentpapier in ihren Umrissen hinterklebt. Das heißt, daß aus dem Karton noch zusätzlich ausgeschnitten wird, z.B. Augen, der Panzer der Schildkröte, die Flügel der Schmetterlinge usw.

Der Regenbogen zum Schluß wird durch farbiges Tranparentpapier angezeigt, der dann, wenn er hinter die weiße Leinwand gehalten wird, dem Schattenspiel einen farbenfrohen Ausgang gibt.

Die Leinwand (Bettlaken usw.) läßt sich in einem Türrahmen oder zwischen zwei Schränken oder Kartenhaltern aufspannen. Eine Lichtquelle (Diaprojektor,

Strahler, Tageslichtschreiber usw.) strahlt die Bühne von hinten an, so daß die Figuren vor der Bühne in ihren Umrissen deutlich zu sehen sind. Die mit Transparentpapier zusätzlich gestalteten Figuren sollten möglichst nahe an der Leinwand geführt werden, damit die Farben von vorn deutlich zu erkennen sind.
Im *Menschenschattenspiel* wird ebenfalls ein aufgespanntes Bettlaken durch eine Lichtquelle von hinten angestrahlt. Durch entsprechende Requisiten und Verkleidungen können die Spieler so ausstaffiert werden, daß sie in ihren Umrissen als Tiere identifiziert werden können, z. B.: Hase mit Pappohren, Schnecke mit Rucksack, Hirsch mit Zweig oder Ast als Geweih, Storch mit Schnabel, Schlange, von zwei Spielern, die hintereinander kriechen, dargestellt.

Spielanregungen:

Zunächst lädt Noah die Menschen ein, in sein Schiff zu kommen. Die Menschen lachen ihn aus und gehen davon. Alles wird pantomimisch dargestellt. Dann kommen die braunen Bären, die Elefanten usw. Noah lädt sie ein, hereinzukommen. Zunächst dürfen die Tiere im Kreis herumlaufen, damit sie auch von allen Seiten gesehen werden können. Dann geht Noah auf sie zu und führt sie zum Schiff, wo sie sich niederlassen. Weitere Tiere folgen. Wenn alle Tiere im Schiff sind, fährt dieses los. Zu der Melodie schaukeln alle während der Schiffsreise. Zum Schluß kommen alle wieder aus dem Schiff heraus und gehen auf ihren Platz. Danach folgt der Regenbogentanz.
Eine besonders originelle Idee verwirklichte einmal eine Spielgruppe, die auch die Flöhe (pantomimisch durch Jucken und Kratzen angedeutet) zum Schluß noch in die Arche einsteigen ließen. Als das Schiff über das Wasser fuhr, mußten sich doch recht viele Tiere hin und wieder jucken. Als aber dann am Ende des Spiels alle Tiere die Arche bereits wieder verlassen hatten, fehlten noch die Flöhe. Sie wollten bei Noah bleiben, der durch eifriges Kratzen anzeigte, daß er sie immer noch bei sich hatte.
Das Lied vom Regenbogen eignet sich in der hier beschriebenen Weise als Abschluß und Vertiefung der Geschichte von Noah und der großen Flut, kann aber auch völlig eigenständig Spiel- und Tanzmöglichkeiten bieten:
Wir zeigen mit beiden Händen den Regenbogen über uns und deuten mit den Händen seine Form an. Mit den Händen zeigen wir auch die Sonne und zeigen dann mit den Fingern, wie der Regen auf das Gras heruntertropft.
In der zweiten Strophe zeigen wir wieder den Regenbogen.
In der dritten Strophe breiten wir beide Hände nach oben aus.
Wir brauchen viele farbige Bänder. Wir stehen im Kreis, und jeder hält ein solches farbiges Band in seiner Hand. Zu dem Lied gehen wir auf einen anderen Mitspieler zu und verknüpfen die Bänder miteinander.
Immer mehr Bänder werden miteinander verknüpft, so daß am Ende des Liedes ein bunter Regenbogen durch den ganzen Kreis geknüpft ist, der alle miteinander verbindet. Die Enden der Bänder brauchen nicht unbedingt miteinander verknüpft zu werden, sie werden nur gehalten.

Die Spieler, die den Regenbogen darstellen, tragen unterschiedliche farbige Kleider, Umhänge oder Blusen. Sie stellen sich nebeneinander auf. Links und rechts legen sich die Spieler fast auf den Boden, die nächsten hocken, knien, stehen, so daß der Eindruck des Regenbogens auch in seiner Form entsteht, die sich von einer Seite zur anderen spannt. Die Spieler, die in der Mitte stehen, recken sich hoch und halten zusätzlich noch ihre Arme in die Höhe.

Spieltanz:

Wir stehen frei im Kreis. Wir entspannen uns und atmen tief ein und aus. Wir versuchen, uns von allen Sorgen, Ängsten und Nöten freizumachen. Aus dieser Gelöstheit versuchen wir – jeder für sich–, mit unseren ausgestreckten Armen und mit dem ganzen Körper den großen, wunderschönen Regenbogen darzustellen. Wir zeigen mit unserem ganzen Körper den Regenbogen und gehen dabei zu dem Lied langsam durch den Kreis.
Zum Schluß fassen wie uns alle an den Händen und stellen damit die Verbundenheit von einem zum anderen dar.

Hinweis:

Auf weitere Spiellieder, die zu einprägsamen Rollenspielen gestaltet werden können, wird hingewiesen. Es handelt sich jeweils um die Geschichte von Noah: Singheft und LP „Zirkusmensch", Peter Janssens Musikverlag, Telgte, Titel „Noah" (Text: W. Willms/Musik: Peter Janssens).
Singheft und LP „Biblische Spiellieder zum äthiopischen Hungertuch", Impulse-Musikverlag, Drensteinfurt, Titel „Der Noah war ein starker Mann" (Text: R. O. Wiemer/Musik: Ludger Edelkötter).
Liederzyklus um Noah von Rolf Krenzer und Hans-Werner Clasen in „Regenbogen bunt und schön" – Einfache Lieder zur Bibel, Verlag Ernst Kaufmann, Lahr – Kösel-Verlag, München.

„Noah unterm Regenbogen", ein Musikspiel zum Mitmachen mit 15 Liedern von P. Janssens und Rolf Krenzer, Peter Janssens Musik Verlag, 4404 Telgte.

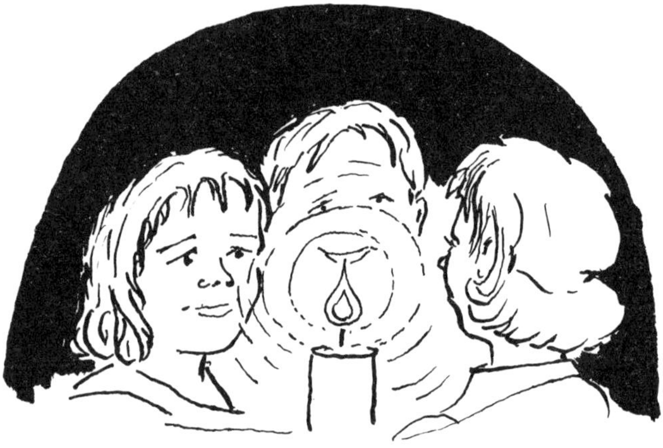

11.

In unserm Dunkel brennt ein Licht

Advent, Nikolaustag

** Wir zünden eine Kerze an

Adventslied, das auf Weihnachten und die Weihnachtsgeschichte vorbereitet.

Advent; Adventskranz; Warten auf das Kommen des Herrn.

T: Rolf Krenzer
M: Siegfried Fietz

2. In dunkler, kalter Winternacht
ist dieses kleine Licht erwacht.
Es sagt uns allen: Seid bereit,
denn Weihnachten ist nicht mehr weit.
Oh, leuchte, leuchte, kleines Licht,
leuchte und verlösche nicht!

3. In unsre Welt voll Angst und Leid
schickt Gott den Herrn der Herrlichkeit.
So liegt im Stroh sein armes Kind,
damit wir nicht verloren sind.
Drum leuchte, leuchte, kleines Licht,
leuchte und verlösche nicht!

Wenn mehrere Kerzen angezündet werden, kann die erste Zeile der ersten Strophe geändert werden: „Wir zünden unsre Kerzen an“ oder „Wir zünden jetzt zwei Kerzen an“ usw.

Möglichkeiten:

Gemeinsames Singen, wenn wir um den Adventskranz oder die Weihnachtspyramide sitzen.
Wir stellen eine Kerze mitten in den Kreis und gehen im Schreittanz zu dem Lied um die Kerze herum.
Einer kommt mit einer brennenden Kerze. Er gibt das Licht weiter, so daß nach und nach zu dem Lied jeder seine Kerze anzünden kann. Wir stellen die Adventskerzen vor uns oder gehen mit ihr langsam zu dem Lied im Kreis herum.

*** Und was ist morgen?

Josef muß nach dem Willen des Kaisers Augustus mit der schwangeren Maria von Nazaret nach Betlehem ziehen. Er fürchtet sich vor der großen Verantwortung, die er da auf sich nehmen muß. Aber Maria vertraut Gott. Deshalb kann sie Josef Mut machen.

Lukas 2, Beginn der Weihnachtsgeschichte; Hoffnung, Vertrauen, Glaube, Gewißheit Marias vor der Stunde der Geburt.

Der Bote des Kaisers war auch nach Nazaret gekommen. Laut hatte er vorgelesen, was der mächtige Kaiser in Rom verlangte: „Der Kaiser will wissen, wie viele Meschen in seinem Reich leben. Deshalb muß jeder dorthin reisen, woher er stammt. Dort soll er sich in ein Buch eintragen lassen. Wenn er sich auf dem Amt gemeldet hat, kann er wieder zurückreisen.“
Eine Reise kann schön sein. Man kann sich darauf freuen. Man kann sich freuen, Verwandte und Bekannte wiederzutreffen.
Eine Reise kann auch schwer und unbequem sein. Nicht jeder möchte jetzt eine Reise unternehmen.
Aber wenn der Kaiser etwas befiehlt, dann fragt er nicht danach, ob es diesem oder jenem gerade paßt.
Der Zimmermann Josef aus Nazaret stammt aus Betlehem. Das ist eine kleine Stadt ganz nahe bei der Hauptstadt Jerusalem. Dem Zimmermann paßt es jetzt überhaupt nicht, nach Betlehem zu reisen. Er hat so viel in

Nazaret zu tun. Maria, seine Frau, erwartet ein Kind. Da muß er die Wiege zusammenzimmern. Da gibt es soviel zu tun. Aber Befehl ist Befehl. Da fragt kein Kaiser danach, ob Josef gerade jetzt Zeit hat, um sich in Betlehem eintragen zu lassen.
Eine Reise kostet Geld. Und wer verreist schon, wenn in den nächsten Tagen die Geburt des Kindes erwartet wird? Josef denkt mit Bangen daran, was unterwegs passieren kann. Hier in Nazaret ist alles für die Geburt vorbereitet. Hier kann Maria ihr Kind bekommen. Hier sind die Freunde und Nachbarn, die ihnen helfen werden.
„Wir können doch jetzt nicht nach Betlehem reisen!“ seufzt Josef und blickt Maria traurig an.
„Wenn Gott mir das Kind schenken wird, dann wird er auch für uns sorgen!“ antwortet Maria.
„Was machen wir nur, wenn es unterwegs passiert?“ Josef ist nicht sehr zuversichtlich. Er fürchtet sich vor dem weiten Weg. Er fürchtet sich, weil er sich um Maria ängstigt. Nein, ihm, dem Josef, würde die Reise nichts ausmachen. Aber Maria! Jeden Tag kann das Kind kommen. Und dann ist sie hilfsbedürftig und braucht jemand, der sich um sie kümmert.
Ja, Josef will sich um Maria kümmern. Aber doch hier zu Hause in Nazaret und nicht irgendwo auf dem Weg zwischen Nazaret und Betlehem. Er trägt die Verantwortung für seine Frau und auch für das Kind, das in den nächsten Tagen geboren wird.
Immer wieder überlegt er, was er nur tun soll. Er packt ein paar notwendige Habseligkeiten in den großen Reisekorb ein, packt sie wieder aus und packt andere ein, die vielleicht noch notwendiger sein können. Er stöhnt und seufzt dabei. Er trägt schwer an der Verantwortung für Maria und das noch ungeborene Kind.

Wenn man die Reise doch aufschieben könnte. Nur ein paar Tage oder Wochen. Wenn man doch warten könnte, bis hier das Kind geboren ist. Aber da gibt es keine Sondergenehmigung. Und was kümmern den Kaiser die Ängste und Nöte eines armen Zimmermanns in Nazaret.
Und Maria? Sie vertraut ihm wie ein Kind. Der Josef wird es schon richten. Der Josef wird schon aufpassen, daß ihr und dem Kind nichts geschieht. Der Josef wird sich schon darum kümmern, daß alles gut wird. Und Gott wird schon für sie sorgen. Es ist ja Gottes Sohn, den sie unter ihrem Herzen trägt.
Aber Josef weiß nicht, wie er es richten soll.
Der Josef weiß nicht, wie er aufpassen soll, daß ihr und dem Kind nichts geschieht.
Der Josef will sich um alles kümmern, so gut es geht. Er hofft auch, daß

alles gut wird. Aber weiß er denn, was auf der Reise alles passieren kann, wenn er allein mit der Frau auf der Straße ist?
Ja, hier in Nazaret ist es leichter, die Verantwortung zu übernehmen! Am Abend wirft er sich unruhig auf seinem Lager hin und her.
Morgen ist der letzte Termin. Eine Nacht noch bleibt ihnen.
Und was kommt in dieser Nacht? Was wird morgen sein?
Er fürchtet sich so vor dieser Reise, weil er immer wieder an Maria denken muß. Sie liegt neben ihm und atmet still und gleichmäßig.
Ob sie überhaupt keine Angst vor der Reise hat?
Noch einmal steht Josef auf und untersucht alle Sachen, die er in den Reisekorb gepackt hat. Hat er auch nichts vergessen? Was muß man auf eine Reise mitnehmen, wenn ein Kind erwartet wird? Was muß man dabeihaben, wenn man für eine hilfsbedürftige Frau verantwortlich ist und für ein Kind, das auf dieser Reise zur Welt kommen wird.
Was wird morgen sein? denkt er, als er sich seufzend wieder hinlegt. Maria ist wach geworden. Sie dreht sich zu ihm hin.
„Fühle einmal!" flüstert sie. „Es strampelt in meinem Bauch!"
„Und was ist morgen?" fragt Josef leise und sorgenvoll.
„Schlaf jetzt!" sagt Maria und streicht ihm leicht mit ihrer Hand über das Gesicht. „Vor allem müssen wir morgen frisch und ausgeschlafen sein! Mach dir keine Sorgen!"
"Mach dir keine Sorgen!" brummelt Josef. „Wer trägt denn die Verantwortung für dich und das Kind?"
„Wer denn?" fragt Maria.
„Ich weiß nicht, was ich tun soll. Ich weiß nicht, ob es mir gelingt, euch auf dieser Reise zu beschützen. Die Verantwortung ist zu groß für mich!" Josef ist ganz verzweifelt.
„Du trägts die Verantwortung nicht allein!" flüstert Maria. „Gott kümmert sich um das Kind, weil es sein Kind ist. Gott kümmert sich um dich und mich. Du mußt nur Vertrauen haben. Gott trägt die Verantwortung für das Kind, für mich ... und für dich!"
Und dann dreht sich Maria einfach zur Seite und schläft wieder ein.
Josef lauscht den gleichmäßigen Atemzügen.
Und was ist morgen?
Maria vertraut wie ein Kind.
So versucht Josef schließlich auch einzuschlafen.
Maria hat recht. Wenn sie morgen früh aufbrechen wollen, müssen sie frisch und ausgeschlafen sein.

„Mach dir keine Sorgen!" hatte sie gesagt.
Und als sich Josef an sie kuschelt, da fühlt er sich so geborgen, daß er auch endlich einschläft.

Rolf Krenzer

In der Regel beginnen die Weihnachts- und Krippenspiele mit der Herbergssuche. Dieser Text gibt die Möglichkeit, ihn in ein Rollenspiel umzuarbeiten, wobei die Dialoge direkt übernommen werden können. So kann nach und nach das ganze Weihnachtsspiel aus den Texten zur Weihnachtsgeschichte entwickelt und zu einem Spiel für den Gottesdienst oder die Weihnachtsfeier werden, das von den Kindern mit dem Gruppenleiter selbst erarbeitet und gestaltet wurde.

* Der Kalender zeigt uns an

Der Dezember hält manche Überraschung für Kinder bereit.

Dezember; Freude in der Adventszeit.

T u. M: Mittelstufe II
der Tagesstätte Seesen
Leitung: Frau Wurziger

2. Der Kalender zeigt uns an, Weihnachten kommt schnell heran.
   Bratäpfel aus unserm Herd, werden rasch von uns verzehrt.

3. Der Kalender zeigt uns an, heut' ist Heilig Abend dran.
   Freude ist in diesem Haus, jeder ißt den Festtagsschmaus.

Das sehr einfach gestaltete Dezemberlied kann bereits mit den Kleinsten im Kindergarten gesungen werden. Es kann dazu anregen, selbst zu berichten oder zu zeichnen und zu malen, wie zu Hause die Advenstzeit begangen wird.

* Weihnachtsvorbereitungen

Es gibt viele Geheimnisse vor Weihnachten. Markus und Petra helfen beim Plätzchenbacken.

Adventszeit, frohe Zeit für Kinder.

Markus besucht Petra. Petras Mutter ruft: „Du kommst gerade richtig! Wir wollen Plätzchen backen. Da darfst du helfen!" Petra holt eine Schürze. Die muß Markus umbinden. Es ist eine Riesenschürze. Sie gehört Petras Vater. Die Mutter rührt den Teig an, und Markus und Petra schauen zu. Danach walzt sie den Teig mit dem Nudelholz auf dem Tisch aus. Jetzt wird es lustig! Petra holt Förmchen herbei. Nun dürfen die Kinder die Plätzchen ausstechen. Das gibt lustige Plätzchen: Tannenbäume, Pilze, Vögel und Weihnachtsmänner. Ganz vorsichtig legen sie die ausgestochenen Plätzchen auf das Blech. Dann schiebt die Mutter das Blech in den Backofen. Markus und Petra warten. Es dauert sehr lange, bis die Plätzchen fertig sind. Viel zu lange! Aber endlich holt die Mutter das Blech aus dem Backofen heraus. Die Kinder möchten gleich versuchen, ob die Plätzchen schmekken. Doch leider sind sie noch viel zu heiß. Da legt die Mutter ein paar Plätzchen auf die Fensterbank. Jetzt werden sie schnell kalt.
Dann dürfen die Kinder endlich die Plätzchen probieren. Aber nicht zuviel! Sie müssen bis Weihnachten reichen.
Petra führt Markus in ihr Zimmer. Sie ruft ihrer Mutter zu: „Du darfst nicht hereinkommen. Wir wollen nämlich Weihnachtsgeschenke basteln!" Die Mutter lacht: „Vor Weihnachten hat jeder Geheimnisse!"

Aus: Rolf Krenzer/Dagmar Domina: Bilder und Geschichten zum Kirchenjahr, Reha-Verlag, Bonn-Bad Godesberg.

Der Text gibt zahlreiche Gesprächsimpulse zum eigenen Berichten über die Vorweihnachtszeit zu Hause in der Familie oder wie man im Kindergottesdienst, in der Gruppe etwas ähnliches tun kann, z. B. Plätzchen backen oder Geschenke basteln.
Zu den vierundzwanzig Tagen vor Weihnachten werden in dem „Sternenadventskalender", Verlag Ernst Kaufmann, Lahr – Kösel-Verlag, München, einfach erzählte Geschichten angeboten, die von den Vorbereitungen der Kinder für Weihnachten erzählen.
Viel Spaß macht das folgende Weihnachtsplätzchenlied, wobei ganz nach Belieben der Name Verena in der letzten Strophe ausgewechselt werden kann.

** # Neunundneunzig Weihnachtsplätzchen

T: Rolf Krenzer
M: Stephan Sahm

2. Neunundneunzig Weihnachtsplätzchen ach, es ist ein Jammer,
waren nicht im Küchenschrank und der Speisekammer.
Neunundneunzig Weihnachtsplätzchen waren nicht im Keller,
Neunundneunzig Weihnachtsplätzchen fehlen auf dem Teller.

3. ‖: Neunundneunzig Weihnachtsplätzchen in Verenas Magen!
Und sie hat, glaubt's oder nicht, alle gut vertragen! :‖

** Spiel mit Kerzen

Es können sich alle an unserem Spiel mit Kerzen beteiligen. Wir benötigen eine Kerze pro Teilnehmer. Das Spiel eignet sich besonders auch für das gemeinsame Feiern in der Gruppe, mit Eltern, anläßlich einer Familienfeier usw. Wir singen gemeinsam das bekannte Spiritual „Er hat die ganze Welt in seiner Hand" mit folgendem Text:

„Wir haben so viel Licht in unserm Herz."

In der Mitte des Kreises steht eine brennende Kerze.
Einer beginnt, die Melodie zu summen. Er geht auf einen Kreis zu, nimmt ihn an der Hand und geht mit ihm zu der brennenden Kerze in der Mitte. Gemeinsam zünden sie eine neue Kerze an. Dann stellen sie die angezündete Kerze bei der ersten ab.
Der, der begonnen hat, gibt dem, den er geholt hat, nun eine noch nicht angezündete Kerze und setzt sich in die Mitte des Kreises auf den Boden vor die beiden brennenden Kerzen.
Der zweite Mitspieler geht nun auf einen anderen zu, nimmt ihn an der Hand, führt ihn in den Kreis und zündet mit ihm gemeinsam eine dritte Kerze an. Immer mehr Kerzen kommen in der Mitte des Kreises hinzu, immer mehr Teilnehmer finden sich im Kreis ein. Je mehr Teilnehmer in der Mitte sitzen, um so lauter wird das Summen. Wenn alle sitzen, singen wir gemeinsam:

„Wir haben so viel Licht in unserm Herz.
Wir haben so viel Freude in unserm Herz!"

Während des Singens stehen wir auf und gehen etwas später angefaßt um die brennenden Kerzen herum.
Text und Form des Spiels lassen sich verändern. Das Spiel kann die ganze Gruppe in eine feierliche Stimmung versetzen, in der jeder Teilnehmer Geborgenheit in der Gemeinschaft erfährt.
Zu dem Spiel kann auch das folgende Lied eingesetzt werden.

** Wir werden immer mehr

T: Rolf Krenzer
M: Klaus Irmer

2. Wir sind zwei und stehn hier so allein.
Sag, willst du nicht bei uns sein?
Komm herbei! Dann zählen wir schon drei!

3. Drei sind wir und stehn hier so allein.
Sag, willst du nicht bei uns sein?
Drei sind wir, und du dabei sind vier.

4. Bitte sehr, wir stchn hier so allein.
Sag, willst du nicht bei uns sein?
Komm doch her, dann zählen wir noch mehr.

5. Wir sind hier und stehn nicht mehr allein.
Hell strahlt unsres Lichtes Schein.
Wir sind hier. Das Licht kommt auch zu dir.

Zu Beginn des Spielliedes steht der Leiter ganz allein in der Mitte mit einer Kerze in der Hand. Weitere, brennende Kerzen – halb soviel wie Gruppenmitglieder – stehen beim Leiter auf dem Boden. Bei jedem Vers wird ein Kind mehr zur Mitte gewunken, nimmt die Kerze auf und singt den folgenden Vers mit. Der vierte Vers kann so lange gesungen werden, bis alle Kerzen aufgenommen sind. Mit dem letzten Vers werden die Kerzen an die übrigen Gruppenmitglieder verteilt.
Das Lied kann noch einmal gesungen werden. Dabei werden jetzt die anderen zu Kerzenträgern.

* Der Nikolaus kommt

Markus und Petra erleben den Nikolaus persönlich.

Vorweihnachtliche Bräuche.

Es klingelt an der Tür. Markus sieht Petra an. Petra sieht Markus an. „Wollt ihr nicht öffnen?“ fragt die Mutter. Es klingelt wieder. Da steht der Vater auf und geht zur Tür. Mit schweren Schritten geht der Nikolaus durch den Flur. Jetzt öffnet er die Zimmertür. Ängstlich stehen Markus und Petra da. Der Nikolaus hat einen dicken Pelzmantel an. Er hat Stiefel an den Füßen. Auf seinem Kopf hat er eine dicke Mütze. An den Händen hat er dicke Handschuhe. Der Nikolaus hat einen weißen langen Bart. Er trägt einen Sack auf dem Rücken. Ganz freundlich sagt er: „Guten Abend!“
Da haben die Kinder keine Angst mehr. Markus gibt dem Nikolaus die Hand. Petra singt sogar ein Lied vor:

„Laßt und froh und munter sein
und uns recht von Herzen freun.
Lustig, lustig traleralala,
heut ist Nikolausabend da!“

Dem Nikolaus gefällt das Lied. Er nimmt seinen Sack vom Rücken und stellt ihn mitten ins Zimmer. Markus und Petra dürfen in den Sack hineinfassen. Da gibt es Äpfel, Plätzchen und Spielzeug. „Danke, Nikolaus!“ rufen die Kinder. Dann muß der Nikolaus weiter. Er sagt: „Viele Kinder warten auf mich!“ Ob es wirklich jemand war, der sich verkleidet hat? Ob es wirklich der richtige Nikolaus war? Markus weiß es nicht. Aber er findet ein kleines Auto und eine Apfelsine in seinen Schuhen.

Rolf Krenzer

Aus: Rolf Krenzer/Dagmar Domina: Bilder und Geschichten zum Kirchenjahr, Reha-Verlag, Bonn Bad Godesberg.

In vielen Familien wird auch heute noch die Sitte gepflegt, daß der Nikolaus kommt und kleine Geschenke an die Kinder verteilt: Wenn im Kindergarten oder in den ersten Schuljahren der Nikolaus kommt, kann als Einstimmung oder Vorbereitung dieser Text gelesen werden. Selbstverständlich sollte man diese Gelegenheit dazu nutzen, Angst abzubauen und Freude auf die Geschenke zu wecken.

* Ich wollt' ich wär' der Nikolaus

Im Lied wird von dem Wunsch erzählt, selbst einmal den Nikolaus spielen zu dürfen. Nikolaus; Abbau von Ängsten; Rollen spielen, Verkleiden.

T: Rolf Krenzer
M: Siegfried Fietz

2. Ich habe einen großen Sack
und trag' ihn ganz allein.
Und alles böse Lumpenpack,
das steck' ich da hinein.

3. Doch hat da etwa Angst ein Kind
vor mir, dem Nikolaus,
zieh' ich den Mantel aus geschwind
und seh' wie immer aus.

4. Vom Kopf nehm' ich die Mütze dann,
damit es keinen graut.
Dann kommt zum Schluß
der Bart noch dran,
und alle lachen laut!

5. Ich möcht' so gern von Haus zu Haus
am Winterabend gehn.
Ich wollt', ich wär' der Nikolaus.
Das wäre wunderschön!

Der Nikolaus ist heute kein Erziehungsmittel mehr, vielmehr wird die Gestalt des heiligen Nikolaus mit Recht stärker in den Vordergrund gestellt. Dennoch haben einige Kinder noch ängstliche Gefühle beim Erscheinen des Nikolaus'. Mit einem Spiel kann man versuchen, diese Angst abzubauen: Jeder darf einmal den Nikolaus spielen und sich ausmalen, was er dann tut. Die Verkleidung kann vor aller Augen stattfinden, ebenso die „Rückverwandlung".

** Nikolaus hilft in der Hungersnot

Die bekannte Legende als Text und Spiel.

Nikolaustag; Nothelfer; der heilige Nikolaus.

Der heilige Nikolaus lebte vor vielen Jahren. Er war ein Pfarrer, ein Bischof. Er hatte Jesus lieb. Deshalb liebte er auch die Menschen, die in Not waren. Er half ihnen nach besten Kräften.
Es gibt viele Geschichten vom Bischof Nikolaus. Sie heißen Legenden. Es wird erzählt, daß in der Stadt Myra große Not herrschte. Das Jahr über hatte es so viel geregnet, daß die ganze Ernte verdorben war. So konnten die Bauern kein Getreide ernten. Die Müller konnten kein Mehl mahlen. Und die Bäcker konnten kein Brot backen. Die Geschäfte waren leer. Die Kinder weinten vor Hunger. In Myra herrschte eine schwere Hungersnot. „Gott hat uns verlassen!" sagten die Menschen. Doch der Bischof Nikolaus tröstete sie. „Betet!" sagte er. „Gott wird uns bestimmt helfen!"
Und wirklich, eines Tages legte ein großes Schiff im Hafen an, das hoch mit Korn beladen war. Von diesem Korn könnten alle satt werden. Die Menschen liefen zu dem Schiff und bettelten um das Korn. Sie wollten viel Geld dafür bezahlen. Doch die Seeleute waren nicht bereit, ihnen das Korn zu überlassen. Sie fürchteten sich vor dem Eigentümer des Schiffes, zu dem sie das Korn bringen sollten.
„Unser Herr wird meinen, wir hätten ihn bestohlen!" sagten sie. „Er wird uns schwer bestrafen!"
Da ging der Bischof Nikolaus selbst zu den Seeleuten und bat um das Korn. Er sagte: „Helft den armen Menschen. Wenn ihr uns ein paar Säcke Korn abgebt, braucht ihr keine Angst zu haben. Wenn ihr zu dem Eigentümer eures Schiffes kommt, wird euch nicht ein einziges Korn fehlen!"
Weil der Bischof so überzeugend mit ihnen sprach, glaubten sie ihm schließlich. Sie schleppten viele Kornsäcke vom Schiff herunter und schenkten sie den Leuten. Bischof Nikolaus sorgte dafür, daß das Mehl

gemahlen wurde, daß Brot gebacken werden konnte und jeder seinen gerechten Teil erhielt. Alle aßen und wurden satt.
Als die Seeleute aber später zu dem Eigentümer des Schiffes kamen, stellten sie fest, daß nicht ein einziges Korn aus ihrer Ladung fehlte. Bischof Nikolaus hatte sie nicht belogen.

Neu erzählt von Rolf Krenzer

*** Brot für alle Hungrigen

Ein Spiel um den heiligen Nikolaus

Mitspieler:

2 Erzähler (Sprecher). Sie können frei sprechen oder ihren Text vorlesen. – Bischof Nikolaus – Die hungrigen Menschen von Myra – der Müller – der Bäcker – die fremden Seeleute.

Spieldauer:

25 bis 30 Minuten.

Bühnenbild:

An dem Spiel können sich beliebig viel Mitspieler beteiligen. Die Spieler, die die hungrigen Menschen von Myra darstellen, stehen in einem großen Halbkreis, der nach vorn geöffnet ist. Die beiden äußeren Spieler, die im Halbkreis stehen, sind links und rechts der erste und zweite Sprecher. Bischof Nikolaus steht ebenfalls in diesem Halbkreis. Er steht hinten ganz in der Mitte. Müller und Bäcker stehen links und rechts unter den Mitspielern. Die Seeleute treten erst in der zweiten Szene auf. Sie kommen von außen in den Halbkreis hinein. Der Halbkreis bildet die Bühnenbegrenzung, in deren Mittelpunkt dann die einzelnen Szenen spielen. Wenn das Brot verteilt wird, kann jeder Mitspieler aus dem Halbkreis herausgehen und auf die Gemeinde, auf die Zuschauer zugehen und Brot verteilen, so daß alle in das Geschehen einbezogen werden. Hierbei wird von allen gemeinsam das Lied vom Brotteilen gesungen. Danach treten die Spieler wieder in den Halbkreis zurück.
Auch dann, wenn am Ende des Spiels die Kerzen angezündet werden, zünden zunächst die Spieler im Halbkreis ihre Kerzen an. Sie tragen dann das Licht weiter in die Gemeinde.
Das Brotteilen und das Kerzenanzünden kann auf die Mitspieler beschränkt blei-

ben, es kann aber auch die gesamte Gemeinde miteinbeziehen. Die jeweilig praktizierbare Form muß bei der Vorbereitung des Spiels berücksichtigt werden, da entsprechende Vorräte an Brot und Kerzen vorbereitet werden müssen.

Requisiten und Kostüme:

Die Seeleute bringen gefüllte Kornsäcke. Diese Säcke sollten prall gefüllt mit Papier oder anderem Material sein. In einem Sack sollte obenauf ein kleiner Beutel mit Korn liegen, so daß der Sack geöffnet und das Korn den Zuschauern gezeigt werden kann.
Beim Brotverteilen können Brötchen ausgeteilt werden. Von einem großen Laib Brot können auch Stücke für jeden abgebrochen werden. Es eignen sich hierfür französische Weißbrote, Hefezöpfe, aber auch dunkle Mischbrote. Um das Abbrechen zu erleichtern, kann man vorher mit dem Brotmesser fingerdicke Scheiben einschneiden, so daß sie beim Spiel nur nur abgebrochen werden müssen.
Es können rote und weiße Kerzen verwendet werden, die aber durch einen Pappteller, eine Untertasse, eine Tasse oder einen Becher gegen das Tropfen abgesichert sind. Auch Windlichter usw. lassen sich verwenden. Besonders im Hinblick auf jüngere Kinder brauchen auch nur einzelne Kerzen angezündet zu werden.
Die Spieler im Halbkreis benötigen keine besonderen Kostüme. Lediglich Bäcker und Müller können durch weiße Schürzen, weiße Hosen, Bäckermütze usw. kenntlich gemacht werden. Die Seeleute tragen eine Schiffermütze oder Gummistiefel, Regenumhänge oder blaue Trainingsanzüge. Der Bischof Nikolaus kann einen farbigen Umhang tragen, er kann auch mit den Zeichen seiner Bischofswürde (Bischofsstab usw.) ausgestattet sein.

Musik und Einsatz von Instrumenten: (Melodie, siehe Seite 214)

Lied vom Brotteilen

1. Teilst du mit mir dein Brot,
   dann gibt es keine Not.
   Denn wenn ein jeder etwas hat,
   dann werden alle satt.

2. Und wenn ich Hunger hab',
   dann gib mir etwas ab.
   Ich teile, was ich hab, mit dir.
   Und du teilst auch mit mir.

Adventslied

1. Ich zünde an mein Licht,
   denn Gott vergißt uns nicht.

Es sagt das Licht mit seinem Schein:
Gott wird stets bei uns sein!

2. So hell brennt unser Licht,
denn Gott vergißt uns nicht.
Wir freun uns, wenn die Kerze brennt,
und feiern den Advent.

Das Lied kann ohne jegliche Instrumentalbegleitung angestimmt und gesungen werden. Es kann auch von Orgel oder Klavier intoniert und begleitet werden. Auch die Instrumente des Orff-Instrumentariums können zur Liedbegleitung eingesetzt werden. Wenn das Spiel von verschiedenen Gruppen für einen Gottesdienst vorbereitet wird, kann eine Gruppe die Liedgestaltung übernehmen, wobei alle Instrumente, angefangen vom Kleinen Schlagwerk bis hin zu Melodieinstrumenten, die Vor- und Nachspiele übernehmen, eingesetzt werden können. Das Lied kann auch von einem Chor vorgetragen werden, in den nach und nach alle Mitspieler und die Gemeinde einstimmen.

Spieltext

1. Szene

Die Spieler stehen im Halbkreis.

1. Spieler: Mutter, ich habe Hunger!
2. Spieler: Mutter, ich habe Hunger!

Lange Pause.

1. Spieler: Mutter, ich habe Hunger!
2. Spieler: Mutter, ich habe Hunger!
3. Spieler: Ich habe kein Brot mehr. Es ist alles aufgebraucht. Es ist alles aufgegessen!
1. Spieler: Mutter, ich habe Hunger!
2. Spieler: Mutter, ich habe Hunger!
3. Spieler: Ich kann euch nichts geben! Wir haben nichts mehr!
4. Spieler: Vater, nur ein Stückchen Brot!

Lange Pause.

4. Spieler: Vater, nur ein Stückchen Brot!
5. Spieler: Es ist alles aufgegessen!

4. Spieler: Vater!
5. Spieler: Ich habe auch Hunger. Es ist kein Brot mehr da. Für dich nicht. Und für mich nicht!
6. Spieler: Hunger!
7. Spieler: Ich habe Hunger!
8. Spieler: Wir haben Hunger!
3. Spieler: Es ist kein Brot mehr da. Es ist alles aufgebraucht. Es ist alles aufgegessen.

1. Sprecher:

In Myra leiden die Menschen Not. Es war kein gutes Jahr. Es hat geregnet Tag und Nacht. Nacht und Tag. Es regnete im Frühjahr und im Sommer. Die wenigen sonnigen Tage reichten nicht aus, um das Korn reifen zu lassen. Das Getreide verfaulte auf den Feldern. Als die Bauern das Korn einbringen wollten, fanden sie fast nichts. Und die Vorräte vom letzten Jahr waren beinahe aufgebraucht.

2. Sprecher:

Kein Korn, kein Brot! Die Bauern haben kein Korn heimgebracht. Da kann die Mühle nicht mahlen. Und ohne Mehl kann man kein Brot backen. In Myra leiden die Menschen Not.

1. Spieler: Mutter, ich habe Hunger!
4. Spieler: Vater, nur ein Stückchen Brot!
2. Spieler: Mutter, kauf uns etwas zu essen!
6. Spieler: Vielleicht hat der Nachbar noch etwas Brot. Vielleicht gibt er uns etwas ab.
7. Spieler: Vielleicht hat der Müller noch etwas Mehl, um Brot zu backen. Nur ein kleines Brot! Nur ein winziges Brot! Nur ein kleines Stück! Nur ein winziges Stück!
8. Spieler: Warst du noch einmal beim Bäcker?
1. Spieler: Mutter, ich habe Hunger!
3. Spieler: Es ist alles aufgegessen. Der Müller hat kein Mehl mehr. Und der Bäcker hat kein Brot mehr. Die Geschäfte sind leer.
5. Spieler: Auch der Nachbar hat nichts mehr, was er geben könnte. Auch der Nachbar hat Hunger. Er und seine Frau und seine Kinder. Es ist kein Brot mehr da. Für dich nicht. Für mich nicht. Für keinen von uns.

1. Sprecher:

In Myra leiden die Menschen Not. In Myra haben die Menschen Hunger.

2. Sprecher:

Die Alten und die Jungen, Erwachsene und Kinder. Die Ernte war schlecht, und die Vorräte sind aufgebraucht. Da gibt es nichts mehr, was den Hunger stillt.

1. Sprecher:

Da gibt es nur noch Not und Leid, nur noch Trauer und Verzweiflung. Da gibt es keine Hoffnung mehr!

2. Sprecher:

Die Kinder weinen vor Hunger. Und ihre Eltern weinen, weil sie ihren Kindern nichts zu essen geben können. Und sie haben selbst solchen Hunger.

9. Spieler: Wir werden alle vor Hunger sterben. Verhungern werden wir, verhungern!
1. Spieler: Mutter, ich habe Hunger!
9. Spieler: Wir werden alle verhungern; denn Gott hat uns verlassen!
4. Spieler: Vater, nur ein Stückchen Brot!
9. Spieler: Es ist kein Brot mehr da. Nichts mehr, was den Hunger stillt. Gott hat uns verlassen! Ja, Gott hat uns verlassen!
10. Spieler: Er sagt: Gott hat uns verlassen! Ja, so wird es sein. Sonst brauchten wir nicht zu hungern. Sonst hätten unsere Kinder Brot!
3. Spieler: Warum läßt Gott es zu, daß wir verhungern?
5. Spieler: Gott ist nicht mehr da! Wir haben kein Korn, um Mehl zu mahlen. Wir haben kein Mehl, um Brot zu backen.
9. Spieler: Gott hat uns verlassen. Merkt es nicht jeder von euch? Gott hat uns verlassen!
10. Spieler: Deshalb haben wir kein Korn. Deshalb haben wir kein Mehl. Deshalb haben wir kein Brot.
5. Spieler: Gott hat uns verlassen.
Nikolaus: Was redet ihr da!
3. Spieler: Seid still! Vielleicht kann uns der Bischof helfen!
5. Spieler: Hört, was uns der Bischof sagen will. Bischof Nikolaus, hast du Brot für uns?

2. Spieler: Bischof Nikolaus, ich habe Hunger!

4. Spieler: Bischof Nikolaus, nur ein Stückchen Brot!

Nikolaus: Ich habe soviel Brot wie jeder von euch, nämlich nichts. Und ich habe soviel Hunger wie ihr alle. Seit Tagen habe ich auch nichts mehr gegessen.

3. Spieler: Das ist wahr! Sein letztes Brot hat er meinen Kindern gegeben. Und das war gestern vor zwei Tagen.

10. Spieler: Gott hat uns verlassen. Gott hat auch unseren Bischof verlassen. Deshalb müssen wir alle vor Hunger sterben.

Nikolaus: Das ist nicht wahr! Ich weiß, daß es nicht wahr ist! Gott hat uns nicht verlassen! Gott wird uns helfen! Er wird uns bestimmt helfen!

9. Spieler: Wie soll Gott uns helfen? Er hat uns ein schlechtes Jahr geschickt. Er hat nichts auf unseren Feldern wachsen lassen.

Nikolaus: Ich weiß, daß Gott uns nicht verlassen hat. Ich weiß auch, daß er uns hilft, wenn wir ihn darum bitten.

5. Spieler: Ich habe so oft um Brot gebetet. Nichts hat mir Gott gegeben. Nur Hunger!

3. Spieler: Gott hört nicht, wenn wir ihn um Brot bitten. Jeder von uns hat sich in seiner Verzweiflung an Gott gewandt. Jeder von uns hat gebetet: „Gott, gib uns zu essen!" Nicht nur einmal, sondern jeden Tag, jeden Morgen und jeden Abend und immer dann, wenn unsere Kinder vor Hunger weinten.

9. Spieler: Nein! Gott hat uns verlassen! So kann es nur sein!

2. Spieler: Mutter, ich habe Hunger!

Nikolaus: Betet mit mir! Betet mit mir zu Gott, daß er uns hilft! Kniet nieder und bittet Gott um Brot!

Der Bischof kniet nieder und beginnt mit einem stillen Gebet.

10. Spieler: Ich kann nicht mehr beten. Nein, ich kann es nicht mehr!

Er bleibt stehen und schlägt die Hände vor sein Gesicht.

3. Spieler: Gott, wenn du uns lieb hast, dann laß uns nicht verhungern!

Kniet schweigend und betet.

5. Spieler: Gott, gib uns wenigstens Brot für unsere Kinder!
Gott, sei barmherzig mit uns! Hilf uns!

Er kniet ebenfalls.

Nach und nach beginnen immer mehr zu beten. Sie knien schweigend. Es bleiben aber auch einige stehen, die nicht beten, sondern verzweifelt ihre Hände vor ihr Gesicht halten.

Nikolaus betet laut:

Vater im Himmel,
dein Sohn, Jesus Christus, hat uns gesagt,
wir können uns immer an dich wenden,
wenn wir in Not sind.
Vater im Himmel,
wir sind in großer Not.
Wir haben Hunger.
Gott, hilf uns, wir haben Hunger!

Alle, die mit ihm beten:

Gott, hilf uns, wir haben Hunger!

1. Sprecher:

Die Menschen von Myra bitten mit ihrem Bischof Gott um Hilfe.

2. Sprecher:

Und die, die nicht beten können, die, die glauben, daß Gott sie verlassen hat, stehen da und warten. Sie zweifeln und hoffen doch, daß Gott ihnen Hilfe schickt.

Nikolaus und alle, die mit ihm beten:

Gott, hilf uns, wir haben Hunger!

2. Szene

Aus der Ferne ertönt ein Horn. Der 9. Spieler, der nicht mitbetet, läßt seine Hände von seinem Gesicht herunterfallen und blickt wie erstarrt in die Richtung, aus der das Horn ertönte.

9. Spieler: Was war das? Habt ihr das gehört? Sagt, was war das?

Nikolaus und die anderen beten still weiter.

9. Spieler: Ihr müßtet es doch auch gehört haben!

Das Horn ertönt erneut.
Der 10. Spieler, der ihm gegenübersteht und auch nicht betet, läßt die Hände von seinem Gesicht sinken, lauscht.

10. Spieler: Ein Schiff läuft in den Hafen ein.

Er reckt sich hoch, damit er weit sehen kann.

Ein fremdes Schiff. Es liegt tief im Wasser. Es muß voll beladen sein!

9. Spieler: Ja, wirklich! Ich kann es ganz deutlich sehen. Jetzt setzt es die Anker. Es macht in unserem Hafen fest!

10. Spieler: Da kommen Leute an Land. Die sehen nicht aus, als ob sie Hunger haben.

9. Spieler wendet sich zu den anderen:

Hallo, ihr da! Seht doch, dort hat ein fremdes Schiff festgemacht! Steht auf! Seht es euch an! Ein schönes Schiff! Ein stolzes Schiff!

10. Spieler: Schwer beladen ist das fremde Schiff!

Nach und nach erheben sich die Menschen von der Erde.
Auch der Bischof steht auf.

3. Spieler: Vielleicht hat es Lebensmittel an Bord. Lebensmittel, damit wir alle satt werden!

Alle Spieler schauen dorthin, wo das Schiff sein muß, und rufen und schreien durcheinander:

Ein Schiff!
Vollbeladen!
Ein fremdes Schiff!
Vielleicht ein Schiff voller Brot!
Ein Schiff voller Lebensmittel!
Seht nur, wie schwer beladen es ist!
Ein Schiff, das uns Hilfe bringt!
Wir brauchen nicht mehr zu hungern!
Wir sind gerettet!

10. Spieler: Seht nur, die Seeleute kommen auf uns zu.

9. Spieler: Seht, wie sie sich beeilen. Seht, wie sie laufen. So läuft niemand, der Hunger hat.

5. Spieler: Aber ihre Hände sind leer. Sie tragen kein Brot auf ihren Armen!

Nikolaus

tritt vor und geht an den äußeren Rand des Halbkreises, so daß er den Seeleuten, die nun von der anderen Seite kommen, gegenübersteht:

Seid gegrüßt, ihr Fremden!

Seeleute: Wir grüßen dich, Bischof Nikolaus von Myra!

Nikolaus: Wo kommt ihr her, und was treibt euch nach Myra?

1. Seemann: Seit vielen Tagen sind wir über das Meer gefahren. Jetzt ist uns das Trinkwasser ausgegangen. Wir hoffen, daß ihr uns erlaubt, aus euren Brunnen frisches Wasser zu schöpfen!

Nikolaus: Ihr könnt von dem Wasser nehmen, soviel ihr braucht. Doch sagt, was habt ihr geladen?

2. Seemann: In unserem Land herrscht eine große Hungersnot. Deshalb hat uns unser Herr übers Meer geschickt, um Korn einzukaufen.

3. Seemann: Er hat uns viel Geld mitgegeben. Und wir haben alles Geld gebraucht. In schlechten Zeiten ist das Korn teuer. Aber jetzt ist unser Schiff voll beladen.

4. Seemann: Zu Hause warten sie auf uns. Sie warten und beten, daß wir schnell und heil wieder nach Hause kommen.

1. Seemann: Bei uns zu Hause müssen alle hungern. Sie warten, daß wir endlich das Korn für Brot bringen.

2. Seemann: Teures Korn für teures Brot. Aber wir werden satt davon werden.

1. Spieler: Mutter, ich habe Hunger!

2. Spieler: Mutter, ich habe Hunger!

4. Spieler: Vater, nur ein Stückchen Brot!

6. Spieler: Hunger!

7. Spieler: Ich habe Hunger!

8. Spieler: Wir haben Hunger!

Nikolaus: Hört ihr, sie schreien vor Hunger! Unsere Ernte war schlecht, und die Vorräte sind aufgebraucht. Seit Tagen haben wir nichts mehr zu essen. Unsere Kinder weinen vor Hunger. Wenn ihr ein Herz habt, dann helft uns! Laßt uns nicht verhungern!

Alle schreien durcheinander:

Gebt uns von eurem Korn!
Wir haben Hunger!
Gebt uns nur ein paar Säcke voll!
Seht doch, wie schlecht es uns geht!
Wir sterben vor Hunger!
Gebt uns Korn!
Gebt uns Brot!
Helft uns!

Helft uns doch!

3. Seemann: Wir würden euch gern helfen! Aber unsere Leute zu Hause warten auf uns. Sie hungern ebenso wie ihr! Nein, laßt uns fahren! Wir können euch nichts geben! Es tut uns selber leid!

10. Spieler Wenn ihr uns nichts gebt, dann nehmen wir es uns!

9. Spieler: Wir sind mehr als ihr. Und der Hunger gibt uns Kraft. Wir nehmen es mit euch auf!

10. Spieler: Packt sie! Haltet sie fest! Wir laufen zu ihrem Schiff und nehmen ihnen das Korn ab!

Der Halbkreis zieht sich drohend um die Seeleute zusammen. Fäuste ballen sich, Hände strecken sich in die Höhe.

Nikolaus: Halt! Laßt sie in Ruhe! Geht auseinander!

Er geht langsam und ruhig auf die Seeleute zu. Die Spieler weichen zurück und stehen endlich wieder wie zu Beginn im weiten Halbkreis.

Habt keine Angst! Es wird euch nichts geschehen! Wir werden euch auch nicht berauben.

4. Seemann: Wir vertrauen dir, Bischof Nikolaus!

Nikolaus: Die Leute, die hier stehen, haben genug Geld, um Brot zu kaufen. Aber wenn es kein Korn gibt, da nutzt auch das Geld keinem etwas. Könnt ihr uns nicht ein paar Säcke von eurem Korn abgeben? Wir werden es euch gut bezahlen!

3. Spieler: Wir werden euch viel mehr Geld geben, als ihr für das Korn bezahlt habt.

5. Spieler: Wir werden euch zu reichen Leuten machen!

9. Spieler: Verkauft uns nur ein paar Säcke von eurem Korn.

Nikolaus: Nur ein paar Säcke Korn, damit wir nicht verhungern!

1. Seemann: Mir tun die Leute so leid!

2. Seemann: Ich würde so gerne etwas abgeben, aber es gehört uns nicht!

3. Seemann: Sie warten zu Hause auf uns. Meine Frau und meine Kinder hungern auch. Sie warten auf das Korn, das wir mitbringen.

4. Seemann: Nein, wir können euch nichts geben!

Nikolaus: Seht doch nur die Leute an! Seht, wie hungrig diese Kinder sind! Habt ihr kein Mitleid mit uns?

1. Seemann: Unser Herr wird meinen, wir hätten ihn bestohlen!

2. Seemann: In schlechten Zeiten wird mancher schnell zu einem Dieb!

3. Seemann: Er wird uns nicht glauben!

4. Seemann: Er wird uns schwer bestrafen!

1. Seemann: Ins Gefängnis wird er uns werfen!

2. Seemann: Wie Verbrecher werden sie uns behandeln!

3. Seemann: Sie warten auf uns. Sie warten auf das Korn. Sie haben alle Hunger!

4. Seemann: Nein, wir dürfen euch nichts geben!

Nikolaus: Ich bitte euch noch einmal um Jesu Christi willen: Helft uns! Helft diesen armen Menschen. Gebt uns nur ein paar Säcke ab! Nur ein paar Säcke voll Korn, damit wir Brot backen können. Wir sterben sonst vor Hunger!

1. Seemann: Es tut mir so weh, wenn ich euch ansehe. Glaubt mir, wie würden euch so gern etwas abgeben. Aber wir haben Angst. Angst vor dem, was geschehen wird, wenn wir mit weniger Korn nach Hause kommen!

2. Seemann: Ja, wir haben Angst. Wenn wir euch das Korn geben, brauchen wir überhaupt nicht mehr nach Hause zu kommen!

Nikolaus: Und wenn ich euch verspreche, daß ihr keine Angst zu haben braucht?

3. Seemann: Das Wort des Bischofs in Ehren! Aber was nützt es in so schweren Zeiten wie diesen?

4. Seemann: Schließlich ist es der Bischof Nikolaus. Und der Bischof Nikolaus ist bekannt in unserem Land. Wenn wir sagen, daß der Bischof Nikolaus uns um das Korn gebeten hat ...

Nikolaus: Ich verspreche euch, daß ihr keine Angst zu haben braucht! Es wird euch nämlich ... kein einziges Korn in euren Säcken fehlen!

Pause. Die Seeleute stehen wie erstarrt und blicken den Bischof verwundert an.

Nikolaus: Ihr habt mich richtig verstanden! Ihr gebt uns das Korn. Und es wird euch bei eurer Heimkehr kein einziges Korn fehlen!

1. Seemann: Das glaube ich nicht!

2. Seemann: Das kann ich nicht glauben!

3. Seemann: Aber schließlich sagt es doch ein Bischof!

4. Seemann: Bischof Nikolaus.

3. Seemann: Wenn das Versprechen eines Bischofs nichts mehr gilt ...

4. Seemann: Wenn der Bischof Nikolaus nicht hält, was er verspricht ...

Nikolaus: Euch wird kein einziges Korn fehlen!

Zunächst bleiben die Seeleute noch zweifelnd und unschlüssig stehen, sprechen leise miteinander, beraten sich.

1. Seemann: Bischof Nikolaus, wir vertrauen dir! Auf, Leute, packt mit an! Holt die Kornsäcke vom Schiff! Backt Brot, damit ihr satt werdet!

Müller: Ich kann in jedem Arm einen Sack tragen. Steht nicht länger hier herum! Beeilt euch, Leute! Packt mit an!

Bäcker: Wenn das Korn gemahlen ist, werde ich das Brot backen. Ich laufe schon heim und heize den Ofen an. Bald gibt es Brot für alle! Frisches Brot für uns alle!

1. Spieler: Mutter, ich habe Hunger!

3. Spieler: Es wird Brot geben! Brot für uns alle!

4. Spieler: Vater, nur ein Stückchen Brot!

5. Spieler: Ein ganzes Brot wirst du bekommen. Brot, das unsern Hunger stillt!

1. Sprecher:

Da laufen die Leute zu dem Schiff und tragen die prall gefüllten Kornsäcke herunter. Und die Seeleute helfen ihnen dabei. Einen Sack nach dem anderen schleppen sie herbei und bringen ihn zur Mühle.

9. Spieler
kommt mit einem Sack, stellt ihn mitten auf der Bühne ab, öffnet ihn, greift hinein und läßt die Körner aus seiner Hand zurück in den Sack rieseln:

Korn für Brot! Brot, das den Hunger stillt!

2. Sprecher:

Der Müller mahlt, so schnell er nur kann. Seht, schon kommen die ersten Mehlsäcke aus der Mühle. Da bringen sie das frischgemahlene Mehl zum Bäcker. Und der Backofen ist schon heiß. Bald wird das erste Brot gebacken sein.

(Wieder eilen die Leute mit den schweren Säcken über die Bühne.)

Bischof Nikolaus hat während des Herumrennens im Hintergrund der Bühne gestanden. Als sich nach und nach der Halbkreis wieder aufstellt, stellt er sich in den Mittelpunkt.

Nikolaus: Bringt die leeren Säcke zu mir. – Ja, einen nach dem anderen. – Legt sie hierhin.

Auch die Seeleute kommen wieder. Nikolaus geht auf sie zu, ergreift die leeren Säcke und gibt sie ihnen.

Nikolaus: Wir danken euch von ganzem Herzen. Jetzt werden alle Menschen in Myra satt werden. Nehmt die leeren Säcke mit auf euer Schiff und vertraut darauf, was ich euch versprochen habe!

1. Seemann: Es wird kein einziges Korn bei unserer Heimkehr fehlen!

2. Seemann: Kein einziges Korn!

Nikolaus: Bei Gott, kein einziges Korn!

Er reicht den Seeleuten die Hand, sie nehmen die Säcke auf und gehen zögernd davon. Der Bischof winkt ihnen nach und lächelt ihnen zu.

Nikolaus: Habt keine Angst! Es ist euch versprochen!

3. Szene

Der Bäcker kommt mit dem ersten Brot.

Bäcker: Das erste Brot ist fertig! Kommt her! Greift zu! Teilt euch das Brot! Gebt jedem ab, der hungrig ist!

1. Spieler: Mutter, ich habe Hunger!

2. Spieler: Mutter, ich habe Hunger!

3. Spieler: Hier ist Brot! Genug für uns alle.

Die Spieler beginnen, einander das Brot auszuteilen. Sie brechen das Brot, teilen miteinander und essen. Sie gehen von der Bühne herunter zu der Gemeinde, teilen das Brot aus, und alle haben zu essen.

Alle singen: Teilst du mit mir dein Brot,
dann gibt es keine Not.
Denn wenn jeder etwas hat,
dann werden alle satt.

Und wenn ich Hunger hab',
dann gib mir etwas ab.
Ich teile, was ich hab, mit dir.
Und du teilst auch mit mir.

Das Lied wird so lange von allen gesungen, bis das Brot verteilt ist. Danach stellen sich die Spieler wieder im Halbkreis auf.

1. Sprecher:

So endet die Legende damit, daß in der Stadt Myra alle Menschen satt wurden. Die Alten und die Jungen, die Erwachsenen und die Kinder. Die Hungersnot war zu Ende. Es gab jetzt genug Vorräte, so daß man die neue Ernte abwarten konnte. Und die neue Ernte wird neues Korn bringen. Korn für Brot, das den Hunger stillt.

2. Sprecher:

Und noch etwas muß berichtet werden: Als die Seeleute später nach Hause kamen, da war ihr Schiff wieder voll beladen. Sie brachten den Menschen in ihrem Land das Korn, das sie notwendig für ihr Brot brauchten. Und auch dort wurden alle Leute satt.
Nicht ein einziges Korn aus ihrer Ladung fehlte.
Bischof Nikolaus hatte sie nicht belogen.

Nikolaus geht während der Worte des Sprechers langsam aus dem Kreis heraus und ab.

1. Spieler:	Das, was ihr hier gesehen habt, ist vor langer Zeit geschehen.
2. Spieler:	Aber an den Bischof Nikolaus erinnern wir uns heute noch.
3. Spieler:	Am 6. Dezember feiern wir in jedem Jahr den Tag des heiligen Nikolaus.
4. Spieler:	Er hat damals den hungrigen Kindern geholfen. Heute werden die Kinder noch in seinem Namen beschenkt.
5. Spieler:	Wir stellen unsere Schuhe und Stiefel vor die Tür.
6. Spieler:	In meinem Schuh habe ich einmal Plätzchen und Schokolade gefunden.
7. Spieler:	In meinen Stiefeln waren Äpfel, Apfelsinen und Lebkuchen.
8. Spieler:	Die Großen sagen: „Das hat der Nikolaus hineingetan."
9. Spieler:	Ja, an den heiligen Nikolaus erinnern wir uns alle gern.
10. Spieler:	Er hat ein Licht angezündet. Das Licht, das für den andern brennt. Das Licht macht hell und warm. Es leuchtet in unseren Augen. Es wärmt unser Herz.

1. Sprecher:

Im Advent zünden wir Kerzen an. Der heilige Nikolaus wandte sich den anderen Menschen zu, weil ihm das hellste aller Lichter brannte. Das Licht, das Jesus Christus in ihm angezündet hatte.

2. Sprecher:

Wir wollen dieses Licht hell brennen lassen. Das Licht macht hell und warm. Es leuchtet in unseren Augen. Es wärmt unser Herz.

Alle singen: Ich zünde an mein Licht,
denn Gott vergißt uns nicht.
Es sagt das Licht mit seinem Schein:
Gott wird stets bei uns sein!

So hell brennt unser Licht,
denn Gott vergißt uns nicht.
Wir freun uns, wenn die Kerze brennt,
und feiern den Advent.

Nach und nach werden alle Kerzen angezündet.

Rolf Krenzer

Das Spiel ist als Rollensatz im Dr. Heinrich Buchner Verlag, 8033 Krailling vor München, erschienen.

** Die drei Säcke

Weil der heilige Nikolaus vielen Menschen in ihrer Not half, nennen wir ihn heute noch einen „Nothelfer".
Einmal half er einem armen Mann und seinen Kindern. Der Mann war so krank, daß er nicht arbeiten konnte. Und die Frau war gestorben. Da hatten die Leute nichts zum Essen und nichts zum Anziehen. Doch eines Morgens stand ein großer Sack vor der Tür. Als die Kinder den Sack öffneten, fanden sie Mehl und Brot. Da brauchten sie nicht mehr zu hungern. Am nächsten Morgen stand wieder ein Sack vor der Tür. Als die Kinder den Sack öffneten, fanden sie Hosen und Jacken, Pullover und Hemden. „Bestimmt hat uns der Freund Nikolaus geholfen!" sagte der Mann. „Wir wollen heute abend gut aufpassen. Vielleicht kommt er noch einmal zu uns. Dann können wir ihm für alles danken!" Sie warteten so lange, bis ihnen die Augen zufielen. Der Vater versuchte, wach zu bleiben. Aber er wurde auch immer müder. Da hörte er plötzlich ein Geräusch vor der Tür. Er sprang auf und lief hinaus. Auf der Straße sah er einen Mann davonge-

hen. Der kranke Mann lief ihm so schnell nach, daß er ihn noch erreichte. Er erkannte den Bischof Nikolaus und dankte ihm von ganzem Herzen. Doch der Bischof sagte freundlich: „Es ist schon gut! Gehe schnell zurück nach Hause, denn es ist kalt. Du willst doch bald wieder gesund werden!" Dann ging er schnell weiter. Als der Mann zurückkam, stand wieder ein Sack vor der Tür. Der Mann weckte seine Kinder. Sie öffneten den Sack und fanden Schuhe darin, so daß sie nicht mehr barfuß laufen mußten. Als sie die Schuhe aber anziehen wollten, merkten sie, daß in den Schuhen Spielzeug steckte. Weil sie so arm waren, hatten sie noch nie Spielzeug geschenkt bekommen. Deshalb freuten sie sich sehr!

Neu erzählt von Rolf Krenzer

*** Drei geheimnisvolle Säcke

Ein Spiel nach der Legende „Die drei Säcke".

Mitspieler:

Erzähler, vier Kinder, der Vater und der Heilige Nikolaus.

Spieldauer:

ca. 20 Minuten.

Bühnenbild:

Bänke, die Betten darstellen, für den Vater und seine Kinder. Tisch mit Stühlen. Als Stühle können auch die Bänke benutzt werden, die dann später wieder, mit Kissen und Decken belegt, die Betten darstellen.
Hinten in der Mitte der Bühne – gut vom Zuschauerraum aus sichtbar – eine Türöffnung. Die Tür kann auch links oder rechts von der Bühne sein; sie kann auch durch die seitliche Begrenzung des Vorhangs angezeigt werden. Wichtig ist, daß die Zuschauer zwar sehen können, wie jeweils ein Sack durch die Türöffnung geschoben wird, nicht aber erkennen können, wer es ist, der den Sack durch die Türöffnung hineinschiebt.
Selbstverständlich kann auch eine richtige Tür benutzt werden, die dann jeweils von außen geöffnet und später, wenn der Sack hineingeschoben wurde, wieder geschlossen wird.

Die Szene, in der der Vater hinter dem Nikolaus herläuft und mit ihm spricht, kann vor der Bühne, neben der Bühne, aber auch z. B. im Gang des Kirchenschiffes gespielt werden.

Requisiten und Kostüme:

Der Bischof kann als Bischof, aber auch in der heute vertrauten Gestalt auftreten. Auf eine Nikolausmaske sollte man in jedem Fall verzichten.
Die übrigen Spieler spielen ohne besondere Kostümierung, in der ersten Szene wenig bekleidet, dann mit den Kleidungsstücken angezogen, die sie in den Säcken finden.
Benötigt werden drei Säcke, einer gefüllt mit Mehl und Brot, einer mit Kleidung für die Kinder und den Vater und einer mit Gummistiefeln, die mit Äpfeln, Nüssen und allem möglichen Spielzeug (z. B. Ball, Taschenmesser, Holztier, Stofftier, Bausteine) gefüllt sind.
Außerdem werden benötigt: Holzbrettchen oder Frühstücksteller, ein Brotmesser, Decken und Kissen für die Betten, ein Apfel.

Einsatz von Instrumenten:

Einzelne Instrumente aus dem Orff-Instrumentarium können eingesezt werden, um auch akustisch die Spannung zu erhöhen, wenn in der Nacht die Säcke durch die Tür geschoben werden (z. B. geheimnisvolles Rascheln, Klopfen, Klingeln ... oder eine Melodie auf dem Xylophon usw.).

Spieltext:

1. Szene

Der Erzähler tritt auf und stellt sich seitlich von der Bühne auf.

Erzähler:

Schon immer hat es Not und Leid in der Welt gegeben. Schon immer gab es Menschen, die auf der Schattenseite des Lebens standen und trotz Fleiß und Arbeit nicht weiterkamen. Einer von ihnen ist der Vater Andreas. Seht, Martina, seine älteste Tochter, führt ihn herein.

Martina führt den Vater, der sich schwer auf sie stützt, zum Bett und deckt ihn sorgsam zu.

Erzähler:

Solange seine Frau noch lebte und er Arbeit hatte, ging es ihm und seiner Familie gut. Aber dann kam die schlimme Krankheit und hat ihm die Frau weggenommen. Und seine Kinder haben keine Mutter mehr. Als er aber dann selbst krank wurde, da konnte er auch nicht mehr zur Arbeit gehen. Und ohne Arbeit gibt es kein Geld. So ist die Armut bei Vater Andreas und seinen Kindern eingezogen. Da reicht es nicht zum Essen mehr. Da sind die Kleider ärmlich und schäbig geworden. Da gibt es kein Geld mehr, um neue Kleider zu kaufen.

Martina: Geht es so, Vater?

Vater: Ich danke dir! Aber die Schmerzen in den Beinen wollen und wollen nicht weichen. Wie soll das nur weitergehen?

Martina: Mach dir doch nicht immer solche Sorgen. Wenn ich groß bin, werde ich Arbeit finden. Dann kann ich Geld für uns alle verdienen.

Vater: Wenn du groß bist! Aber jetzt! Was ist heute? Zum Abend gab es nichts mehr, was wir essen konnten. Hungrig müssen wir alle heute schlafen gehen. Und morgen? Morgen wird der Hunger noch schlimmer werden.

Martina: Vielleicht bringt uns die Nachbarin wieder ein Stück Brot herüber oder einen Teller Suppe. Sie ist eine gute Frau.

Vater: Das tut weh, wenn man auf die Hilfe der anderen Menschen angewiesen ist. Wie gern wollte ich arbeiten. Wenn doch nur meine Beine wieder wollten!

Christof und Thomas kommen. Sie reiben sich die Hände.

Christof: So, wir haben die Straße gefegt. Jetzt sieht alles wieder sauber aus vor unserem Haus.

Thomas: Das hat warmgemacht! Jetzt könnte ich noch ein riesiges Stück Brot ganz allein aufessen!

Martina: Du weißt doch, daß wir nichts mehr haben!

Christof: Ach, wenn ich doch schon größer wäre und Geld verdienen könnte, dann müßten wir jetzt nicht hungern!

Martina: Seid still, damit Vater einschlafen kann. Er hat wieder große Schmerzen in seinem Bein!

Maria kommt mit einem Apfel.

Maria: Schaut, die Nachbarin hat mir einen Apfel geschenkt.

Thomas: Ein Apfel! Bitte, gib mir ein Stück ab!

Christof: Mir auch, bitte!

Vater: Martina, nimm das Messer und teile den Apfel in vier Teile. Dann bekommt ein jeder etwas!

Martina: Und du, Vater?

Vater: Ich habe keinen Hunger.

Maria: Hole schon das Messer, Martina! Mir läuft das Wasser im Mund zusammen, wenn ich den Apfel nur sehe!

Thomas: Und teile gerecht auf, damit jeder ein gleichgroßes Stück bekommt.

Christof: Da passen wir alle auf!

Martina verteilt den Apfel, nachdem sie ihn aufgeschnitten hat. Die Kinder essen ihn auf.

Maria: Der schmeckt vielleicht gut!

Thomas: Schade, daß er so schnell aufgegessen ist.

Christof: Ich kaue ganz, ganz langsam. Dann habe ich viel mehr davon. Schade, jetzt ist nichts mehr da!

Martina: Wenigstens brauchen wir heute nicht ganz hungrig schlafen zu gehen. Schlimm genug, daß wir morgen früh nichts mehr zu essen haben.

Christof: Es ist spät! Vater ist eingeschlafen. Da wollen wir auch leise zu Bett gehen, damit wir ihn nicht wecken.

Die Kinder richten ihre Betten und gehen auch schlafen.

Erzähler:

Es fällt schwer, mit hungrigem Magen einzuschlafen. Martina liegt noch am längsten wach. Sie ist die älteste der Geschwister. Sie macht sich große Sorgen. Denn der Hunger wird morgen noch stärker sein, viel, viel stärker. Und seit die Mutter tot ist, sorgt sie sich mit dem Vater um die jüngeren Brüder und die kleine Schwester.
Seht, jetzt ist sie auch endlich eingeschlafen.
Es ist spät geworden.

(Im Hintergrund sind Schritte zu hören.)

Was war das? Geht so spät noch einer an dem Haus vorbei?
Seht nur, da wird von außen leise die Tür geöffnet!
Ob es Diebe sind?
Sie werden hier nichts finden. Nicht einmal ein Stückchen Brot!

(Ein prall gefüllter Sack wird zur Tür hereingeschoben.)

Was war das? Schaut, vor der Tür steht plötzlich ein Sack!
Ein großer Sack! Ein schwerer Sack! Bis obenan gefüllt!
Was wird in dem Sack sein? Wer wird ihn vor die Tür gestellt haben. Habt ihr die Schritte gehört, die eilig davongingen?

— Pause. —

Warten wir ab bis zum Morgen!
Bald werden die Kinder wach werden.

2. Szene

Thomas:
(gähnt, streckt sich und richtet sich in seinem Bett auf)

Hallo, Christof! Bist du wach? Tut dir auch der Bauch vom Hunger so weh?

Christof: Ich kann auch nicht mehr schlafen. Mein Magen hat so laut geknurrt, daß ich aufgewacht bin.

Martina: Pst! Seid leise! Solange Maria noch schläft, spürt sie den Hunger noch nicht!

Der Vater richtet sich auf und zeigt zur Tür.

Vater: Wer von euch hat den Sack da vor die Tür gestellt?

Thomas: Was für einen Sack?

Die Kinder schauen zur Tür.

Christof: Tatsächlich! Da steht ein Sack!

Thomas: Der war gestern abend noch nicht da!

Martina: Seltsam ist das! Sehr seltsam!

Vater: Mir war so, als hätte ich in der Nacht Schritte vor unserer Tür gehört!

Thomas: Dann muß ein Fremder heimlich den Sack in unser Zimmer gestellt haben.

Christof: Den Sack muß ich mir ansehen!

Er läuft zu dem Sack hin, faßt ihn an, versucht ihn zu heben, schafft es aber nicht.

Kommt, helft mir! Der Sack ist schwer!

Martina und Christof springen hinzu. Gemeinsam schleppen sie den Sack nach vorn.

Martina: Mensch, ist der schwer!

Thomas: Was wird nur in dem Sack sein?

Christof: Bin ich gespannt!

Martina: Jetzt mach doch schon den Strick auf!

Christof: Der ist fest zugebunden. Das ist gar nicht so einfach!

Christof und Thomas mühen sich ab, den Sack aufzubinden.

Thomas: Endlich!
Christof: Geschafft!
Vater: Was ist denn in dem Sack?

Christof öffnet den Sack so weit, daß Martina und Thomas hineinsehen können.

Martina: Das wirst du nicht glauben, Vater! Das ist wie im Märchen!
Vater: Nun sagt schon, was ist in dem Sack?
Thomas: Brot, Vater! Brot! Schau, richtiges Brot!

Er holt einen Laib Brot aus dem Sack, hält ihn hoch, bringt ihn dem Vater.

Martina: Noch ein Laib Brot. Und noch ein Brot!

Sie holt das Brot heraus und legt es auf den Tisch!

Christof:
(holt einen kleineren Sack heraus)

Und das hier, das ist Mehl! Schönes, weiches Mehl. Mehl zum Backen!

Vater: Gott sei Dank! Wir brauchen nicht mehr zu hungern! Wir haben Brot. Wir haben Mehl, um noch mehr Brot zu backen.

Maria:
(räkelt sich im Bett, reibt sich die Augen, gähnt)

Was macht ihr denn für einen Krach? Jetzt habt ihr mich geweckt. Gerade hatte ich von einem riesigen Stück Brot geträumt, daß ich ganz allein aufessen durfte.

Martina nimmt ein Brot und trägt es zu Maria hin.

Martina: Sieh mal, Maria, was ich hier habe?
Maria: Brot? Richtiges Brot? Und das war kein Traum?
Martina: Steh auf! Beeile dich! Wir machen heute Katzenwäsche. Und dann schneide ich das Brot an!
Thomas: Hier ist das Brotmesser!
Martina: Vater, gleich gibt es zu essen!

Die Kinder laufen hinaus. Später kommen sie wieder herein und setzen sich um den Tisch. Martina schneidet das Brot auf und verteilt es an den Vater und die Geschwister. Sie lassen es sich schmecken.

Erzähler:

Es ist viel Brot in dem Sack. Und viel Mehl. Das wird lange reichen. Vielleicht so lange, bis der Vater wieder gesund ist und Geld für neues Brot verdienen kann.

Das ist ein glücklicher Tag für Martina und ihre Geschwister gewesen. Und Vater Andreas fühlt sich viel, viel besser! Weiß er doch, daß seine Kinder und er in nächster Zeit nicht mehr hungern müssen. Satt und zufrieden gehen die Kinder am Abend dieses Tages schlafen. Satt und zufrieden schlafen sie an diesem Abend ein.
Aber ihr Staunen wird morgen früh noch größer sein!
Habt ihr die Schritte wieder vor der Tür gehört?
Nicht? Da habe ich sicher zu laut geredet.
Hört noch einmal ganz genau!

– Pause. –

Schritte im Hintergrund, die dann stehen bleiben.

Da war es! Ja!
Und jetzt achtet auf die Tür!
Seht, da! Wieder wird ein Sack hereingeschoben. Wieder prall gefüllt bis obenhin! Ob die Kinder etwas bemerkt haben? Oder Vater Andreas?
Nein, alle schlafen noch tief und fest.
Aber am nächsten Morgen ist Maria zuallererst wach.

Maria setzt sich im Bett auf, reibt sich die Augen, blickt zur Tür.

Maria: Das kann doch nicht wahr sein! Da steht ja schon wieder ein Sack. Vati! Thomas, Christof, Martina, wacht auf! Seht doch nur. Vor unserer Tür steht schon wieder ein Sack.
Christof: Tatsächlich!
Martina: Wieder einer!
Thomas: Da muß ich hin! Christof, hilf mir!

Die beiden Jungen springen aus dem Bett und laufen zur Tür. Die Mädchen folgen ihnen. Gemeinsam schleppen sie den Sack in die Mitte der Bühne.

Martina: Nun beeilt euch doch! Bindet den Strick auf!
Christof: Ich habe ihn ja schon!

Er öffnet den Sack. Alle blicken hinein.
Maria greift hinein und zieht einen Rock daraus hervor.

Maria: Ein Rock! Wirklich, ein Rock! Ich will gleich probieren, ob er mir paßt.

(Sie zieht den Rock an.)

Ich habe einen Rock! Ich habe einen neuen Rock!

Sie tanzt vor Freude im Zimmer herum.

Christof: Hier ist eine Hose! Eine neue Hose!
Thomas: Los, ziehe sie an! Vielleicht finde ich auch eine für mich!
Martina: Hier ist auch eine neue Jacke! Thomas, zieh sie auch einmal an!

Thomas probiert die Jacke an. Sie ist viel zu groß.

Thomas: Schade, viel zu groß!
Martina: Lustig siehst du in der Jacke aus!
Christof: Jetzt weiß ich es! Sie ist für dich, Vati!

Er läuft und bringt dem Vater die Jacke, die Thomas inzwischen wieder ausgezogen hat.
Die Kinder greifen nun in den Sack und holen die Kleidungsstücke nacheinander heraus, probieren sie an, freuen sich und bewundern die neuen Kleider.

Alle durcheinander:
Strümpfe! Eine warme Mütze! Ein Schal! Noch eine Jacke! Eine lange Hose! Ein Rock! Ein Kleid! ...

Schließlich laufen alle in den neuen Sachen herum, bewundern sich gegenseitig und zeigen ihre Freude.

Martina: Wer kann uns das nur alles geschenkt haben?
Christof: Ich kenne niemanden, der uns so helfen würde.
Maria: Vielleicht unsere Nachbarin?
Thomas: Sie hat selbst so wenig.
Martina: Aber das Brot, das sie uns gegeben hat, das geben wir ihr zurück.
Maria: Und ich schenke ihr diesen Schal, weil sie immer so nett zu mir war. Sie hat mir sogar einen Apfel geschenkt.
Martina: Ich kann es immer noch nicht glauben, daß wir auf einmal genug zu essen und genug zum Anziehen haben.
Thomas: Vati, kennst du einen, der uns das alles geschenkt haben könnte?
Vater: Ich kenne nur einen, einen einzigen!
Christof: Wer ist das? Ist das ein Freund?
Maria: Kennen wir ihn auch?
Vater: Ich weiß von ihm viel. Ich weiß, daß er schon vielen Armen in ihrer Not geholfen hat. Deshalb nennen ihn viele Menschen einen Nothelfer. Seinen Namen kennt ihr auch. Es ist der heilige Nikolaus!
Martina: Aber ob uns wirklich der heilige Nikolaus geholfen hat?
Vater: Ich weiß auch nicht ... Ob der Nikolaus überhaupt weiß, wie arm wir sind?
Christof: Wer soll es sonst gewesen sein?

Maria: Vielleicht kommt er ja in der nächsten Nacht noch einmal zu uns!

Martina: Glaubst du nicht, daß du jetzt zuviel verlangst? Wir haben zu essen und Kleider zum Anziehen. Was sollte er uns sonst noch bringen? Wir haben allen Grund, ihm dankbar zu sein.

Maria: Vielleicht kann er trotzdem noch einmal kommen. Ich würde mich jedenfalls sehr freuen.

Thomas: Wenn er aber wirklich noch einmal kommt, dann dürfen wir ihn nicht verpassen!

Maria: Wir müssen wach bleiben, um uns bei ihm zu bedanken.

Martina: Ich möchte ihm auch gern sagen, wie glücklich er uns alle hier gemacht hat.

Vater: Ja, das möchte ich ihm auch gern sagen.

Christof: Wir versuchen alle heute abend, nicht einzuschlafen. Wenn er dann vielleicht doch noch einmal kommt, dann können wir ihm für alles danken!

Erzähler:

Wirklich, an diesem Abend versuchten die Kinder, so lange wie nur möglich wach zu bleiben. Aber was nutzen alle guten Vorsätze, wenn die Augen immer kleiner werden und wenn der Schlaf kommt. Die Kinder warteten so lange, bis ihnen die Augen zufielen.
Seht, nun gehen sie doch zu Bett. Erst der Christof, dann die kleine Maria, jetzt auch der Thomas. Und nun zuletzt Martina.

Die Kinder gehen nacheinander langsam in ihr Bett, decken sich zu und schlafen ein.

Jetzt ist nur noch Vater Andreas wach. Er hat sich so im Bett hingelegt, daß er immer zur Tür sehen kann. Er wartet und wartet. Ach, jetzt fallen ihm auch die Augen zu.

Der Vater schläft allmählich ein.
— Lange Pause. —

Habt ihr das gehört? Da waren doch wieder Schritte!
Da! Da war ein Geräusch vor der Tür.
Ob es Vater Andreas auch gehört hat?
Ja, seht, er springt aus dem Bett, so schnell es ihm seine kranken Beine erlauben. Und jetzt humpelt er zur Tür. Da läuft er zur Straße hinaus.

Vater Andreas springt aus dem Bett, greift nach einem Stock, stützt sich darauf und eilt, so schnell er kann, durch die Tür.

3. Szene

Der Nikolaus geht gemessenen Schrittes vor der Bühne oder durch einen Gang, aber allen sichtbar daher. Aus der Ferne hört man zuerst leise, dann immer lauter den Vater rufen. Der Vater ist zunächst nicht zu sehen, dann wird er sichtbar. Er hat große Mühe, mit seinen kranken Beinen dem Nikolaus zu folgen.

Vater: Hallo! Guter Freund!
Hallo! Wartet doch!
Hallo! Wartet!
Ich kann doch nicht so schnell!
Bitte, bleibt doch stehen!

Der Vater kommt näher und erkennt, daß es wirklich der heilige Nikolaus ist, der ihm geholfen hat.

Vater: Wartet doch! Es ist wirklich der heilige Nikolaus!

Der Nikolaus bleibt stehen. Der Vater kommt heran, greift mit beiden Händen nach der Hand des Nikolaus.

Ich danke dir!
Ich danke dir von ganzem Herzen!
Ich danke dir für alles, was du für meine Kinder und mich getan hast!
Ich weiß nicht, wie ich es sagen soll ...

Nikolaus: Du brauchst nichts zu sagen. Es ist schon gut! Aber es ist kalt, und du hast kaum etwas an.

Der Vater schaut erstaunt an sich hinunter und bemerkt, daß er so, wie er aus dem Bett aufgestanden ist, auf die Straße gelaufen ist.

Vater: Ich war so glücklich und wollte dir nur danken. Da bin ich einfach losgelaufen ...

Nikolaus: Geh jetzt wieder schnell zurück nach Hause. Du willst doch bald wieder gesund werden. Und ich muß weiter!

Vater:
(drückt dem Nikolaus noch einmal die Hände)

Danke! Danke für alles!

Nikolaus: Ich wünsche euch alles Liebe, dir und deinen Kindern!

Der Nikolaus löst langsam seine Hände und schreitet weiter. Er bleibt noch einmal stehen und winkt dem Vater zu. Dann geht er ab.

Vater: Er war es!
Ja, er war es!
Das muß ich den Kindern erzählen.

Er geht, so schnell er kann, wieder zurück.

4. Szene

Während der vergangenen Szene ist heimlich der dritte Sack vor die Tür gestellt worden. Als der Vater zurückkommt, schlafen alle Kinder noch fest.
Der Vater eilt durch die Tür.

Vater: Maria, Martina! Steht auf! Christof und Thomas! Werdet wach! Ich habe ihn gesehen. Ich habe mit ihm gesprochen.

Die Kinder springen auf.

Thomas: War er wieder da?
Martina: War es wirklich der heilige Nikolaus?
Vater: Ja, er war es! Ich bin ihm nachgelaufen und habe mich für alles bei ihm bedankt!
Christof: Wirklich der heilige Nikolaus!
Vater: Ich kann euch gar nicht sagen, wie glücklich ich bin.
Und du, Maria, du sagst ja gar nichts?
Maria:
(deutet langsam mit der Hand zur Tür)

Da steht wieder ein Sack!

Alle wenden sich langsam und erstaunt um. Sie können es nicht fassen.

Christof: Noch ein Sack!
Thomas: Tatsächlich! Wieder ein Sack!
Vater: Ich fühle mich richtig kräftig. Ich glaube, es wird besser mit meinen Beinen. Da wollen wir doch einmal sehen, ob ich den Sack nicht allein tragen kann.

Als ihm die beiden Jungen helfen wollen, wehrt er ab.

Nein, laßt mich!

Er nimmt den Sack auf und trägt ihn zur Bühnenmitte.

Na, es geht doch! Es geht ja wieder!
Martina: Jetzt sollst du ihn auch aufbinden.

Der Vater bindet den Sack auf!
Alle blicken hinein.

Christof: Stiefel!
Thomas: Herrliche Winterstiefel!
Vater: Seht doch nur, Stiefel!
Martina: Und für jeden ein Paar!
Maria: Die müssen wir anprobieren! Die roten Stiefel sind bestimmt für mich. Sie sind viel kleiner als die anderen.
Vater: Glaubst du, daß sie passen?
Maria: Aber klar! Paß auf, ich steige hinein.

Sie will in den ersten Stiefel steigen, kommt aber nicht hinein.

Vater: Sind sie zu klein?
Maria: Nein! Aber da steckt irgend etwas unten drin!
Vater: Zieh den Stiefel noch einmal aus.

Maria zieht den Stiefel aus, hebt ihn hoch, dreht ihn um, so daß ein Apfel und Nüsse auf den Boden fallen.
Die Kinder springen hinzu, staunen, heben die Dinge auf, betrachten sie.

Martina: Da sind ja Sachen drin, die wir uns sonst nie kaufen können!
Maria: Ein Apfel für mich ganz alleine!
Christof: In meinem Stiefel ist eine Tafel Schokolade!
Und in dem anderen ... Das glaubt ihr nicht!
In dem anderen steckt ein Taschenmesser!

Er hält die Stiefel hoch und packt aus, was er darin gefunden hat.

Thomas: Seht doch nur, was in meinem Stiefel ist!
Hier! Hier! Seht euch das doch an!
Martina: Und bei mir! Hier! Hier!
Christof: Vater, hier sind große Stiefel. Die sind bestimmt für dich!

Alle laufen herum, packen Spielzeug und Süßigkeiten aus ihren Stiefeln aus, zeigen es sich, ziehen die Stiefel an, probieren von den Plätzchen, von der Schokolade usw.

Erzähler:

Seht nur, wie sie sich freuen! Die Kinder waren so arm, daß ihnen noch niemals vorher jemand Spielzeug geschenkt hatte.
Und wir?

Wir stellen am Nikolausabend unsere Stiefel und Schuhe vor die Tür und warten.
So war es im letzten Jahr und im Jahr davor. Und in diesem Jahr wird es bestimmt auch so sein!

Rolf Krenzer

Das Spiel ist als Rollensatz im Dr. Heinrich Buchner Verlag, 8033 Krailling vor München, erschienen.

Im Anschluß an das Spiel kann ein Nikolauslied gesungen werden oder der Nikolaus selbst auftreten.

Auch das folgende Winterlied kann hier eingesetzt werden.

* Ein Spatz träumt

Tu. M: Mittelstufe II
der Tagesstätte Seesen
Leitung: Frau Wurziger

2. Er träumt vom Sonnenblumenkern, hui ist es heut' kalt,
den mag der Spatz besonders gern, hui ist es heut' kalt.

3. Der Spatz wacht auf und fliegt dann fort, hui ist es heut' kalt,
und sucht sich einen warmen Ort, hui ist es heut' kalt.

12.

Hört, es wurde ein Kind geboren

Weihnachten, Jahresende

* Herbergssuche

T: Rolf Krenzer
M: Peter Janssens

D.C. Maria + 2. Wirt
D.C. Maria

Maria und Josef gehen von einem Gasthaus zum anderen. Sie bitten um Aufnahme. Sie werden immer wieder weitergeschickt. Zum Schluß zeigt ihnen ein Gastwirt den Stall.

Aus: Kommt alle und seid froh, 1982. Rechte beim Peter Janssens Musik Verlag, 4404 Telgte.

* * * Der kleine Benjamin von Betlehem

Ausgerechnet der kleine behinderte Benjamin, den sonst niemand für wichtig hält, zeigt Maria und Josef den Stall, in dem der Herr der Welt geboren werden wird.

Lukas 2,1–20

Richtig gut war es dem kleinen Benjamin noch nie im Leben gegangen. Seine Geschwister konnten laufen und springen, ja, sogar bereits auf den Feldern der Eltern beim Säen und Ernten fleißig mitanpacken. Nur der kleine Benjamin konnte da nicht mitmachen. Wenn er aus dem Haus hinauswollte, dann mußten ihn seine Eltern führen. Manchmal kroch er auch mühselig auf allen Vieren. Aber das hatte er in der letzten Zeit aufgegeben, denn nicht immer war das, was er draußen auf der Straße erlebte, so schön, daß sich die gewaltige Anstrengung dafür lohnte. Und den Eltern war es auch lieber, wenn er im Haus blieb. Reichte es doch aus, daß sie ihn versorgen mußten, daß er viel mehr Mühe machte als all seine anderen Geschwi-

ster zusammen und daß er wohl niemals im Leben eine Arbeit finden würde. Solange die Eltern lebten, mußten sie für ihn mitsorgen. Später müßten es die Geschwister tun.
So kam es, daß Benjamin oft allein war. Er spürte die Abneigung der anderen, wenn sie sich auch immer bemühten, es ihn nicht allzu deutlich merken zu lassen.
Nicht weit vom Haus stand ein alter Stall. Dort war es warm und gemütlich. Und oft kroch Benjamin dann, wenn alle anderen aus dem Haus waren, dorthin. Er brauchte zwar lange Zeit, aber es lohnte sich immer. Im Stall konnte er es sich auf der Spreu gemütlich machen und mit dem Ochsen dann lange Gespräche führen, wenn dieser nicht gerade für die Arbeit auf dem Feld benötigt wurde.
Hier kam sonst niemand hin, der ihn mitleidig oder neugierig ansah oder gar, und das war leider in Betlehem auch schon vorgekommen, den behinderten Jungen verspottete oder verjagte.
Die Eltern und seine Geschwister hatten sich daran gewöhnt, daß Benjamin oft im Stall zu finden war. Sie schimpften auch nicht, wenn er dort manchmal die ganze Nacht über blieb. Für die Arbeit wurde er nicht gebraucht, und in dem Stall konnte ihm nichts geschehen.
So wäre das Leben des kleinen Benjamin wohl immer so weitergegangen, ohne daß es irgendeinen Höhepunkt gegeben hätte.
Aber eines Tages kamen Fremde nach Betlehem. Das waren Leute, deren Eltern oder Großeltern hier gewohnt hatten oder immer noch wohnten, die aber fortgezogen waren, weil sie woanders Arbeit gefunden und eine Familie gegründet hatten. Nun hatte der mächtige Kaiser eine große Volkszählung angeordnet. Er wollte nämlich genau wissen, wie viele Menschen in seinem Reich lebten. Damit aber auch alle erfaßt würden, hatte er befohlen, daß jeder in die Heimat seiner Vorfahren reisen und sich dort in die Steuerlisten eintragen lassen sollte. So bestand für ihn die beste Aussicht, jeden zu erfassen, so daß anschließend auch jeder Steuern bezahlen mußte, die dem mächtigen Kaiser zugute kamen.
Benjamin hatte davon gehört, daß alte Bekannte der Eltern wieder nach Betlehem gekommen waren. Einige kamen gut gekleidet und reich, andere waren ärmer geworden als zu der Zeit, als sie noch in Betlehem gewohnt hatten.
Benjamin interessierte sich sehr für die Fremden. So hockte er oft an der Tür und spähte durch den Türspalt auf die Straße hinaus. Von hier aus ließ sich der große Platz vor der Herberge gut überblicken. Und oft konnte sich Benjamin nicht daran sattsehen, wenn die Reisenden ankamen, wenn ihre Kamele und Esel abgeladen wurden und wenn ehemalige Freunde und Bekannte herzuliefen, um lautstark die Angekommenen zu begrüßen.

Jetzt war in Betlehem wirklich etwas los, und der kleine Benjamin war immer dabei, wenn er auch von keinem gesehen wurde.
Und abends, wenn alle zu Hause waren, dann konnte er davon berichten. Für ihn war es ein ganz neues, wunderschönes Gefühl, daß er endlich einmal im Mittelpunkt stehen konnte, weil alle ihm zuhörten. Sie hatten schließlich keine Zeit gehabt, den ganzen Tag alle Neuigkeiten auszukundschaften, weil sie auf den Feldern genug zu arbeiten hatten.
Aber dann waren alle, die sich in Betlehem in die Steuerlisten eintragen mußten, schließlich angekommen. Und Benjamin merkte, daß die interessante Zeit bald vorüber sein würde. In den nächsten Tagen würden die Fremden wieder abreisen, und der Platz vor der Herberge würde leer wie immer sein.
An einem späten Nachmittag aber hörte er bis in das Innere des Hauses, daß wieder andere Leute angekommen sein mußten. Er hörte den Wirt der Herberge laut mit einem anderen Mann sprechen, und allzufreundlich schien das Gespräch nicht zu sein. Sofort kroch Benjamin auf allen Vieren zur Tür und öffnete sie einen Spalt breit, um mehr zu sehen und zu hören. Mit rotem Kopf und hocherhobenen Händen redete der Wirt auf einen fremden, ärmlich gekleideten Mann ein, der seinen Arm schützend um eine junge Frau an seiner Seite gelegt hatte.
„Nein!“ rief der Wirt. „Mein Haus ist voll bis unters Dach! Glaubt mir doch, was ich euch sage!“
Der fremde Mann hob beschwörend die Hand und wollte sich anscheinend unter keinen Umständen fortschicken lassen. Beharrlich deutete er auf die Herberge und machte dem Wirt deutlich, daß die Frau an seiner Seite dringend ein Zimmer haben müsse.
Jedoch der Wirt wurde nur noch lauter und ablehnender.
So ging das hin und her. Der Wirt wollte die Leute fortschicken, doch der Mann ließ sich anscheinend nicht abweisen.
Benjamin konnte nur einen Teil des Gesprächs verstehen. Besonders interessierte er sich aber für die Frau, die klein und ängstlich neben dem Fremden stand, von der Benjamin aber nur einen winzigen Teil sehen konnte, weil der Mann im Wege stand.
So öffnete Benjamin schließlich die Tür und rutschte und krabbelte, so gut es ging, hinaus.
Je näher er kam, um so besser konnte er den heftigen Wortwechsel verfolgen. Immer noch beharrte der Wirt darauf, daß sein Haus überfüllt sei und auch keine Abstellkammer mehr zur Verfügung stehe. Ebenso hartnäckig aber verlangte der Fremde nach einem Raum. „Es ist ja nicht für mich!“ sagte er und drückte die Frau an sich. „Sie wird ein Kind bekommen. Wo soll sie denn hin?“

Jetzt war Benjamin so nahe herangekommen, daß er die Frau auch richtig anschauen konnte. Blaß und ängstlich stand sie da, mühsam ihre Tränen zurückhaltend.
Nur der Arm des Mannes bot ihr ein wenig Schutz. Aber sie mußte deutlich spüren, daß der Mann zu schwach war, um ihr die notwendige Geborgenheit zu geben. Die abweisende Haltung des Wirts ließ den Druck des Armes fester, die Hoffnung aber immer schwächer werden.
„Es tut mit ja leid, daß ich ihr in diesem Zustand nicht helfen kann!" sagte der Wirt jetzt wieder und breitete bedauernd seine Hände aus. Dann erhob er aber wieder seine Stimme, wurde laut und barsch und fuhr fort: „Aber es geht nicht! Ich kann euch bei mir nicht mehr unterbringen! Geht weiter! Vielleicht habt ihr irgendwo noch ein paar entfernte Verwandte!"
Er wollte sich abwenden.
Da ließ der Mann die Frau los und packte ihn am Arm.
Benjamin mußte immer nur die fremde Frau ansehen. Wie oft hatte er selbst gespürt, wie schlimm es ist, wenn man von dem guten Willen anderer abhängig ist. Wie oft hatte er selbst zu spüren bekommen, wie es ist, wenn man das Mitleid anderer erregt. Es gibt nichts Schlimmeres. Und wie soll man sich dagegen wehren? Die Frau, die da angstvoll und arm neben ihrem Mann stand, erlebte in diesem Augenblick all das, was Benjamin in seinem kurzen Leben immer und immer wieder hatte erleben müssen. Sie wurde abgewehrt, fortgestoßen, ausgewiesen …
Und dieses Abwehren, Fortstoßen und Fortweisen wurde deshalb so unbarmherzig und unwürdig, weil sie gleichzeitig durch die Worte des Mit-

leids bis ins Innerste verletzt wurde. Oh ja, Benjamin kannte dieses Gefühl. Er erlebte es nicht nur bei Fremden, sondern hin und wieder in seiner eigenen Familie.

Nur gut, daß er sich dann in seinen Stall zurückziehen konnte, daß er vor diesem Mitleid und der Abwehr dorthin fliehen konnte, wo die Streu und die Nähe des Ochsen ihm ein bißchen Geborgenheit gaben.

Diese Frau hatte auch solche Geborgenheit nötig. Das erkannte der kleine Benjamin. Er blieb wie gelähmt mitten auf dem großen Platz sitzen, weil das, was die fremde Frau erleben mußte, ihn lähmte. Er konnte den Blick nicht von ihr lassen und nahm doch auf, daß der Wirt sich mit schroffer Gewalt von der Hand des fremden Mannes befreit hatte und nun laut schimpfend auf die Herberge zuging. Laut krachend fiel hinter ihm die Tür zu.

Der fremde Mann wollte hinter ihm herlaufen, kam auch bis zur Tür, wollte noch einmal anklopfen und ließ dann seine Hand sinken. Enttäuscht und hoffnungslos wandte er sich der Frau zu. Sie stand immer noch dort, wo er sie verlassen hatte. Wie verloren stand sie da, die Schultern ein wenig hochgezogen. Sie blickte unter sich. Hilflos und verlassen.

„Wieder nichts!“ sagte der Mann.

Und die Frau nickte stumm.

„Wir haben einen Stall!“ rief da Benjamin plötzlich und war über sich selbst erschrocken, als ihm bewußt wurde, daß wirklich er das war, der da rief. „Wir haben einen Stall!“

Der Mann wandte sich ihm zu.

Er legte wieder den Arm um die Schulter der Frau und führte sie langsam zu ihm hin. Sie bückten sich beide zu ihm hinunter, und Benjamin blickte in die Augen der Frau.

„Ein Stall?“ fragte der Mann.

„Es ist warm dort! Und abends führen wir auch unseren Ochsen hinein!“ erklärte Benjamin. Dabei wurde ihm klar, wie kümmerlich und armselig sein Angebot sich anhören mußte.

Was hatte er nur getan? Er konnte doch keinem einen Stall zum Wohnen anbieten. Es war die fremde Frau gewesen, die ihn alle Hemmungen hatte vergessen lassen. Jetzt schämte er sich fast, daß er diesen armseligen Stall ins Gespräch gebracht hatte. Er wollte sich entschuldigen, wollte nicht, daß die Fremden seinen Ausbruch als schlechten Scherz auffaßten. Ihm war so erbärmlich zumute, doch er brachte kein Wort heraus.

Wenn er doch laufen könnte! Einfach fortlaufen! Aber so hockte er hier, unfähig, schnell davonzukommen, hockte da und wünschte sich weit weg.

„Bitte, zeige uns den Stall!“ sagte die Frau.

Als Benjamin ihr wieder in die Augen blickte, spürte er, daß da ein wenig

Hoffnung war. Nicht viel, nur ein Schimmer! Aber es reichte, um Benjamin ruhig werden zu lassen, ganz ruhig.
„Dort drüben hinter unserem Haus!" sagte er leise und wandte den Kopf in die Richtung.
„Ja!" sagte der Mann und bückte sich noch mehr zu Benjamin hinunter. „Zeigst du uns den Stall?" fragte er und fragte zugleich mit seinen Augen, ob es Benjamin ihm erlaube, daß er ihn von der Erde aufhebe und trage, damit Benjamin sie zum Stall führen könnte.
Und Benjamin ließ sich von den starken Armen des fremden Mannes aufnehmen und zu dem Stall tragen. Die fremde Frau folgte ihnen.
Der Weg zum Stall war nicht weit. Aber Benjamin war so glücklich, daß sie sein Angebot angenommen hatten. Dieser kurze Weg, den er auf den Armen des fremden Mannes zurücklegte, machte ihn so glücklich und stark, daß er später bestimmt die Vorwürfe und das Schelten seiner Eltern ertragen könnte. Er fürchtete sich nicht einmal davor.
Als sie dann in den Stall traten, wurde Benjamin erst richtig bewußt, wie armselig und schlecht es hier war. Er rechnete bereits damit, daß die fremden Leute gleich wieder umkehren würden.
Da sah Benjamin plötzlich nicht mehr den schäbigen Raum, sondern er spürte die angenehme Wärme, die ihm entgegenschlug. Er erinnerte sich daran, daß ihm dieser Stall immer Wärme und Geborgenheit gegeben hatte, oft mehr als das Haus mit seiner Familie.
„Nachher kommt auch noch der Ochse!" sagte er.
Die Frau ließ sich in der Spreu nieder. Sie lächelte Benjamin an, als er aus den Armen des fremden Mannes neben ihr in die Spreu glitt.
„Dankeschön!" sagte sie, und der Hoffnungsschimmer in ihren Augen wurde stärker.
„Wenigstens ein Dach über dem Kopf!" sagte der Mann und breitete die Decken aus, die sie mitgebracht hatten. „Ich komme gleich zu euch herüber, wenn deine Eltern zu Hause sind!" sagte er noch. Da fühlte sich Benjamin noch viel wohler.
Als er vom Stall zurück nach Hause kroch, fragte er sich, was wohl seine Eltern zu der ganzen Sache sagen würden. Aber er fürchtete sich nicht, denn der fremde Mann hatte ihm ja versprochen, mit den Eltern zu sprechen.
Was sollten sie auch eigentlich dagegen haben, daß die Leute ein paar Nächte im Stall schliefen. Schließlich stand dort nachts nur der Ochse. Und den würden sie bestimmt nicht stören.
Es gab auch keine Schwierigkeiten.
Als die Mutter aber hörte, daß die Frau ein Kind bekommen sollte, da wollte sie die Frau in ihr Haus holen. Doch da hatten die Wehen schon ein-

gesetzt. So ging sie zum Stall, um zu helfen, wenn das Kind auf die Welt kommen sollte. Vorher aber wurde der kleine Benjamin von ihr ins Bett gebracht.

In dieser Nacht aber ereignete sich so viel, daß es der kleine Benjamin sein Leben lang nicht mehr vergaß. Mitten in der Nacht wurde er wach, weil lautes Rufen und Schreien ihn weckte. Viele Menschen waren auf den Beinen. Sie riefen sich etwas zu, lachten und freuten sich laut. Benjamin hörte ganz deutlich, daß sie an ihrem Haus vorbeigingen.

„Was ist los?“ fragte er die andern, die längst schon wach waren und sich bereits angezogen hatten.

„In unserem Stall wurde ein Kind geboren!“ lachte der Vater. „Stell dir vor, Benjamin, was geschehen ist!“

„Und was für ein Kind!“ rief sein Bruder. „Gottes Sohn ist in unserem Stall geboren!“

Ungläubig blickte Benjamin von einem zum anderen.

Da nahm ihn sein Vater auf die Arme und erzählte ihm, daß Gott einen Boten zu den Hirten geschickt hatte. Er erzählte ihm auch, daß die Hirten ganz Betlehem aufgeweckt hatten und daß nun alle kamen, um Gottes Sohn im Stall zu sehen.

„Da ist doch gar kein Bettchen für das Kind!“ wandte Benjamin schüchtern ein.

„Sie haben es in die Futterkrippe gelegt! Und im Stall ist es warm!“

Ja, das wußte Benjamin.

„Komm, du sollst das Kind auch sehen!“ sagte der Vater und trug den kleinen Benjamin auf seinen Armen aus dem Haus zum Stall hinüber. Seine Brüder und Schwestern liefen hinter ihm her.

Im Stall waren viele Leute. So viele, daß Benjamin das Kind in der Krippe nicht sehen konnte. Da hob ihn sein Vater so hoch, daß er über alle Köpfe hinweg bis zur Krippe sehen konnte.

Ja, wirklich! Da lag das Baby in der Futterkrippe.

Ganz ruhig lag es da und kümmerte sich überhaupt nicht um das, was um es herum geschah.

Neben dem Kind saß die fremde Frau. Jetzt hatte sie den Benjamin hoch über den anderen entdeckt. Sie konnte sehen, daß er von den kräftigen Armen seines Vaters so hoch gehalten wurde, daß er über alle Köpfe hinweg das Kind erblicken konnte, das Gott in dieser Nacht in diesem Stall in die Welt geschickt hatte. Sie schaute den kleinen Benjamin an. Da war keine Hoffnungslosigkeit mehr in ihren Augen. Da waren weder Angst noch Verzagen.

Und Benjamin blickte in die Augen der Frau und fühlte, wie es ganz warm in ihm hochstieg. Er fühlte sich glücklich und geborgen. Und gleichzeitig spürte die starke Kraft in den Armen seines Vaters, der ihn immer noch hochhielt, so daß er immer wieder das Kind in der Krippe anschauen konnte.

Rolf Krenzer

Der Text bietet die Weihnachtsgeschichte aus einem anderen als dem gewohnten Blickwinkel an. Da ist einmal der behinderte Benjamin, der sich immer wieder seiner Situation als Außenseiter bewußt wird, der statt Integration bestenfalls Mitleid zu spüren bekommt. Und ihm gegenüber steht Maria, die abgewiesen wird und doch weiß, daß in ihrem Innern bereits Gottes Sohn lebt. Diese Außenseiterstellung wird Maria ihr Leben lang zu ertragen haben, weil sie sich niemals von dem Kind, daß sie jetzt unter dem Herzen trägt, distanzieren wird. Schon bald nach der hier geschilderten Situation wird sie mit dem Kind flüchten müssen ..., und sie wird auch dann „außerhalb der Gesellschaft" dort stehen, wo Jesus am Kreuz sterben muß. Auch der kleine Benjamin wird sein Leben lang zu den Außenseitern gehören. Aber hier, in der Stunde der Menschwerdung Gottes, finden sie sich, erkennen einander und helfen sich gegenseitig, um Gottes Willen zu erfüllen. Benjamin bietet Maria und Josef seinen geheimen Zufluchtsplatz im Stall an.

Anregung:

Die Weihnachtsgeschichte nach Lukas 2 lesen.
Gespräch über die Situation des kleinen Benjamins.
Krippenfiguren zu der Geschichte aus Pappe, Papier, Ton oder Fimo und ähnlichem basteln.
Der Text ist als Rollenspiel im Dr. Buchner Verlag, Krailling vor München, erschienen.

** Hört, es wurde ein Kind geboren

Weihnachtslied | Lukas 2 | T: Rolf Krenzer
M: Siegfried Fietz

2. Seht, es wurde ein Kind geboren,
und am Himmel strahlt ein Stern.
Und es kamen viele Leute,
und sie fragten nach dem Herrn.

3. Sagt, wo ist denn das Kind geboren?
Ja, so fragte jedermann.
Gottes Sohn liegt in der Krippe.
Kommt zum Stall und schaut's euch an!

4. Ja, es wurde ein Kind geboren.
Seinen Namen wißt ihr schon.
Dieses Kind heißt Jesus Christus.
Dieses Kind ist Gottes Sohn!

5. Sagt es weiter so allen Leuten:
Dieses Kind heißt Jesus Christ.
Wir wolln wieder Weihnacht feiern,
weil dann sein Geburtstag ist.

Zusammen mit dem Spiellied von der Herbergssuche (Seite 324) und dem folgenden Hirtenlied kann dieses Weihnachtslied, zu dessen Strophen alle zum Stall kommen, das Gerüst zu einem kleinen Weihnachts- oder Krippenspiel bilden. Im Kindergottesdienst kann parallel zu dem Text an jedem Sonntag ein Lied eingeführt werden, das dann am Ende der Advenstzeit in das Krippenspiel eingearbeitet wird. Hierbei sind auch die Spiellieder zum Dreikönigstag (Kap. 2) gut einzusetzen.

Weitere einfache Krippenspiellieder:

Sieben Hirten schlafen – In der Nacht – Komm mit mir, wir gehen zum Stall – Hier kommen die Könige, in : LP/MC/Singheft/Klavierauszug „Kommt alle und seid froh!", Peter Janssens Musikverlag, Telgte.
Der Weg war so weit – Josef und Maria finden einen warmen Stall – Ein Kind hat Geburtstag – Kommet, ihr Hirten all – Alle woll'n zum Stall hingehn, in: LP und Liederbuch „100 einfache Lieder Religion", Verlag Ernst Kaufmann, Lahr – Kösel-Verlag, München.
Weit ist der Weg – Wer klopft denn hier? – Was ist in der Nacht mit den Hirten geschehen? – Wir haben seinen Stern gesehen, in MC und Liedheft „Wir feiern heut ein Fest", Impulse-Musikverlag, 4406 Drensteinfurt.
Hans, wach auf! (Hirten-Spiellied) – Hört ihr alle Glocken läuten?, in: „Regenbogen bunt und schön – Einfache Lieder zur Bibel", Verlag Ernst Kaufmann, Lahr – Kösel-Verlag, München.
Einfache Krippen- und Weihnachtsspiele findet man unter Krippen- und weihnachtliche Spiele in:
R. Krenzer: Wir spielen Theater, Band II, Edition Kemper, Verlag Ernst Kaufmann, Lahr.
K. Schaaf/E. Seifriz (Hrsg.): Wir sagen euch an eine fröhliche Zeit, Otto Maier Verlag, Ravensburg.
Juliane Metzger (Hrsg.): Das schönste Fest, Annette Betz Verlag, München.

** Was kann ich geben ihm?

T: Christina Rosetti
Übersetzung und
M: Hans Baumann

Wäre ich klug, gäb ich Weisheit und Scherz.
Was hab ich für ihn? Ich geb ihm mein Herz.

*** Voriges Jahr war es nur eine Katze

Dirk wünscht sich zu Weihnachten einen Hund. Aber was ist mit der Katze geschehen, die er im letzten Jahr zu Weihnachten bekommen hat? Dirk macht sich mit seiner Mutter auf den Weg zum Tierheim und findet seine Pussi wieder.

Verantwortung für ein Tier; Tiere als Weihnachtsgeschenke; Kinder und Tiere.

„Und ich wünsche mir doch so sehr einen Hund!"
Mit flehenden Augen steht Dirk vor seiner Mutter und sagt es immer wieder. „Einen kleinen Hund, nur einen ganz kleinen!"
Die Mutter schüttelt energisch den Kopf. „Nein, Dirk!" sagt sie bestimmt. „Du kannst dir viel wünschen. Vati und ich wollen versuchen, dir einiges zu erfüllen. Aber keinen Hund!"
Dirk fühlt, wie die Tränen in seinen Augen aufsteigen. Er versucht es noch einmal, bittend und drängend.
„Ich würde ihn regelmäßig pflegen und füttern. Ich würde jeden Tag mit ihm spazierengehen. Ganz bestimmt, Mutti!"
„Voriges Jahr war es eine Katze!" sagt die Mutter leise und wischt mit der Hand über den Tisch.
„Ich habe sie auch lieb gehabt!" sagt Dirk. „Sehr lieb sogar! Aber was ist eine Katze gegen einen Hund? Mit dem Hund kann ich spazierengehen! Ich kann ihn dressieren, daß er Pfötchen gibt oder sogar die Zeitung aus dem Briefschlitz zieht und uns bringt. Es gibt sogar Hunde, die blinde Menschen führen. Richtig führen! Voriges Jahr war es doch nur eine Katze! Was kann man mit einer Katze schon tun?"
„Du hattest sie dir aber gewünscht!" stellt die Mutter fest.
„Nur weil ich keinen Hund bekommen sollte!" Jetzt ist Dirk richtig ärgerlich. Die Mutter nickt. „Du hast dich jedenfalls am Heiligen Abend sehr

gefreut, als das kleine Ding auf dem Kissen vor dem Weihnachtsbaum lag. Die ganze Nacht wolltest du aufbleiben. Du hast sogar geweint, weil das Kätzchen nicht mit dir ins Bett durfte."

Dirk wird ein bißchen nachdenklich. Er muß der Mutter ja recht geben. Und damals hat er eingesehen, daß weder Vater noch Mutter Zeit hatten, um mit einem Hund Tag für Tag spazierenzugehen. Er hatte auch eingesehen, daß er nicht jeden Tag dafür Zeit haben würde. Aber jetzt ist alles anders. Mutter arbeitet nicht mehr. Selbst wenn er keine Zeit hätte, wäre Mutter immer noch da.

„Als die erste Freude vorüber war, reichte deine Zeit nur noch aus, um das Kätzchen zu streicheln, ab und zu einmal", meint die Mutter und bemüht sich, ihre Stimme nicht bitter klingen zu lassen. „Aber dann blieb alles an mir hängen. Ich mußte sie füttern und für alles sorgen. Und als dann die Sache mit ihrem rechten Ohr war, da mußte ich einen Tag Urlaub nehmen, um mit ihr zum Tierarzt zu gehen!"

„Mit einem kleinen Hund wird bestimmt alles anders!" bettelt Dirk. „Ganz bestimmt, Mutti! Ich bin ja auch ein ganzes Jahr älter geworden. Du kannst mir ruhig die Verantwortung übertragen. Ganz bestimmt!"

Die Mutter steht auf und geht langsam zum Fenster. Fast unbeweglich steht sie da und schaut durch die Scheibe auf die Straße hinaus.

„Ich wünsche mir sonst nichts als einen kleinen Hund!" versucht es Dirk noch einmal. „Wirklich, sonst überhaupt nichts!"

Die Mutter sagt noch immer nichts.

„Ihr wolltet ja unbedingt letzten Sommer nach Schweden in Urlaub fahren!" sagt Dirk. „Da konnten wir unser Kätzchen nicht mitnehmen. Und deshalb ist es jetzt nicht mehr da! Du hast es doch selbst fortgebracht!"

Ja, das ist wahr. Dirks Vorwurf sitzt. Die Mutter will ihn zurechtweisen, aber dann muß sie wieder daran denken, wie sie mit der kleinen Katze im Korb eine Woche vor dem geplanten Urlaub losgegangen ist. Und wenn ihr Mann und sie selbst den Urlaub nicht so nötig gehabt hätten, dann hätte sie die kleine Pussi auch nicht ins Tierasyl gegeben. Es war ja nur vorübergehend. Und sie wollte das Tier bestimmt wieder heimholen, wenn sie erst aus dem Urlaub zurück waren.

„Sag doch was, Mutti!" bettelt Dirk wieder.

„Was unser Kätzchen jetzt wohl macht?" fragt die Mutter.

„Das ist bestimmt längst bei einer anderen Familie. Vielleicht bei jemand, der einen großen Garten hat, in dem es jeden Tag herumtollen kann ..."

Dirk will nicht, daß sich die Mutter so viele Gedanken macht. Er hat selbst so oft mit schlechtem Gewissen an sein Kätzchen denken müssen.

Doch die Mutter ergänzt das, was als Trost gedacht war: „Vielleicht ist es bei jemandem, der es nicht wieder einfach fortgibt..."

Seltsam, plötzlich spürt Dirk, daß ihm der kleine Hund gar nicht mehr so wichtig ist. Warum mußte Mutti auch mit seinem Kätzchen anfangen? Ausgerechnet jetzt!
Langsam kommt die Mutter auf Dirk zu und legt ihm den Arm um die Schulter. „Gelt, du bist mir nicht böse!“ flüstert sie ihm ins Ohr.
„So wichtig ist das mit dem Hund auch nicht!“ flüstert Dirk zurück und gibt sich selbst einen Ruck.
Während die Mutter das Zimmer aufräumt, macht sich Dirk an seine Hausaufgaben. Aber heute fällt es ihm besonders schwer. Immer wieder ertappt er sich dabei, daß er an die kleine Pussi denken muß. Ob man vielleicht im Tierasyl nachsehen kann, ob sie noch da ist.
Auch seine Mutter denkt an das Kätzchen.
„Wenn sie nicht abgeholt werden, kann es sein, daß sie irgendwann getötet werden“, sagt sie vor sich hin und merkt nicht, daß Dirk sie genau verstanden hat. Mit weit aufgerissenen Augen springt er auf und stellt sich vor seine Mutter.
"Meinst du wirklich, daß unser Kätzchen nicht zu einer anderen Familie gekommen ist?“
Die Mutter zuckt mit ihren Schultern. „Ich weiß es nicht, Dirk! Ich weiß es wirklich nicht!“*
Es ist schon später Nachmittag, als zwei Besucher sich an der Pforte des Tierasyls anmelden.
„Wir wollen nach einem Kätzchen sehen“, sagt die Frau. Und der Junge, der sie begleitet, fügt hinzu: „Es heißt Pussi!“
„Pussi heißen hier viele!“ sagt der Pförtner und weist ihnen den Weg zu Frau Engelhard, die bei den Tieren ist.
Als sie ein Stück gegangen sind, möchte Dirk am liebsten umdrehen und zurücklaufen, so schnell er nur kann.
Sie gehen an einer Reihe kleiner Käfige vorbei, die übereinander aufgestellt sind. Und in jedem Käfig sitzt eine Katze. Katzen klettern an den Gitterstäben hinauf und miauen kläglich. Andere sitzen stumpf und teilnahmslos in einer Ecke des Käfigs.
„Sie wollten sich eine Katze aussuchen?“ ruft ihnen Frau Engelhard zu, die gerade dabei ist, einen weißen Kater, den sie bisher auf dem Arm gehalten hat, wieder in seinen Käfig zurückzusetzen.
Dirks Mutter atmet spürbar auf, weil Frau Engelhard nicht die Frau ist, der sie im Sommer ihre Pussi übergeben hat.
„Schaun Sie sich nur um!“ sagt Frau Engelhard. „Hier ist die große Auswahl! Alles Katzen, die einmal ein Zuhause hatten. Aber dann wurden sie nicht mehr gebraucht oder waren im Wege. So sind sie hierher gekommen.“

„Schrecklich!“ sagt Dirk leise.
„Ja, viele Menschen schenken sich Tiere zu Weihnachten“, meint Frau Engelhard. „Aber dann, wenn die erste Freude vorüber ist, dann wissen sie nicht, wohin mit dem Tier.“
„Geben Sie sie dann nicht an eine andere Familie weiter?“ fragt die Mutter.
„Wer holt denn schon Katzen aus einem Tierasyl? Das ist ganz selten. Wir haben ja auch meistens nur die Katzen, die nicht mehr so ganz klein und niedlich sind. Meistens wollen die Leute ganz junge Kätzchen. Und nachher ...“
„Und nachher?“
„Nachher landen sie dann oft hier. Es ist bestimmt nicht das, was sich eine Katze von ihrem Leben wünscht. Eingesperrt in einem winzigen Käfig mit Gitterstäben davor. Manche werden schwermütig und krank. Manche gehen vor Kummer und Einsamkeit ein. Tiere, die niemand haben will.“
„Ist unsere Katze noch hier?“
Dirks Mutter versucht, mit fester Stimme zu sprechen.
Frau Engelhard mustert sie argwöhnisch, sagt aber weiter nichts.
Sie deutet nur zur gegenüberliegenden Tür. „Fragen Sie im Büro nach. Die führen dort Listen!“
„Sie heißt Pussi!“ flüstert Dirk und faßt Frau Engelhard am Arm.
„Pussis gibts hier viele!“ antwortet Frau Engelhard ein wenig freundlicher.
„Im Büro ist alles aufgeschrieben!“
Anhand der Liste finden sie dann im Büro auch heraus, daß eine acht Monate alte schwarze Katze von einer Frau Bergmann am 25. Juli abgegeben wurde. Rufname des Tieres: Pussi.
„Ist sie noch da?“ fragt Dirk aufgeregt und wünscht sich nichts sehnlicher.
„Käfig 312! Dritte Reihe, ziemlich am Ende!“
„Wir möchten sie wieder mitnehmen!“ ruft Dirk und bemerkt erleichtert, daß seine Mutter zustimmend nickt.
Frau Engelhard öffnet den Käfig und holt eine schwarze Katze heraus, die viel größer ist als damals, als Dirks Mutter sie hier hinbrachte.
Verwundert und ein bißchen hilflos betrachten Dirk und seine Mutter das Tier.
„Ist das wirklich unsere Pussi?“ fragt die Mutter.
„Sie bleiben nicht immer klein. Sie wachsen genauso wie die Menschen. Jetzt ist Ihre Pussi schließlich schon weit über ein Jahr alt!“
Frau Engelhard ist viel freundlicher geworden. Vorsichtig legt sie Dirk die Katze in den Arm.
„Sie fühlt sich fremd. Schließlich hat sie über ein halbes Jahr in diesem Käfig zugebracht. Aber wenn du gut zu ihr bist, werdet ihr bestimmt viel Freude zusammen haben!“

„Pussi!“ sagt Dirk leise und streichelt ganz behutsam über das weiche Fell. „Sie kommt wieder nach Hause!“ stottert seine Mutter. Es ist ihr so unangenehm, daß das alles mit ihrer Pussi passiert ist. Sie schämt sich, daß eine fremde Frau so hautnah miterlebt, wie das alles mit ihrer Katze war.
„Es gibt immer wieder mal Leute, die später kommen und ihr Tier wieder heimholen!“ sagt Frau Engelhard und lächelt die beiden freundlich an. „Aber dann geben sie es nicht mehr her!“
„Bestimmt nicht!“ sagt Dirk und möchte ganz schnell mit seiner Pussi auf dem Arm nach Hause.

Rolf Krenzer

Problemstellung:

Jahr für Jahr werden zu Weihnachten Tiere verschenkt. Aber was geschieht mit ihnen, wenn die erste Freude vorbei ist? Tiere im Tierheim; Tiere in einer Wegwerfgesellschaft; Was heißt es, Verantwortung für ein Tier zu übernehmen? Worauf muß man verzichten können? Was braucht das Tier regelmäßig? Überlegen, welches Tier zu wem paßt. Tiere in der Stadtwohnung.

Möglichkeit:

Text bis * lesen, dann diskutieren, wie die Geschichte weitergehen kann. Kinder, in deren Familie ein Tier lebt, berichten über das Zusammenleben mit ihm, über notwendige regelmäßige Zuwendung und Pflege, aber auch über das, worauf man wegen des Tieres verzichten lernen muß. Fotos von ausgesetzten Tieren, Filme. Berichte aus Illustrierten und Zeitungen zu dieser Thematik.
Jedes Tier ist ein Geschöpf Gottes. Tiere waren auch damals dabei, als Jesus im Stall geboren wurde. Davon erzählt das folgende Lied.

* Wie war das mit dem Esel?

T: Rolf Krenzer
M: Siegfried Fietz

2. Wie war das mit dem Ochsen?
Er stand und schaute zu.
Maria legt das Kind so klein
ins warme Stroh der Krippe rein.
Sie schaut es an und lächelt froh,
denn Gottes Sohn schläft hier im Stroh.
Wie war das mit dem Ochsen?
Er stand und schaute zu.
Wie war das mit dem Ochsen?
Er sagte leis: „Muh! Muh!“

3. Wie war das mit den Schafen?
Sie waren in der Näh’.
Die Hirten ließen alles stehn
und wollten Jesus Christus sehn.
Sie kamen in den Stall hinein
und wollten bei dem König sein.
Wie war das mit den Schafen?
Sie waren in der Näh’.
Wie war das mit den Schafen?
Sie sagten leis: „Mäh Mäh!“

4. Was sagte da Maria,
als sie die Tiere sah?

Sie sagte: „Gottes Sohn ist hier
für Gottes Schöpfung, Mensch und Tier.
Da mußt kein Tier zum Stall hinaus
und nicht einmal die kleinste Maus.
Was sagte da Maria,
als sie die Tiere sah?
Was sagte da Maria?
Sie sagte froh: „Bleibt da!"

* Der Dauerlutscher

Der große bunte, viereckige Lutscher im Laden an der Ecke hat es der kleinen Sabine angetan. Als sie ihn sich nicht selbst kaufen darf, schenkt sie ihn der Mutter zu Weihnachten.

Sich selber einen Wunsch erfüllen; sich selber etwas schenken; dem anderen etwas schenken, was man gern selbst haben möchte.

Es war einmal ein Kind, das wollte gern einen Lutscher haben. Aber als es zum Laden ging, waren die Lutscher viel zu teuer. Das Kind hieß Sabine. Sabine fragte ihre Mutter: „Gibst du mir ein bißchen Geld für den Lutscher?"
„Was für einen Lutscher?" fragte Sabines Mutter.
„Den großen bunten, viereckigen Lutscher, den es beim Laden um die Ecke zu kaufen gibt", antwortete Sabine.
„Der Lutscher ist doch viel zu teuer!" sagte die Mutter, „ den kaufe ich dir nicht, diese ewige Schnuckerei ist ja schrecklich."
Sabine sah bald, daß bei ihrer Mutter kein Geld zu bekommen war. Ich habe ja mein Taschengeld, denkt Sabine plötzlich. „Dafür kann ich mir bestimmt den Lutscher kaufen." Fröhlich läuft sie zur Mutter und sagt: „Mama, geht es, daß ich den Lutscher von meinem Taschengeld kaufe?"
„Das geht schon", meinte die Mutter, „an deiner Stelle würde ich das Geld für wichtigere Sachen ausgeben. Sieh' mal, bald ist Weihnachten! Über ein schönes Geschenk von dir würde ich mich sehr freuen."
Auf diese Idee war Sabine noch gar nicht gekommen. Sie überlegte: Da kaufe ich meiner Mutter einen wunderschönen Lutscher – viereckig und bunt.

Friederike Hoffmann

Die kleine Geschichte wurde von einem Kind anläßlich einer vorweihnachtlichen Tagung der „Kinderakademie Hofgeismar" ausgedacht und aufgeschrieben. Sie geht auf ein Erlebnis zurück und macht deutlich, wie Ideen für Weihnachtsgeschenke entstehen können. Interessant auch, daß die zunächst für das Kind negativ verlaufene Situation in der Vergangenheit beschrieben wird. Als aber die neuen Ideen auftauchen und verwirklicht werden können, wechselt die junge Autorin in die Gegenwart.

Gesprächsimpuls:

Was kann man Menschen, die man lieb hat, zu Weihnachten schenken? – Worauf kommt es bei Geschenken an? – Austausch von Geschenkideen: Ideenbörse, Ideenmarkt (Geschenk- und Bastelideen auf Zettel schreiben und aufhängen, so daß sich jeder dort Anregungen holen kann).

Hierzu Lied: Geburtstagsgeschenke, in „Ich wünsch' dir einen guten Tag", Werkbuch und LP/MC, Lahn–Verlag, Limburg 1983.

** Das Zehnerle

Beim Kauf eines riesigen Lebkuchenherzens auf dem Weihnachtsmarkt geht auch das Geld drauf, das eigentlich für den blinden Mann mit dem Leierkasten bestimmt war. Aber dann versucht Hans, doch alles wiedergutzumachen und schenkt dem Leierkastenmann sein Lebkuchenherz.

Etwas von dem nehmen, was nicht für einen bestimmt ist; Gewissensbisse; Reue; sich darum bemühen, etwas wiedergutzumachen.

Das waren Zeiten damals, als ich noch ein Knirps war! Wenn ich heute an jene Zeit zurückdenke, fällt mir ein: Die Großmutter war zu Besuch gekommen. Sie drückte mir heimlich zwei Geldstücke in die Hand und sagte, daß ich mir für das Fünfzigerl etwas kaufen dürfe, das Zehnerl aber dem blinden Leierkastenmann unten auf der Straße geben solle.
In meiner Freude vergaß ich den Blinden, der allabendlich vor der Haustür auf einem Schemel saß und die Drehorgel leierte. Fröhlich lief ich die

Straße hinunter, vorüber an prunkvollen Schaufenstern und dem großen Kaufhaus mit den elektrischen Rolltreppen. Einige Häuserreihen weiter war der Weihnachtsmarkt.

Gleich zu Anfang stand ein riesiger Tannenbaum mit elektrischen Kerzen und blitzendem Lametta, doch der Schnee hatte ihn am schönsten geziert. Auf breiten Theken war die ganze weihnachtliche Zauberwelt ausgebreitet, die sich ein Kinderherz erträumen konnte.

Bald kam ich zu einem Hexenhäuschen. Duftende Lebkuchen lockten die Vorübergehenden wie einst Hänsel und Gretel. Ich dachte an meinen Geldschatz und griff hastig in die Tasche, ob ich ihn auch nicht im Gedränge verloren hatte. Ein Lebkuchen mit einem bunten Nikolausbild lag vor mir, für vierzig Pfennig. Aber daneben lockte ein großes Lebkuchenherz mit einem Mandelkern. Es kostete sechzig. Das Wasser lief mir im Munde zusammen. Das Lebkuchenherz mit dem Mandelkern mußte ich haben!* – Doch gehörte der Groschen nicht dem Leierkastenmann? Mir wurde ein wenig eng in der Brust. Aber wer würde es wissen, wenn ich das Zehnerle vernaschte?

Als ich dann aber das Lebkuchenherz in meinen Händen hielt, war es mir plötzlich, als stünde der Blinde im Hexenhäuschen. Seine gläsernen Augen schienen sehen zu können. Es war ein trauriger, bittender, vorwurfsvoller Blick. Da schämte ich mich plötzlich so sehr, daß ich mich eilig davonmachte. Ich hatte das Gefühl, alle Leute müßten mir ansehen, daß ich den blinden Mann betrogen hatte.

Es dunkelte schon sehr. Kalter Wind blies von Osten, und der Schnee knirschte unter den raschen Schritten. Die Straßen waren hell erleuchtet, und die Menschen sahen so froh und erwartungsvoll aus. Meine Freude aber war dahin.

Vor der Haustür war der blinde Leierkastenmann gerade dabei, Klappstuhl und Drehorgel auf ein Wägelchen zu verladen. Mit erstaunlicher Sicherheit tat er jeden Handgriff. Verwirrt stand ich vor ihm und sah ihm eine Weile zu. Dann, einer plötzlichen Eingebung folgend, drückte ich ihm das Lebkuchenherz in die Hand. „Bitte, nehmen Sie es. Sie haben bestimmt Hunger“, bat ich.

Der Blinde wandte mir erstaunt sein Gesicht zu, lächelte glücklich und sagte: „Vielen Dank, mein Bub, und sag auch deinen Eltern Vergelt's Gott!“ Da wurde mir mit einem Male wieder leicht ums Herz. Singend und pfeifend eilte ich die Treppe hinauf und war fröhlich und glücklich wie nie zuvor. Jetzt erst war für mich Weihnachten geworden!

Hans F. Mayinger

Eine Geschichte aus einer Zeit, als die Großeltern noch Kinder waren. Neben der Schilderung des Weihnachtsmarktes mit all seinem Zauber steht hier das Erlebnis im Mittelpunkt, daß man etwas Unrechtes tut, sich dessen bewußt wird, Reue empfindet und versucht, angerichteten Schaden wiedergutzumachen. Den Leierkastenmann oder den bettelnden Mundharmonikaspieler trifft man heute ebenso wie jugendliche Straßenmusikanten in Fußgängerzonen und eben auch auf Weihnachtsmärkten. Der Held der Geschichte empfindet selbst, daß er etwas getan hat, was nicht richtig war. Er hat den Leierkastenmann um das Geld gebracht. Wichtiger noch, er hat das Vertrauen, das auf ihn gesetzt wurde, mißbraucht und das Geld zusätzlich auch noch ausgegeben, was die Großmutter ihm für den Leierkastenmann mitgegeben hatte.

Möglichkeit:

Bis * lesen und abwarten, was die Kinder dazu meinen. Bestimmt werden einige nachrechnen und feststellen, daß das Lebkuchenherz mehr kostet, als Hans wirklich besitzt.

Gesprächsimpuls:

Ob der Junge sich wohl wirklich über dieses Lebkuchenherz freuen kann?
Jeder von uns handelt manchmal so, daß es ihm anschließend leid tut. Wie kann man dann versuchen, aus einer solchen Sache herauszukommen?
Anschließend Geschichte bis zum Ende lesen. Es muß den jungen Zuhörern deutlichgemacht werden, daß sich der Wert des Geldes wesentlich verändert hat.

** Heiner und sein Wellensittich

Heiner hat einen Wellensittich, den er sehr lieb hat, um den er sich kümmert und sorgt.
Als der Vogel einmal davonfliegt, ist Heiner unglücklich. Er versucht alles, um seinen Wellensittich wiederzufinden. Er freut sich sehr, als der Vogel wieder zu ihm zurückkehrt.

Sorge für ein Tier – Weil man jemand gern hat, ihm etwas schenken – Geschenke aussuchen, über die sich der andere freut – Verantwortung übernehmen für ein Tier – Freundschaft erleben.

Maxi, das ist mein Wellensittich. Ich habe ihn zum Geburtstag bekommen. Jeden Tag spielten wir zusammen. Maxi sollte das Sprechen lernen. Aber das war für uns beide eine mühselige Arbeit. Als ich es schon aufgeben

wollte, rief Maxi plötzlich meinen Namen. Fortan tat er es immer, wenn er Hunger hatte. Erst suchte er, ob auch die letzten Krümel aufgepickt waren, dann rief er: „Heiner! Heiner!" und ich streute ihm neues Futter hin. Maxi machte mir viel Freude.
Die Weihnachtsferien begannen. Ich ging in die Stadt, um für mein Taschengeld etwas für Maxi zu kaufen. Dabei merkte ich, wie schön es ist, durch die Straßen zu laufen und in den Geschäften zu suchen, etwas auszusuchen für jemanden, den man gern hat.
Schließlich hatte ich einige Päckchen beisammen: einen Spiegel an einer Kette, ein Glöckchen, ein Bällchen und viele kleine Leckerbissen. Als ich aus dem Geschäft kam, wurde es schon dunkel. Die vielen Lampen und Lichterketten brannten. Nie hatte ich sie so schön empfunden. Schnell lief ich nach Hause. Ich konnte es nicht erwarten, und Maxi kannte den Kalender doch nicht. Darum bescherte ich jetzt schon. Jeden Tag bekam er einen Leckerbissen, und die Spielsachen hängte ich in seinen Käfig. Maxi freute sich. Er tanzte auf den Holzsprossen in seinem Vogelbauer auf und ab und besah sich immer wieder im Spiegel.
Eines Tages rief er in seinem Käfig immerzu meinen Namen. Ich sprang auf und öffnete die kleine Tür. Maxi setzte sich auf meine Schulter. Dann flatterte er auf mein Federmäppchen. Ich setzte mich und malte an meinem Bild für Weihnachten weiter. Maxi schaute eine Weile zu und legte dabei sein Köpfchen einmal auf die eine, einmal auf die andere Seite. Wir sahen uns an, ich glaube, wir freuten uns beide. Mein Vater kam herein. Maxi hob die Flügel – und – fort war er. Ich lief ihm nach, aber er war schon ins obere Stockwerk geflogen. Oben stand ein Fenster offen. Maxi war schneller als ich. Alles Suchen und Rufen war zwecklos. Maxi genoß die Freiheit.
Am Abend stellte ich den Käfig mit geöffneter Tür in den Hof und streute Futter in breiter Spur dorthin. Aber es war vergebens. Ich schaute lange in die Nacht hinaus. Gut, daß es in den Tagen vor Weihnachten in diesem Jahr noch nicht so kalt war! Traurig kroch ich schließlich in mein Bett. Am nächsten Tag war ich müde und traurig. Morgen würde Weihnachten sein, und Maxi war fort. Vielleicht lebte er schon gar nicht mehr. Abends saß ich wieder am Fenster. Den Käfig hatte ich diesmal aufs Fensterbrett gestellt. Ich ließ das Fenster einen Spalt breit offen. Als es dunkel wurde, ging ich wieder traurig ins Bett. Nachts hatte ich einen schrecklichen Traum: Maxi hüpfte über den Hof und suchte Futter, da kam eine große Katze geschlichen, schlug lautlos mit der Pfote zu und biß Maxi tot.
Am nächsten Morgen wurde ich von einem bekannten Gezwitscher geweckt. „Heiner! Heiner!" Das war ja Maxi! Er war durchs Fenster hereingekommen, spazierte vor seinem Käfig auf und ab und pickte Futter. „Maxi!" rief ich, sprang aus dem Bett und schloß schnell das Fenster. Ich

drückte ein Nest in mein Kopfkissen und trug Maxi vorsichtig in beiden Händen dorthin. Es schien ihm nichts zu fehlen. Er kuschelte sich in das Nest und sah mich freundlich an.
Ich dachte noch: Jetzt ist Weihnachten. Dann schlief ich ein.

Sonja Matthes

Hier wird weniger über die Freude an neuen Geschenken berichtet. Vielmehr steht die Freude im Mittelpunkt, die jeder von uns empfindet, der etwas, was verloren schien, wiederfindet. Freude über das Zurückkommen eines lieben Tierfreundes, den man schon verloren glaubte. Hinweis auf das Gleichnis vom verlorenen Schaf.

Weiterführung:

Weihnachtsfreude, weil die Großeltern zu Weihnachten kommen ... oder weil die Großeltern etwas mitbringen? Freude, Menschen wiederzusehen. Freude, mit anderen etwas zu erleben, wieder zu erleben.

Gesprächsimpuls:

Für Heiner ist jetzt Weihnachten. Und er hat noch kein einziges Geschenk erhalten. Oder doch? Was macht wirkliche Weihnachtsfreude aus?

* Das Weihnachtspaket

Zu Weihnachten wollen die Kinder im Kindergarten einem „armen" Kind etwas Richtiges schenken. Aber wo findet man ein „armes" Kind. Behutsam führt die Erzieherin die Kinder dazu zu erkennen, daß eigentlich jeder auf den anderen angewiesen ist.

Den anderen Menschen entdecken; Hilfe, Freude geben und annehmen lernen; Miteinander feiern, sich freuen; schenken und beschenkt werden.

Die Kinder übten im Kindergarten ein Krippenspiel ein. Lotte und Tobias waren Maria und Josef. In der Krippe lag Lottes Babypuppe als Jesuskind. Eben probten sie, wie die Kinder als Hirten, Hirtinnen und Könige zur Krippe kamen und dem Kind Geschenke brachten: ein Fläschchen Milch, ein Knäuel Wolle, ein Fell und ein goldenes Kästchen.

Mitten im Spiel rief Matthias auf einmal: „Also Frau Neschke, wir sollten dem Kind nicht nur im Spiel solche Sachen geben. Wir sollten etwas Richtiges zur Krippe bringen."
„Vielleicht ein riesiges Paket", schlug Christine vor, „wir haben gestern von unserer Oma ein ganz großes Paket bekommen."
„Aber das Jesuskind ist doch nur eine Puppe", meinte Lotte.
„Ich weiß was", rief Thobias, „wir schenken das Paket einem armen Kind, dann ist es so, als hätten wir es Jesus geschenkt."
„Kennt ihr denn ein armes Kind?" fragte Frau Neschke. Da schauten sich die Kinder ratlos an. Nein, ein armes Kind kannten sie nicht.*
„Ich wüßte schon, wem wir mit einem Paket eine Freude machen könnten", sagte Frau Neschke. Und dann erzählte sie den Kindern von Daniela.
Daniela war heute nicht im Kindergarten. Aber auch wenn sie da war, bemerkten die Kinder sie fast nicht. Daniela saß immer ganz still auf ihrem Stuhl und redete mit niemandem. Sie spielte auch nur mit den anderen Kindern, wenn Frau Neschke in der Nähe war und ihr gut zuredete. Daniela lachte nie. Sie weinte auch nicht! Sie saß eigentlich immer nur still da.
Danielas Vater war sehr krank. Meistens war er im Krankenhaus. Wenn er nach Hause durfte, mußte er auch immer im Bett liegen. Dann saß Daniela bei ihm im Zimmer. Aber er sprach fast nie mit ihr. Seine Krankheit war so schlimm, daß er oft nicht merkte, daß Daniela bei ihm war. Die Mutter arbeitete den ganzen Tag. Sie kam mittags rasch nach Hause und kochte etwas, dann mußte sie wieder ins Geschäft.
„Wißt ihr nun, warum Daniela so wenig spricht?" fragte die Erzieherin. „Sie ist das Sprechen gar nicht gewohnt. Der kranke Vater kann nicht mit ihr reden, und die Mutter ist fast den ganzen Tag weg."
So beschlossen sie, Daniela ein Paket zu packen. Jedes Kind brachte am nächsten Tag ein kleines Geschenk für sie, und Frau Neschke legte all die kleinen Päckchen in eine große Schachtel. „Ich habe auch was für Daniela", sagte sie und zeigte den Kindern zwei lustige Kasperlfiguren. „Fein, mit dem Kasperle redet sie bestimmt", rief Lotte.
Und dann kam der Nachmittag, an dem die Kinder das Krippenspiel aufführten. Die Hirten brachten Wolle und Milch, und ganz zum Schluß schleppte einer der Heiligen Drei Könige das Paket an und stellte es vor die Krippe. „Das ist unser besonderes Geschenk", sagte er dazu.
Nachdem alle das letzte Lied gesungen hatten, sagte Lotte, die ja die Maria spielte: „Das Jesuskind hat sich über die Geschenke sehr gefreut. Aber das große Paket möchte es nicht behalten. Wem soll es das Paket denn weiterschenken?"
„Unserer Daniela!" riefen alle Kinder, denn so hatten sie es zuvor aus-

gemacht. Daniela schaute erstaunt auf. „Es gehört dir", sagte Frau Neschke. „Du darfst es mitnehmen!" Daniela wurde rot, ihre Augen leuchteten. Tobias und Klaus schleppten das Paket zu Daniela. Sie hockte sich davor und strich immer wieder mit der Hand darüber.

Sagen konnte sie nichts. Aber auf einmal rief Lotte: „Daniela lacht, schaut nur, sie kann endlich lachen!"

Mechtild Theiss

Anregung:

Text bis * vorlesen und fragen, ob jemand aus der Gruppe ein „armes" Kind kennt. In dem darauffolgenden Gespräch muß deutlich werden, daß dieses „arme Kind" sehr leicht zu einem Schlagwort werden kann, bei dem man sich nichts mehr weiter denkt. Kinder können nicht unbedingt die Armut von Kindern in der Dritten Welt begreifen, wenn sie ihnen nicht erlebnishaft so nahegebracht wird, daß sie davon betroffen gemacht werden. Sie wollen direkt etwas schenken.

Eine Möglichkeit wäre es, ein Paket für ein Kind einer Patengemeinde in der Dritten Welt zu packen, wobei die Kinder aber ein Foto usw. sehen müßten. Die Erzieherin wählt einen anderen Weg. Sie macht die Kinder auf ein Kind in der Gruppe aufmerksam, das in anderer Weise „arm" ist, weil es Kummer hat und isoliert ist bzw. sich selbst isoliert hat. Und es ist nicht das Geschenk, das die Freude bei diesem Kind auslöst, sondern die direkte Zuwendung („*unsere* Daniela") der anderen. So werden am Ende der Geschichte die, die etwas geschenkt haben, zu Beschenkten.

Möglichkeiten:

Gemeinsam darüber nachdenken und sprechen, daß jeder von uns immer wieder „arm" und „reich" sein kann, etwas schenken, verschenken kann und möchte ... oder etwas annehmen kann, d. h. Hilfe, Zuwendung braucht. Erst wenn wir einander besser kennen, wissen wir auch, wie das aussehen muß, was wir dem anderen geben oder was er von uns erwartet: ein materielles Geschenk oder Zuwendung, Zeit ...

Wenn der Text zu Ende gelesen wurde, sollte man auch darüber sprechen, daß man mit dem Herzen schenken muß, den anderen nicht durch ein Geschenk beschämen. In dieser Situation hat die kleine Daniela das Geschenk der anderen angenommen. Sie hat darüber hinaus die anderen in der Gruppe angenommen. Und das ist viel mehr als das, was in dem Paket ist.

*** Der letzte Weihnachtsbaum

Zwei alte Landstreicher finden in der Heiligen Nacht zueinander und feiern zusammen Weihnachten.

Weihnachten; Weihnachtsbaum; den anderen Menschen suchen und finden; Christus wohnt in deiner Straße.

Auf dem Weihnachtsmarkt hatten viele Weihnachtsbäume gestanden, große und kleine, teure und ganz teure. Alle Weihnachtsbäume hatte der Händler verkaufen können. Nur ein einziges Bäumchen war übrig geblieben. Es war ein wenig windschief gewachsen und auch recht klein. Gar mancher hatte es prüfend in die Hand genommen, es dann aber wieder hingestellt. Und ein Mann hatte sogar gesagt: „Nein, es ist wirklich zu mickrig!"
Als der Weihnachtsbaumverkäufer am Abend seine Sachen zusammenpackte, überlegte er, ob er das Bäumchen mitnehmen sollte. „Ach was!" sagte er dann und ließ es einfach an der Mauer stehen. Er setzte sich in seinen großen Lastwagen und fuhr davon, ohne sich auch nur noch einmal nach dem armseligen Weihnachtsbäumchen umzusehen.
Der Marktplatz wurde immer leerer. Es wurde immer dunkler. Dann begann es zu schneien. Doch die weißen Schneeflocken verwandelten sich auf dem Pflaster des Marktplatzes schnell in schmutziges Wasser. So stand das Bäumchen bis tief in die Nacht allein auf dem Marktplatz herum, scheu an die Wand gedrückt und von keinem beachtet. Zwei Tage und zwei Nächte stand das Bäumchen dort. Dann war Heiliger Abend.
Überall in den Wohnungen wurden die Weihnachtsbäume geschmückt. Als es dann dunkler wurde, erstrahlten die Kerzen. Und die Erwachsenen und die Kinder sangen so laut und fröhlich ihre Weihnachtlieder, daß man es bis unten auf dem Marktplatz hören konnte. In dieser Nacht drückte sich auch der alte Henry durch die Straßen. Der alte Henry war ein Pennbruder, der keinen Menschen auf der Welt hatte, bei dem er Weihnachten feiern konnte. Im letzten Jahr war er zu einer Weihnachtsfeier eingeladen worden. Es hatte Plätzchen und Kuchen gegeben. Aber all die rührseligen Worte, die er dort gehört hatte, hatten ihm nicht gefallen. Er war nur noch trauriger davon geworden. Deshalb wollte er in diesem Jahr lieber ganz allein bleiben. Als er das armselige Bäumchen in der dunklen Marktecke erblickte, blieb er verwundert stehen. „Du siehst ja ganz schön mitgenommen aus!" brummte er in seinen Bart. Er packte das Bäumchen, hob es vorsichtig hoch, betrachtete es von allen Seiten und stellte es dann ganz behutsam wieder auf seinen Platz zurück. Er seufzte einmal tief und wollte wei-

tergehn. Doch dann blieb er wieder stehen, beugte sich erneut zu dem Bäumchen hinunter und hob es zu sich herauf. Er nahm es in seinen Arm und ging schnellen Schrittes durch die Nacht.
Nahe am großen Fluß stand eine alte Baracke. Dort schlief der alte Henry manchmal. Dort traf er auch manchmal seinen Kumpel, den Klamotten-Camillo. Der wohnte nämlich dort. Als sich der alte Henry der Baracke näherte, sah er, daß dort Licht brannte. „Ich bin's, der Henry!" sagte er, als er an der schäbigen Tür anklopfte. „Komm herein!" tönte es aus der Baracke. „Ich habe mir schon gedacht, daß wir uns heute noch treffen!" „Willst du mit mir essen?" fragte der Klamotten-Camillo und reichte dem alten Henry ein Stück Brot und eine Wurst herüber. Doch der alte Henry suchte zuerst solange in dem Raum herum, bis er zwei alte Kerzenstummel gefunden hatte. Mit etwas Draht befestigte er die Kerzen an dem Bäumchen. Dann stellte er den Weihnachtsbaum in eine leere Kaffeekanne und zündete mit einem Streichholz beide Kerzen an.
„Mensch, du bist einer!" flüsterte der Klamotten-Camillo und knipste das Licht aus. Und dann hockten die beiden alten Männer vor dem Weihnachtsbäumchen in der schäbigen Kaffeekanne. Sie redeten nichts. Sie sangen keine Weihnachtslieder. Sie schauten nur das Bäumchen mit den beiden brennenden Kerzen an. Sie saßen ganz eng beieinander und erfuhren, daß Weihnachten war. Als die Kerzen ganz niedergebrannt waren, räusperte sich der Klamotten-Camillo und sagte: „Jetzt iß aber endlich was! Schließlich gibt es solche Wurst bei mir nicht alle Tage!" Aber es dauerte noch lange, bis sie das elektrische Licht wieder anknipsten.

Rolf Krenzer

Aus: Rolf Krenzer: Weihnachten im Kindergarten, Edition Kemper im Verlag Ernst Kaufmann, Lahr, Textrechte beim Autor.

Es sind zwei Außenseiter der Gesellschaft, die sich hier am Heiligen Abend finden. Bei dem einen langt es noch zu einer Baracke und zur Bezahlung von Heizung und Strom. Der andere muß sehen, wo er nachts unterkommt.
Und beide Menschen finden sich am Heiligen Abend und feiern zusammen ein Fest, das Weihnachtsfest. Sie rücken zusammen und finden einander. Und so wird dieses Fest für beide zu einem wirklichen Erlebnis.

Gesprächsimpuls:

Ist das wirklich das Weihnachtsfest, was die beiden da feiern?
Kein Gottesdienst ... keine Besinnung auf die Weihnachtsgeschichte ...
Aber da ist der Tannenbaum, und da sind zwei Menschen, die sich an diesem Abend näherkommen, die ihr Essen miteinander teilen.

Anregung:

Berichten, wie wir zu Hause Weihnachten feiern. Was gefällt uns besonders? Worauf freuen wir uns? Was gefällt uns nicht? Was hat unser Weihnachten zu Hause mit dem zu tun, was vor fast zweitausend Jahren in Betlehem geschehen ist?
Zu einem Fest gehört auch das Danken. Steht davon etwas in dieser Geschichte? Kann man auch ohne Worte danken?
„Mensch, du bist einer!“ flüstert der Klamotten-Camillo.
Und später sitzen sie lange zusammen, bevor sie das elektrische Licht wieder anknipsen. Ob das etwas mit dem Danken zu tun hat?

Lied: Wir feiern heut ein Fest, in: „Ich wünsch' dir einen guten Tag“, Lahn-Verlag, Limburg 1983, Werkbuch/LP/MC.

Großmutter erzählt: Weihnachten 1947

Weihnachten ist immer da, wenn Menschen sich miteinander freuen, wenn sie sich einander näherkommen und erkennen. So erzählt eine Großmutter von einem „armen“ Weihnachtsfest, das sie aber so reich gemacht hat, daß sie dieses Weihnachten bis heute nicht vergessen hat. Vielleicht war es das schönste Weihnachtsfest, das sie überhaupt erlebte.

Weihnachten feiern; Weihnachtsgeschenke; Weihnachten in schwerer Zeit; schenken und beschenkt werden. Die Engel in der Heiligen Nacht.

In diesem Jahr mußte Weihnachten nun wohl ausfallen, das war nicht zu ändern. Wir wohnten zu fünft in einem Zimmer, unser Tisch war ein alter Reisekorb, und als Stühle dienten uns ein paar Holzkisten. Neben allem Mangel des täglichen Lebens fehlte uns das Licht – unser Raum besaß keinen Stromanschluß. Wann aber wird es in dieser Dezemberzeit dunkel? Das wissen wir alle genau! Vor 17.00 Uhr wurden die notwendigsten Handgriffe noch bei schwindendem Tageslicht getan. Wichtige Handwerkzeuge des täglichen Bedarfs mußten streng stets am gleichen Fleck

aufgeräumt werden, damit jeder sie auch im Dunkeln greifen konnte. Nur in dringenden Fällen durfte eine Kerze angezündet werden, die wir uns selbst in einem Tablettenröhrchen gegossen hatten.
Was aber den Erwachsenen Mangel bedeutete, war für die drei Kinder Reichtum: Denkt nur, was man alles *nicht* zu tun brauchte, weil es so früh dunkel wurde, namentlich bei der abendlichen Toilette. Denkt nur die Freude, wenn man auf einem Trümmergrundstück eine henkellose Zukkerdose fand oder gar einen schwarzen, glänzenden Porzellanhund, dem der Schwanz fehlte! Täglich gab es etwas zu entdecken, was man gebrauchen konnte, und wenn es nur ein Stück Holz für unseren kleinen Ofen war. Etwas finden – das war wunderschön. Aber etwas geschenkt bekommen – das war noch viel, viel schöner. Man muß sagen, es wurde uns oft etwas geschenkt.
Und so schenkte ein Nachbar der siebenjährigen Ursula eines Tages einen Schuhkarton, der nun Bett und Puppenwagen zugleich für das über alle Fluchtwege gerettete Puppenkind wurde. Mit Hilfe einer Kordel zog sie das neue Möbelstück hinter sich her über die Straße. In der Gegend wohnten viele ältere Menschen, und manch einer blieb stehen und freute sich über das glückliche kleine Mädchen. Wenn Ursula abends über ihre Erlebnisse berichtete, sprach sie zuweilen über eine alte weißhaarige Frau, die sie „Frau Holle" nannte.
Nun war Weihnachten ganz nah, in manchen Häusern brannten schon die Kerzen am Weihnachtsbaum. Im Zimmer bemühten wir uns, einen kleinen Baum mit 3 Kerzen zu schmücken. Die Kinder saßen derweil auf der Haustreppe im Dunkeln und sangen aus voller Kehle ein Weihnachtslied nach dem anderen. Ursel wiegte dabei ihre Puppe im Arm.
Plötzlich klopfte es an der Haustür. Wir vernahmen, wie die Kinderstimmen verstummten. Nur Flüstern war noch zu hören. Offenbar fand dann eines der Kinder den Mut, die Tür zu öffnen. Eigentümliche Stille, niemand sprach auf dem Flur. Die Tür schloß sich behutsam.
Als wir etwas beunruhigt hinausschauten, saßen da alle drei mit andächtigen Augen. In ihrer Mitte stand eine blaue Holzwiege, mit bunten Blumen bemalt. Darin lag in säuberlichen Kissen Ursels Puppenkind. Ein schwacher Schein der Straßenlaterne fiel auf die kleine Gesellschaft. „Frau Holle war da", das erklärten sie mit großer Sicherheit. Wer wollte da widersprechen? An diesem Abend haben wir Weihnachten gefeiert.

Hildegard Kronenberg

Aus: Kindermagazin: WEIHNACHTEN. Zusammengestellt von Dagmar Domina und Rolf Krenzer, Hirschgraben-Verlag, Frankfurt am Main 1981.

Anhand des Textes können drei ganz verschiedene Schwerpunkte erarbeitet werden:

1. Weihnachten und Weihnachtsfreude auch in einer armen Zeit. Wie war es einmal in Deutschland, als die Großmutter ein Kind war.
2. Was macht den Wert von Geschenken aus? Worüber kann man sich freuen? Worüber freuen sich Eltern und Kinder in dieser Geschichte?
3. Wie ist das eigentlich mit den Engeln, von denen auch in der Weihnachtsgeschichte erzählt wird?

Gesprächsimpuls:

Was sind eigentlich Engel? Wie sehen sie aus? Wie werden sie in der Bibel beschrieben?
(Boten Gottes; überirdische Wesen, die im Auftrag Gottes zur Erde kommen [Maria und der Engel – die Engel bei den Hirten – ein Engel im leeren Grab]; sie werden als kraftvoll und schön beschrieben und gemalt. Sie helfen den Menschen, Gottes Herrlichkeit zu erkennen.)
Wir betrachten uns Bilder, auf denen Engel gemalt sind. Engel mit Flügeln? Keiner der Menschen, die diese Engel gemalt haben, hat einen Engel selbst gesehen. Deshalb malen sie sie so, wie sie sich die Engel vorstellen. In jeder Zeit werden sie anders gemalt.

Tafelanschrieb:
Ist Frau Holle ein Engel?
Im Gespräch kann herausgearbeitet werden, daß den Kindern in dieser Geschichte die alte weißhaarige Frau wie ein Engel vorgekommen sein muß. Sie hat der kleinen Ursel ein wunderbares Geschenk gemacht. Sie hat in diese kalte und harte Zeit ein Stück von dem gebracht, was zu Weihnachten gehört und viel mit dem Geschehen damals im Stall in Betlehem zu tun hat.
Aber diese alte Frau hat nichts von dem an sich, was sonst den Engeln zugeschrieben wird. Sie ist weder kraftvoll noch schön.
Als die Engel zu den Hirten kamen, leuchtete Gottes heller Glanz um sie (Lukas 2,9). Der Glanz, den diese alte Frau in die armselige Wohnung und zu den Menschen in dieser Wohnung gebracht hat, leuchtet bis heute, bleibt von allen, die es damals miterlebten, unvergessen.
Man sollte keine Patentlösungen anbieten. Aber man kann darauf aufmerksam machen, daß wir heute und jederzeit solchen Boten Gottes begegnen können. Die Engel haben viele Gesichter. Davon erzählt auch das folgende Lied.

*** Die Engel haben viele Gesichter

T: Rudolf Otto Wiemer
M: Lele Jöcker

2. Sie haben kein Schwert, kein weißes Gewand, die Engel.
Vielleicht ist einer, der gibt dir die Hand, der Engel;
oder er wohnt neben dir Wand an Wand, der Engel.

3. Dem Hungernden hat er das Brot gebracht, der Engel.
Dem Kranken hat er das Bett gemacht, der Engel.
Er hört, wenn du ihn rufst in der Nacht, der Engel.

4. Er steht im Weg und er sagt: Nein, der Engel,
groß wie ein Pfahl und hart wie ein Stein, der Engel.
Es müssen nicht Männer mit Flügeln sein, die Engel.

Erschienen auf MC „Die gute Nachricht weitersingen". Neue Weihnachtslieder für Kinder, MOD Verlag, Am Hagen 5, 4400 Münster.

*
*
*
Als Juanita fort war

Weil Weihnachten ist, hat Ilse eine ausländische Klassenkameradin nach Hause eingeladen und beschenkt. Aber was nutzt eine Zuwendung einmal im Jahr zu Weihnachten?

Zusammenleben mit anderen; Situation von Ausländern; Weihnachten nicht nur einmal im Jahr; besser miteinander leben.

Ilse Velbert fühlt sich rundum wohl. Außen und innen. Vor einer Viertelstunde war Juanita gegangen. Juanita, so hieß ihre Klassenkameradin. Ihr Vater ist Gastarbeiter beim Städtischen Fuhrpark. Genauer: bei der Müllabfuhr. Und da Ilse gelesen hat, daß man Weihnachten lieb zueinander sein soll, hatte sie zur Bescherung am Heiligen Abend Juanita eingeladen.
Ilse Velbert hatte mit Geschenken nicht gespart. Vielmehr ihre Eltern nicht, denn die mußten die Geschenke schließlich bezahlen. Juanita hatte bekommen: ein Paar Pelzhandschuhe, einen Füllfederhalter mit eingraviertem Namen, Rollschuhe und eine Tüte Spekulatius, Schokoladebonbons und Pfeffernüsse. Und Juanita hatte sich über die Geschenke gefreut. Man konnte es ihrem Gesicht ansehen. Und beim Nachhausegehen hat Juanita die Pelzhandschuhe gleich angezogen.
Ilse hatte der Klassenkameradin noch lange nachgewinkt. Und dann begann sie zu frieren und hatte die Haustür schnell zugemacht und war zu ihrem eigenen Gabentisch zurückgekehrt: ein Paar Stiefel aus Seehundsfell, ein Mantel mit Pelzbesatz, rubinrote Ohrringe, ein Buch über die Tierwelt in der Serengeti und ein Heimkino mit zehn Trickfilmen.
Ilse sah zufrieden aus. Sie sah so zufrieden aus, daß ihr Bruder Piet ihr diese Zufriedenheit etwas vermiesen wollte.
„Du siehst aus, als hättest du ein gewaltiges Werk getan!" sagte Piet.
„Hab' ich das nicht?" fragte Ilse. "Schließlich habe ich als einzige in der Klasse Juanita eingeladen und ihr ..."
Piet winkte ab. „Jajaja! Du hast Juanita eingeladen. Zu Weihnachten! Aber – an den übrigen dreihundertvierundsechzig Tagen im Jahr hab' ich Juanita noch nie bei uns gesehen!"
Ilse wurde ärgerlich. Sie zögerte nicht lange, es ihrem Bruder heimzuzahlen:
„Ausgerechnet du mußt mir das vorwerfen! Wen hast du denn zu Weihnachten eingeladen, du edelmütiger Knilch? Überhaupt keinen!"
„Stimmt", sagt Piet. „Weil ich mich schäme, ausgerechnet in der Weihnachtszeit jemand in unsere Bude zu lotsen und für eine Stunde das gute Herz zu spielen und mich dann nicht mehr um den anderen zu kümmern."

„Also tust du überhaupt nichts für Gastarbeiterkinder? Ihr habt doch auch einen in der Klasse!"*
„Drei haben wir in der Klasse", stellte Piet mit Gelassenheit richtig. „Rodolfo, Beatrice und Titomanlio –"
„Sogar drei! Wenn du wenigstens für einen davon einen Finger krumm machen würdest …"
„Finger krumm machen ist gut!" sagt Piet und kicherte aus dem Rachen heraus wie Ernie aus der Sesamstraße.
„Das mach' ich nämlich …"
„Nööööö!" sagte Ilse erstaunt.
„Jööööö!"sagte Piet. „Ich übe mit Rodolfo deutsch schreiben und sprechen, zweimal in der Woche."
„Ich hab' ihn aber noch nie hier gesehen …"
„Rodolfo war schon ein paarmal hier. Du warst zufällig nicht da. Aber meistens geh' ich zu ihm. Hier wird er nämlich immerzu gefragt: ‚Ach, wieviel Grad im Schatten ist es denn jetzt bei euch in Sizilien? – Kannst du uns nicht verraten, wie man eine Pizza Bolognese macht?' Und solchen Kram."
„Sag mal: hilft es denn überhaupt? Ich meine, so'n bißchen Nachhilfestunde? – Spricht Rodolfo denn besser, nachdem du …"
„Besser vielleicht nicht", sagt Piet. „Aber leichter – "
„Leichter?"
„Er hat nicht mehr so eine große Scheu wie früher.– "
„Wann gehst du denn nächstes Mal zu Rodolfo ?" fragte Ilse.
„Jetzt", sagte Piet. „Rodolfos Familie hat mich eingeladen. Rodolfos Vater hat gesagt: ‚Wer das ganze Jahr mit uns zusammen ist, der darf auch an diesem besonderen Abend nicht an unserem Tisch fehlen!"
„Kann ich mitkommen?" fragte Ilse.
„Zu Rodolfo?" fragte Piet.
„Ja", sagte Ilse.
„Wie ich Rodolfos Familie kenne, wird niemand etwas dagegen haben", sagte Piet. „Aber ich mache dir einen besseren Vorschlag."
„Welchen?" fragte Ilse.**
„Wie wär's mit einem Besuch bei Juanita?"

Josef Reding

Josef Reding: Kein Platz in kostbaren Krippen, Georg Bitter Verlag, Recklinghausen, 2. Aufl.1980.

Problemstellung:

Einmal im Jahr ein Besuch im Altersheim zu Weihnachten, einmal im Jahr zu Weihnachten eine Spende für ein Behindertenheim, einmal im Jahr zu Weihnachten alleinstehende Bekannte oder Verwandte einladen, ein Weihnachtspäckchen einmal im Jahr in die DDR ... ist das wirklich alles, was wir tun können? Am Beispiel von Gastarbeiterkindern, die ganz unterschiedliche Zuwendung von zwei Geschwistern erfahren, wird deutlich, wo die Verantwortung, die Zuneigung, das Akzeptieren des anderen einsetzen muß.

Anregung:

Bis * lesen und dann darüber sprechen, warum Piet in dieser Situation seiner Schwester alles vermiesen muß. Darüber diskutieren, ob Piet vielleicht recht hat, auch wenn seine Schwester es so gut gemeint hat.

Vorschläge:

Wie könnte man es besser machen?
Anschließend Text bis ** weiterlesen und beraten, was Piet seiner Schwester jetzt noch vorschlagen kann. Dann über seinen Vorschlag diskutieren, nach eigenen Möglichkeiten suchen. Es nutzt nichts, nur über die Geschichte zu sprechen.

Möglichkeit:

Was können wir tun? Einladungen, gemeinsames Fest veranstalten, auf dem sich gegenseitiges Kennenlernen ergeben kann, das dann zu regelmäßigeren Kontakten führt.

** Zum Jahresende

Dank für das vergangene Jahr; Bitte um Gottes Schutz für das neue Jahr.

Gebet

1. Ich danke dir für das, was war
   und was ich durft' erleben.
   Was alles war in diesem Jahr,
   das hast du mir gegeben.

2. Ich danke für den Sonnenschein,
   für Trinken und für Essen.
   Und daß wir, brach die Kälte ein,
   im Haus ganz warm gesessen.

3. Für Trost und Hilfe Dank ich sag',
auch für die frohen Feste.
Ich danke dir für jeden Tag,
für Freunde und für Gäste.

4. Ich danke dir für jede Nacht
und jeden guten Morgen.
Ich bin gesund vom Schlaf erwacht
und braucht mich nicht zu sorgen.

5. Ich danke dir für das, was war
und was du mir gegeben.
Ein neues Jahr, ein gutes Jahr!
Laß mich es doch erleben!

Rolf Krenzer

* Abschiedslied

T u. M: Klaus Irmer